日本歴史 私の最新講義

森 公章

古代日中関係の展開

敬文舎

•刊行委員（五十音順）

荒木　敏夫

池上　裕子

大日方純夫

五味　文彦

栄原永遠男

白石太一郎

藤井　譲治

水本　邦彦

•装丁・デザイン

坪内　祝義

博多遺跡群出土の墨書陶磁器

博多遺跡群は一二世紀後半に成立した宋商人の居留地である博多唐坊（チャイナ・タウン）の所在地。現在の博多駅付近から中洲の一帯に広がる。

そこからは膨大な量の貿易陶磁器が出土し、なかには白磁や青磁の碗皿類の底に「王」「李」「張」「丁」などの中国人姓が墨書されたものもある。「綱」は「綱首」で、船頭や、交易を取り仕切る者の意。これらは送り先や輸送取扱者を示す記号であると考えられる。宋商人の貿易活動を示す象徴的遺物である。

古代日中関係の展開

●写真所蔵先・協力

福岡市教育委員会（口絵）
安祥寺（45ページ）
園城寺（48ページ）
清涼寺（123ページ）
伊原弘編『「清明上河図」をよむ』（勉誠出版）より（172ページ、173ページ）
伊井春樹『成尋の入宋とその生涯』（勉誠出版）より（213ページ）
国文学研究資料館（224ページ、225ページ）
福岡市博物館（225ページ）
宮内庁三の丸尚蔵館（291ページ）
森　公章（74ページ）

●スタッフ

本文レイアウト＝姥谷英子
図版・地図作成＝蓬生雄司
編集協力＝阿部いづみ

●凡例

・年号は和暦を基本とし、適宜西暦・唐暦を補った。
・本文は、原則として常用漢字・現代仮名遣いによった。
・引用文は、原則として史料の表記を用いた。また、適宜句読点を補った。
・中国の地名・人名の振り仮名は、漢字の日本語読みで表記した。
・本書のなかには、現代の人権意識からみて不適切と思われる表現を用いた資料があるが、歴史的事実を伝えるために、当時の表記をそのまま用いた場合もある。
・参考文献については、巻末の一覧に掲げた。
・写真使用につきましては、十分に注意をしたつもりですが、お気づきの点などございましたら、編集部までご連絡ください。

目次

はじめに

遣唐使は、日本史のなかでは古代の対外関係を象徴するものである。文献史学の立場からは、倭国・日本の古代国家は七世紀後半に確立していくと考えるのが有力な見解であり、中国の隋《ずい》・唐《とう》代に完成した律令法を継受して、わが国なりの律令体制を整備することをつうじて、八〜一二世紀の歴史段階を規定する律令国家が成立するのであった。

三世紀の三国志の時代からつづく中国の分裂を再統一した隋（五八一〜六一八年）は、朝鮮三国の争乱に介入、高句麗《こうくり》征討の失敗や内政の混乱などにより、ほどなく滅亡するが、つぎの唐（六一八〜九〇七年）は約三〇〇年間存続した王朝で、東西文化を融合した国際色豊かな文化の形成とともに、周辺地域に与えた影響は大きい。「唐人」「唐物」などというときの「唐」には、中国全般、さらには外国一般をさす言葉としての用法もある。

古代史の魅力は根源を探究することにあり、国家の成立過程には大きな興味が注がれてきた。そこには国内的要因だけでなく、中国・朝鮮諸国など東アジア世界、また近年では広く東部ユーラシアや海域アジアというとらえ方で、国際関係のなかでの国家や王権の誕生・成長を検討することが重視されており、遣唐使を含めて、そこにいたる前史の考察には多くの研究が積み重ねられている。

私もこれまで何冊かの対外関係にかかわる一般向けの図書を刊行しており、遣唐使およびそこにいたる時代について自分なりの知見を整理している。すなわち、『東アジアの動乱と倭国』(吉川弘文館、二〇〇六年)では、有史以来の中国・朝鮮諸国との通交や戦争のようすを整理し、白《はく》村江《そんこう》戦(六六三年)までの倭国の歴史を、東アジアの国際関係のなかに見いだそうとした。『倭の五王』(山川出版社、二〇一〇年)は、そのうちの五世紀を掘り下げたもので、讃《さん》・珍《ちん》・済《せい》・興《こう》・武《ぶ》の倭の五王による中国南朝の宋との通交のようす、百済《くだら》・高句麗・新羅《しらぎ》・加耶《かや》諸国などとの関係をふまえつつ、倭王権の構造や成長の過程をまとめている。

そして、『「白村江」以後』(講談社、一九九八年)は、最初に刊行したものであるが、時代的には七世紀後半の朝鮮三国抗争と倭国の関係、唐の介在を軸に、当該期にいたる倭国の外交の特色に触れつつ、七世紀前半の推古《すいこ》朝の改革から、乙巳《いつし》の変(六四五年)、孝徳《こうとく》朝の政治改革、斉《さい》明《めい》朝、天智《てんじ》朝と展開する倭国の歴史を探りつつ、唐・新羅連合軍による百済滅亡(六六〇年)、百済遺民の百済復興運動と倭国の支援、白村江戦での敗北(六六三年)、その後の倭国における国家機構整備と外交の行方を展望した。

なお、『天智天皇』（吉川弘文館、二〇一六年）は、天智天皇の生涯を中心としたものであるが、ここでも七世紀の対外関係の展開について、最新の整理を試みているので、ご参照いただきたい。

こうした七世紀末までの前史をふまえて、遣唐使に関しては『遣唐使の光芒』（角川学芸出版、二〇一〇年）を著しており、遣隋使からはじまる新たな国際情勢のなかで、倭国・日本がどのように隋・唐と対峙《たいじ》したのか、使人や留学者をつうじた文化移入の様相はどうであったか、また遣唐使の変遷とその要因や国際情勢の推移、遣唐使の終焉と「国風」文化形成など、七〜九世紀の対外関係の展開を検討した。

冒頭でも述べたように、遣唐使は古代の対外関係を代表するものであるが、その頻度は八世紀以降の後期遣唐使では一五〜二〇年に一度で、現在の国際関係のような日常的なものではないし、唐使の来日もほとんどないという一方向的な通交であった。日中関係についていえば、むしろ遣唐使以後に唐・宋《そう》商人の頻繁な来航や彼我の連絡も盛んになっている。したがって対外関係の展開という点では、遣唐使を相対化し、それよりも長期間にわたる彼我通交の歴史を整理することが求められる。

では、九〇七年に唐が滅亡し、五代十国の混乱を経て、九六〇年に宋が成立してからの対外関係はどうであろうか。宋は、中国全土を統一していた北宋（九六〇〜一一二六年）と、金《きん》・元《げん》などに圧迫されて南遷した南宋（一一二七～七九年）に区分されるが、日本史の時代でいえば平安時代中期～鎌倉時代中期の長きにわたって存続した。日本は宋とは正規の国交を締結しておらず、遣唐使のような国家的使節の派遣はなかったので、宋の商人が日本に来航する関係、日宋貿易の展開ということになる。

高等学校の教科書などでは、この時期の対外関係は充分には描かれておらず、平安時代末期の平氏政権になって、武士である平忠盛《ただもり》・清盛《きよもり》が日宋貿易の利に着目し、平氏繁栄の基盤としたことが喧伝《けんでん》されている。そこには、国際関係に消極的な貴族と、中世を切り開く清新な武士の積極的な活動という対比の要素も大きい。

しかし、平氏にいたる日宋貿易の様相はいかなるものであったのだろうか。国政をになう摂関家などは、ほんとうに外交関係、海外との通交に消極的であったのか。

このあたりの分野については近年大きく研究が進展し、従来の知見を大幅に改めるべき多くの論点が呈されている。私もまた、遣唐使以降の対外関係を探究して、いくつかの論考をまとめてきた。ただ、こうした成果を一般の方々に紹介する古代外交史の書籍はあまり刊行されていないのも事実である。

そこで、本書では、遣唐使事業の終焉の過程とそれ以降、一二世紀末くらいまでを視野に、「遣唐使」以後の古代対外関係の展開と行方を描きたいと思うようになった。

以下では、まず「序章　遣唐使とその変化」として、遣唐使の概観を行い、遣唐使の変化の様相、日本の唐に対する意識の転換などに触れたい。

つぎに、「第一章　九世紀の遣唐使」と「第二章　寛平《かんぴょう》度遣唐使計画をめぐって」では、遣唐使事業が終幕を迎える状況、そのなかで次代につながる新しい通交方式の出現や外交権をめぐる問題が生じていることなどを示す。

「第三章　巡礼僧の時代」は、唐王朝滅亡後の五代十国、そして宋の成立にいたる時期の僧侶たちの渡海のようすを整理する。そこには唐で仏教の研鑽《けんさん》を深める入唐求法僧《にっとうぐほうそう》の活動から、聖跡・名所を探訪する巡礼僧への変化がみてとれ、興福寺寛建《かんけん》の一行、入呉越僧《ごえつ》日延《にちえん》、最初の入宋僧となる奝然《ちょうねん》などの足跡を明らかにしたい。

「第四章　宋商人の来航と様態」は、源信《げんしん》や入宋僧寂照《じゃくしょう》と宋商人との関係、朝廷中枢部との関係構築を企図する宋商人の行動様式を検討し、「第五章　日本朝廷の対外政策」と合わせて、一〇世紀末～一一世紀の摂関政治全盛期を確立する藤原道長執政期を中心とした時期のあり方を考えてみたい。

当該期は遣唐使終焉以後の「受動的貿易の展開の時代」と位置づけられ、日本の朝廷・貴族は宋とは正規の国交を結ばない消極的な外交姿勢をとっていたと説明されてきた。しかし、近年の新たな研究の深化は、当該期の理解に大きな変更を迫っており、「消極的な外交」を支える宋商人（商客、海商）の来航規制（年紀制）や日本人の海外渡航の制限（渡海制）の実態や意味合いも再考すべき段階にあると思われる。

こうした日宋貿易像の見直し・再構築は、平安時代の国制全般について進められている新たな研究を反映するものであり、本書では対外政策という観点から、藤原道長執政期の歴史的位置づけを試みたいと考えている。

「第六章　日宋貿易の展開」は、一一世紀後半の状況を中心に、藤原頼通《よりみち》執政期から院政期の様相を考察するものである。入宋僧としては、承和《じょうわ》度遣唐使の請益僧《しょうやくそう》で、中国に一〇年間滞在し、「世界三大旅行記」とも評される『入唐求法巡礼行記《にっとうぐほうじゅんれいこうき》』を著した円仁《えんにん》に匹敵すべき渡海日記『参《さん》天台五臺山記《てんだいごだいさんき》』を残した成尋《じょうじん》がいる。中国では北宋から南宋へと変転する時期で、中国側から日本への接近事例も知られる。

そうした外交案件にどのように対処したかも含めて、「第七章　外交案件への対処と外交感覚」において、当該期の様相を整理するようにしたい。

そして、最後に「終章　古代対外関係の行方」として、一二世紀後半の平氏政権、鎌倉幕府成立以後の武家外交と公家外交の特色や課題などに触れることができればと思う。

以上の作業により、これまで書き綴ってきた私なりの古代対外関係に関する理解を、通時的なものとして呈示することを期したい。

序章

遣唐使とその変化

遣唐使とは

遣唐使概説

遣唐使は唐との通交をになうものであり、多くの留学生の派遣や、文物・制度の移入など、人的、物的交流をつうじて、倭国・日本の国家形成に果たした役割は重要であった。

日本の遣唐使は六三〇年〜八九四年の間に計一八次、うち一五回渡海したものと考えられる（一八ページの表）。時期区分としては大宝度《たいほう》が大きな画期になり、それ以前の七世紀を前期、大宝度以降を後期とする二区分、あるいは九世紀の遣唐使を区分して、これを後期として、前・中・後期の三区分とするのが有力説になっている。

七世紀の遣唐使（前期遣唐使）は、高句麗《こうくり》・百済《くだら》・新羅《しらぎ》の朝鮮三国をめぐる動乱のなかで、ついに唐と安定した関係を築くことができなかったが、大宝度遣唐使の際に、唐と戦った白村江《はくそんこう》戦の戦後処理を完遂し、「倭国」から「日本」への国号変更を承認され、二〇年に一度朝貢するという「二十年一貢」の約束を交わして日唐通交が確立する。この「二十年一貢」の原則は九世紀にも維持されており、私は二区分説を支持して、八・九世紀の遣唐使を後期遣唐使と称している。

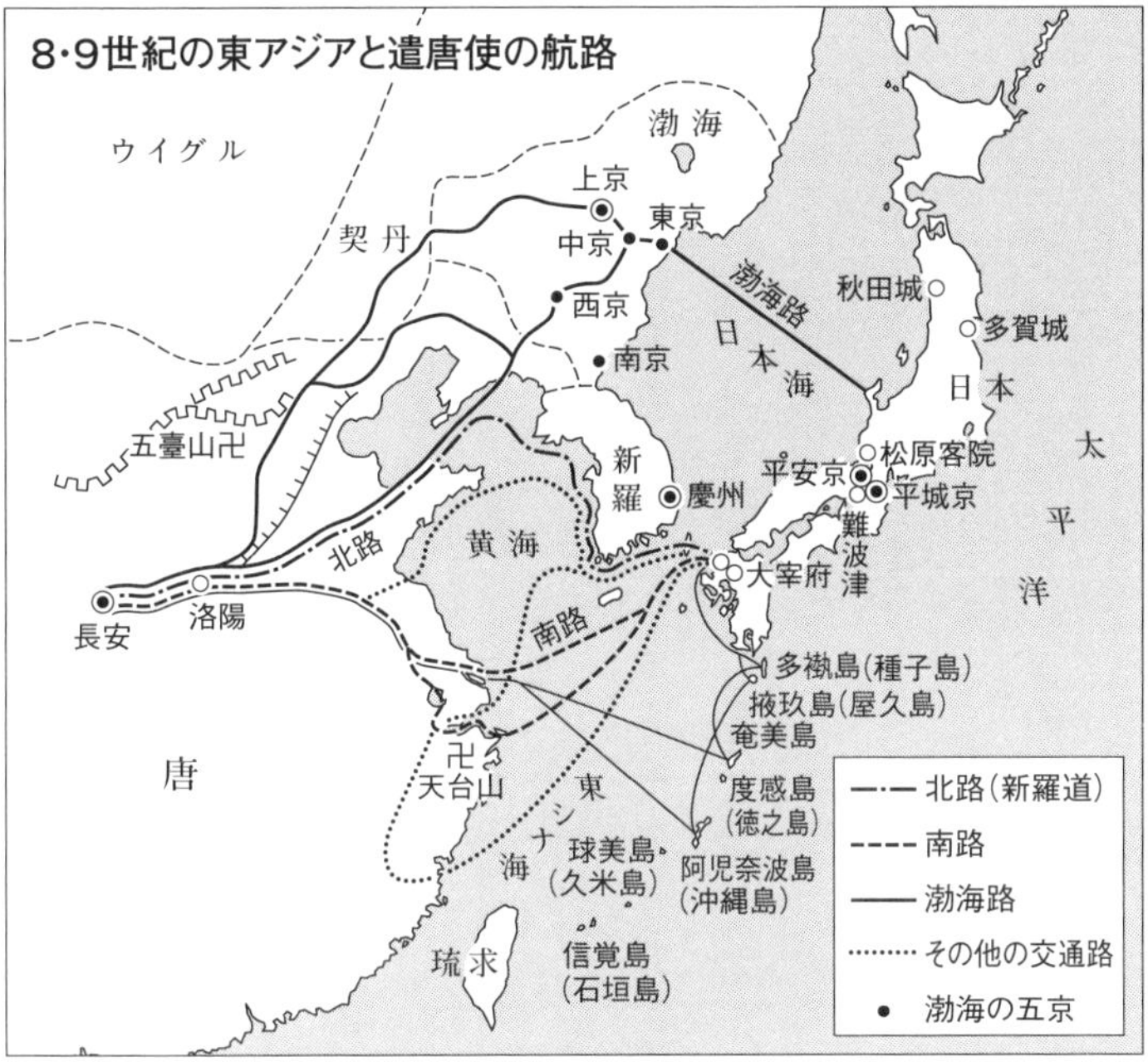

遣唐使の航路は、7世紀の北路から8世紀以降の南路へと大きく変化した。かつて主唱されていた南島路は、正規のルートとしては疑問視されている。

なお、遣唐使の派遣回数については いくつかの説があり、次数呼称の齟齬《そご》を避けるために、私案第七次を大宝度のごとくに称し、一二・一三次は宝字度《ほうじ》①・②、一四・一五次は宝亀度《ほうき》①・②と区別する。

村上天皇（在位九四六～九六七年）の皇子具平《ともひら》親王の『弘決外典鈔《ぐけつげてんしょう》』巻一には「天平勝宝二年遣唐記」が引用されており、これは天平勝宝二年（七五〇）任命で、実際には天平勝宝四年に渡海した勝宝度遣唐使が呈した入唐記録をさして

遣唐使の一覧

「入京年月」欄の［○］は正月に在京したことを示す。史料で確認できない箇所は空欄のまま。
「出発」「帰国」欄に入れた月は、史料で確認できる九州での発着月。欄外上部の数字は遣使間隔年数を示す。

（欄外上部：23　1　5　6　4　33　15　16）

私案	次数	出発 西暦（和暦）	使人	航路	船数	入京（長安・洛陽）年月	帰国	航路	備考
1	1	630年（舒明2）	犬上御田鍬 薬師恵日	北路？			632年8月	北路	唐使高表仁来日
2	2	653年（白雉4）	吉士長丹（大使） 吉士駒（副使）	北路？	1		654年7月	北路	
		同7月？	高田根麻呂（大使） 掃守小麻呂（副使）		1				往途、薩摩竹島付近で遭難
3	3	654年（白雉5）	高向玄理（押使） 河辺麻呂（大使） 薬師恵日（副使）	北路	2		655年	北路？	高向玄理、唐で没
4	4	659年（斉明5）8月	坂合部石布（大使） 津守吉祥（副使） 伊吉博徳	北路	2	659（顕慶4）閏10月［○］	661年5月（第2船）	北路	第1船は往途南海の島に漂着、大使ら殺される
5	5	665年（天智4）	守大石・坂合部石積・吉士岐弥・吉士針間（送唐客使）	北路			667年11月	北路	唐使劉徳高を送る。唐使法聡来日。663年白村江の戦い
	6	667年（天智6）	伊吉博徳（送唐客使） 笠諸石（送唐客使）	北路			668年	北路	唐使法聡を百済に送る 唐には行かず
6	7	669年（天智8）	河内鯨	北路			（不明）	北路？	
7	8	702年（大宝2）6月	粟田真人（執節使） 高橋笠間（大使） 坂合部大分（副使） 巨勢邑治（大位） 山上憶良（少録）	南路	4	702（長安2）10月［○］	704年7月（粟田真人） 707年3月（巨勢邑治） 718年10月（坂合部大分）	南路	676年新羅、朝鮮半島統一。道慈・弁正留学
8	9	717年（養老1）	多治比県守（押使） 大伴山守（大使） 藤原馬養（副使）	南路？	4	717（開元5）10月［○］	718年10月	南路？	玄昉・阿倍仲麻呂・吉備真備・井真成ら留学。道慈帰国

9	10		733年(天平5)	多治比広成(大使) 中臣名代(副使)	南路?	4	734(開元22)正月か[○]	734年11月(第1船) 736年5月(第2船) 739年(第3船)	南路	玄昉・真備ら帰国、菩提僊那来日。第4船、難破、阿倍仲麻呂、唐に戻る
10	11		746年(天平18)任命	石上乙麻呂(大使)						停止
11	12	19	752年(天平勝宝4)	藤原清河(大使) 大伴古麻呂(副使) 吉備真備(副使)	南路	4	752(天宝11)12月以前[○]	753年12月(第3船) 754年(第2船) 754年4月(第4船)	南路	鑑真ら来日。帰途、第1船安南に漂着、大使藤原清河、唐に戻り、帰国せず
12	13	7	759年(天平宝字3)	高元度(迎入唐大使使) 内蔵全成(判官)	渤海路	1		761年8月	南路	清河を迎える使の判官内蔵全成、渤海路により帰国
13	14		761年(天平宝字5)任命	仲石伴(大使) 石上宅嗣(副使) 藤原田麻呂(副使)		4				船破損のため停止
	15		762年(天平宝字6)再編任命	中臣鷹主(送唐客使) 高麗広山(副使)		2				7月、風波便なく渡海できず停止
14	16	18	777年(宝亀8)6月	佐伯今毛人(大使) 大伴益立(副使) 藤原鷹取(副使) 小野石根(副使) 大神末足(副使)	南路	4	778(大暦13)正月[○]	778年10月(第3船) 778年11月(第4船) 778年11月(第2船) 778年11月(第1船舳) 778年11月(第1船艫)	南路	大使、病と称して行かず。伊与部家守帰国。藤原清河の娘、喜娘来日。唐使も来日
15	17		779年(宝亀10)	布勢清直(送唐客使)	南路	2	780(建中1)2月	781年		唐使孫興進を送る
16	18	24	803年(延暦22) 804年(延暦23)7月再	藤原葛野麻呂(大使) 石川道益(副使)	南路	4	804(貞元20)12月[○]	805年6月(第1船) 805年6月(第2船) 806年(第1船?)		副使、唐にて没。第3船、往途肥前松浦郡にて遭難、最澄、空海ら帰国
17	19	33	836年(承和3)7月 837年(承和4)7月再 838年(承和5)6月再々	藤原常嗣(大使) 小野篁(副使)	南路	4	838(開成3)12月[○]	839年8、10月 840年4、6月(第2船)	北路	副使、病と称して行かず。帰途新羅船9隻を傭用。第2船、南海の地に漂流
18	20	58	894年(寛平6)任命	菅原道真(大使) 紀長谷雄(副使)		1				大使菅原道真の上奏により遣否定まらず

いるので、遣唐使は任命時点を起算するものであったことがわかる。したがって養老《ようろう》の遣唐使と称されることが多い私案第八次は霊亀《れいき》度遣唐使と称すべきものとなる。

遣唐使の変遷

日本の遣唐使とほぼ同期間に、新羅は一八〇回ほどの遣使を行っており、渤海《ぼっかい》も相当数の遣唐使を送っている。唐と冊封《さくほう》関係にあった両国にはまた、唐の冊封使などがしばしば訪れており、直接的な人的交流も盛んであった。そのような比較からは、一五～二〇年に一度という日本の後期遣唐使の位置づけには、日本側からの視点のみで遣唐使による通交の意義を過度に強調・称揚するのではなく、朝鮮諸国の遣唐使や唐文化移入のあり方との比較、唐からみた日本の遣唐使の評価などを加味して、これをより相対化して考察することが求められるところである。

また、大宝律令施行により一応の完成をみた日本の律令国家が後期遣唐使をつうじて唐に求めたものは、つねに一様というわけではなかった。遣唐使の主要任務である唐文化移入の様相についていえば、霊亀度の留学生で、天平度に帰朝した吉備真備《きびのまきび》のように(『続日本紀《しょくにほんぎ》』天平七年四月辛亥《しんがい》条)、唐のさまざまな学芸、総体としての唐文化移入に本当に熱心であったのは勝宝度くらいまでで、その後は唐代の歴史を二分する安史《あんし》の乱(七五五～七六三年)が勃発したこともあり、僧侶は措《お》くとして、俗人の留学者については以後は長期留学生の派遣は減少し、短期の請益生《しょうやくせい》が主流になるという傾向がうかがわれる。

これは当初は、唐を模した律令体制構築にはあらゆる分野で新知識が必要であったが、それを手本に一応の継受ができれば、あとは不足する点やそれぞれの時点で得られるものを選択的に受容すればよく、また国内での伝習体制や書籍による理解に依存可能な状況を整備していくことを重視するという、国家的方策の変化もあずかっていたと思われる。

ただし、遣唐使はその後も宝字度①、宝亀度①・②、延暦《えんりゃく》度、承和《じょうわ》度と、「二十年一貢」の原則に立脚しながら維持されていく。とくに宝亀度①の帰朝に際しては、日本の遣唐使の歴史上では二回しかない唐使の来日が行われており、安史の乱後に唐に安寧を回復した代宗《だいそう》（在位七六二〜七七九年）の日本との通交維持の意思が示されたことが大きかったと考えられる。

とはいうものの、安史の乱の爪痕《つめあと》は甚大で、遣唐使一行は上京人数の削減を命じられている（『続日本紀』宝亀九年一〇月乙未《いつび》条、一一月乙卯《いつぼう》条）。こうした唐の国情不安、日本の遣唐使や留学者への制限や待遇悪化は、九世紀の延暦度、承和度にはさらに進行するところであり（『日《に》本後紀《ほんこうき》』延暦二四年六月乙巳《いつし》条、『入唐求法巡礼行記《にっとうぐほうじゅんれいこうき》』巻一）、日本の唐に対するまなざしも、おのずと変化していくことになる。

変化のきざし

日本の唐に対するまなざしの変化を、宝亀《ほうき》度①の請益僧戒明《しょうやくそうかいみょう》・得清《とくせい》（徳清とも）の活動に探ってみたい。

戒明と得清

戒明は大安寺《だいあんじ》の僧で、道慈《どうじ》―慶俊《けいしゅん》とつづく大安寺三論宗《さんろんしゅう》の正統を嗣ぐ存在（『延暦僧録《えんりゃくそうろく》』戒明伝）、得清は西大寺《さいだいじ》の僧で、やはり三論宗の学匠《がくしょう》と目される。彼らは宝亀初年に渤海《ぼっかい》路経由で入唐、宝亀度①の帰朝に随伴して帰国したとする説が有力であったが、諸史料を精査すると、宝亀度①の請益僧で、遣唐使の在唐期間中に特定の課題を遂行し、遣唐使と一緒に帰朝したと解するのが正しいと思われる。なによりも『大安寺《だいあんじ》唐院記《とういんき》』に、「唐法相請益使大和尚戒明闍梨《とうほっそうしょうやくしだいおしょうかいみょうじゃり》」とあるのは、戒明らの入唐資格を如実に示すものであろう。

ちなみに、大日本仏教全書本はこの部分を「是唐法相請益。使大和尚戒明闍梨所創作也」と読んでいるが、これは戒明を法相宗の僧とするのは誤記か、あるいは後述のように、法相宗に有利な唐決《とうけつ》（唐の学者や僧侶に日本で問題となっている点を尋ねて得た回答）を将来したので、誤謬が生じたものかと考えられる。

彼らの任務としては、まず『大仏頂経《だいぶつちょうきょう》』の真偽問題に関する唐側の回答、唐決（釈）を得ることが挙げられる。

『大仏頂経』は、後代の密教隆盛のなかでは高く評価される経典であるが、戒明伝には、戒明帰朝後の宝亀一〇年（七七九）に『大仏頂経』廃棄・焚焼《ふんしょう》の気運が起こり、戒明にも連署《れんしょ》が求められたが、戒明は唐の大暦《だいれき》一三年（七七八＝宝亀九）に、代宗《だいそう》が親しく僧侶を屈請《くっしょう》して『大仏頂経』を講説した旨を指摘し、この騒動を鎮静したと記されている。

『延暦僧録』を撰した思託《したく》（鑑真《がんじん》とともに来日した唐僧）は、宝亀一〇年に内大臣藤原魚名《ふじわらのうおな》の協力を得て、東大寺で攘災《じょうさい》のために大仏頂行道《ぎょうどう》を修したという（『延暦僧録』思託伝、守真居士〔藤原魚名〕伝）。日本でも論議のあった『大仏頂経』に依拠した法会《ほうえ》を強行したのであり、これも『大仏頂経』をめぐる議論を沸騰させた要因であろう。

じつは得清らは、『大仏頂経』が偽経であるとする唐決を持ち帰っていた（玄叡《げんえい》『大乗三論義鈔』〔大正新脩大蔵経第七〇巻一五一頁b・c〕、秀法師《しゅうほうし》撰『掌珍量導《しょうちんりょうどう》』〔大日本仏教全書三一――一八頁b〕）。

『大仏頂経』は、密教にもつうじた道慈《どうじ》が大仏頂陀羅尼《だらに》（『大仏頂経』巻七）に着目して将来した可能性が考えられ、空有論《くうゆうろん》（最高真理の状態において言語や心が絶え果てるか、それとも真理とかかわりあう言語があるか否か）をめぐる法相宗と三論宗の論争のなかで、三論宗が重視する清弁《しょうべん》の『掌珍論《しょうちんろん》』の内容が正しいことを証明するための論拠として『大仏頂経』を示したことが真偽論争を引き起こしたとされている。得清がこれを偽経とする唐決をもたらしたこと、当時の僧綱《そうごう》の構成をみると、法相宗の僧が多く、彼らは三論宗の「悉有仏性《しつうぶつしょう》」（一乗説）にも反対しており（法相宗は五性各別説《ごしょうかくべつ》）、今回の対立が噴出したものと指摘されるところである。

論争の惹起

戒明はまた、『釈摩訶衍論《しゃくまかえんろん》』、得清は『梵文毘盧遮那成仏経抄記《ぼんぶんびるしゃなじょうぶつきょうしょうき》』を将来していた。これらのうち、『釈摩訶衍論』に関しては、尾張大僧正（興福寺の賢璟《けんきょう》）、そして淡海三船《おうみのみふね》などから、偽論と非難される紛擾《ふんじょう》が引き起こされている（貞慶《じょうけい》『唯識論同学鈔《ゆいしきろんどうがくしょう》』第一巻第四「真如受薫事《しんにょじゅくんじ》」〔大日本仏教全書七六―三五六～三五九頁〕、最澄『守護国界章《しゅごこっかいしょう》』巻上之中〔大正新脩大蔵経第七四巻一六二頁b〕）。

法相宗の賢璟はともかくとして、淡海三船は戒明宛の宝亀一〇年閏《うるう》五月二四日付書状で、早速に偽論なることを指摘していた（貞慶『唯識論同学鈔』第一巻第四「真如受薫事」〔大日本仏教全書七六―三五六～三五九頁〕)。

古人淡海居士、戒明闍梨に消息を送る。一昨日至る、唐より将来せる釈摩訶衍論を垂示《すいし》せり。名を聞くの初め、龍樹《りゆうじゆ》の妙釈を披《ひら》くを喜び、巻を開くの後、馬鳴《めみよう》の真宗を穢《けが》せるを恨めり。今、此の論を検ずるに、実に龍樹の旨に非ず。是れ愚人《ぐじん》、菩薩の名を仮りて作る所のみ。但し其の本論は、実は馬鳴菩薩の起信論《きしんろん》也。(中略)大徳は当代の智者なり、何ぞ遠路を労して此の偽文を持ちて来るや。昔、膳大丘《かしわでのおおおか》、唐より持ち来れる金剛蔵菩薩註金剛般若経ナル者は、此の論と同じく竝びに偽妄《ぎもう》の作也。願はくは早く蔵匿《ぞうとく》し、流転して咲《わらい》を万代に取べからず。真人三船白《もう》す。宝亀十年閏五月二十四日状。戒明闍梨座下。

内容は、新しい龍樹菩薩の経論の到来を期待していたのに、『大乗起信論』を本として作成したもので、中略部分では序文の年紀が齟齬《そご》すること、本論も「文鄙義昏《ぶんびぎこん》」(文章は鄙びており、義理にも通じていない)であると批判しており、これは長く封印すべきで、もし世に流布したら、戒明は笑いものになってしまうと辛辣である。

三船は大友皇子の曾孫で、鑑真の伝記『唐大和上東征伝《とうだいわじようとうせいでん》』を撰上するなど、漢詩文に長じていたことでも名高いが、出家して元開《げんかい》と名乗っていたことがあり、『大乗起信論』などの仏典にも通暁していた。

三船はまた、勝宝度の留学生または請益生に選定されながら、病により渡海できなかったという経歴があり（『延暦僧録』淡海居士伝）、入唐者の将来品・成果にはきびしく目配りしていたものと思われ、書状によると、勝宝度の請益生膳大丘が将来した『金剛般若経』に対しても偽妄の作であると退けていたことが知られる。

上述の『大仏頂経』をめぐるエピソードはあるものの、戒明はこれらの件で中央での活躍の場を閉ざされたのではないかと考えられている。

戒明は讃岐国の凡直《おおしのあたい》氏出身で、空海の『三教指帰《さんごうしいき》』序に、讃岐国多度郡の佐伯直氏出身の空海が「一沙門」から虚空蔵聞持法《こくうぞうもんじほう》を授けられたとあるのは、仏教界の讃岐人脈に依拠したもので、この「一沙門」は戒明をさし、その名前が伏せられているのは当時の戒明の仏教界における立場を示唆しているのではないかと指摘されるゆえんである。

後代の西大寺で三論宗の名哲として知られる玄叡《げんえい》（?〜八四〇）は、得清が『大仏頂経』偽経説の唐決を持ち帰ったことを非難しており（『大乗三論義鈔』）、『大仏頂経』真経説もなお有力であったから、得清の入唐が喧伝されないのは西大寺におけるこうした評価があるのかもしれない。

新しい文化の創造

しかしながら、『釈摩訶衍論』は、九世紀の密教隆盛のなかでは真論として重視されている。空海は東寺真言僧の修行書目のひとつとしてこれを掲げ（『平安遺文』四四二七号、弘仁一四年一〇月一〇日空海経論目録注進状）、承和《じょうわ》度の請益僧で元興寺の常暁《じょうぎょう》も、『釈摩訶衍論疏《そ》』を将来していた（同四四四六号、承和六年九月二日僧常暁請来目録）。最澄もまた、賢璟《けんきょう》が『釈摩訶衍論』を偽論としたことを「愚失」と一蹴している（『守護国界章』巻上之中）。さらに最澄は、得清が将来した『梵文毘盧遮那成仏経抄記』を西大寺で「発見」し、これを書写したといい、空海や円仁・円珍などの将来本も知られているので、こちらも密教理解のためには重視されるものであったことがわかる（円珍『大日経義釈目録縁起』〔大日本仏教全書二六―七一九頁〕）。

唐では、玄宗《げんそう》朝の初期にあたる開元四年（七一六＝霊亀二）にインド僧善無畏《ぜんむい》（六三七～七三五年）が到来し、国師となり密教が広まっていった。

大宝度の留学僧で、霊亀度に帰朝した道慈は、長安の西明寺菩提院《さいみょうじぼだいいん》で訳出されたばかりの『虚《こ》空蔵求聞持法《くうぞうぐもんじほう》』など密教経典を持ち帰ることができたと考えられる。また、インド僧金剛智《こんごうち》（六六九～七四一年）、道経にもつうじた中国僧一行《いちぎょう》（六八三～七二七年）や不空《ふくう》（七〇五～七七四年）などが活躍し、これらの法系を継ぐ恵果《けいか》から空海に密教の正統が伝授され、日本でも密教が隆盛することになる。

膳大丘が将来した『金剛般若経』は、当時玄宗皇帝が注釈を加えるなど、唐で注目されていたものである。したがって膳大丘、また戒明・得清らは、唐の最新の文物を持ち帰ろうとして収集に努めたのであり、遣唐使の用務を忠実に果たそうとしたと解される。

ところが、日本では『大仏頂経』をめぐる真偽論争が勃発し、戒明・得清らの成果は両陣営からともに評価されなかったようである。ただ、唐側が『大仏頂経』偽経説を唐決として示したのに対して、上述のように唐でもなお真経説や講説事例が存するという状況があるにしても、日本で独自に論争に決着をつけようとしたのは（結局は決着がつかなかったが）、唐への讃仰一辺倒ではない、自立した唐文化の移入・定着への道を読み取るうえで興味深い。

この点は、『釈摩訶衍論』などに対する反応でも同様である。元来日本では訳経事業を行っていないので、唐の「開元入蔵録」（『開元釈教録』巻一九・二〇）の入蔵・不入蔵の選別が正しいかどうか判断できず、また別生《べっせい》（大部経の一部を抄出したもの）や偽経（インド伝来経典の翻訳ではなく、中国でつくられた仏典）を一切経に含めることを躊躇しない意識があったとされるが、奈良時代をつうじて「勘経《かんぎょう》」（別の本経により対校すること）による仏典の内容理解に踏み込んだ研鑽が深化されたといい、このころには独自の判断能力が確立していたのであろう。

日本中心主義的立場

日本の対唐観としては、現実の遣唐使が朝貢使にほかならず、事大主義的立場が国際舞台では表出せざるを得ないが、日本は唐と対等であり、独自の「天下」を支配するという認識に基づく日本中心主義的立場も国内的には形成されていた。とくに唐に対する尊崇の源となる学芸・技能面については、これ以降に律令の解釈や仏教理解などで唐と対等、あるいはこれを凌駕するという意識が散見しており、日本中心主義的立場が国内で優勢になっていく転換点であったと考えられる。

ちなみに、戒明らは聖徳太子撰とされる『法華経義疏《ほけきょうぎしょ》』『勝鬘経義疏《しょうまんぎょう》』を中国に持参しており、聖徳太子慧思《えし》禅師後身説（中国・天台宗の開祖智顗《ちぎ》の師慧思が日本に転生して太子になったとする説）を紹介したことも知られる（『勝鬘経疏私鈔』第一〔大日本仏教全書四―三七九頁〕）。後代の円珍や叡尊《えいそん》はこの行為を「日域《じちいき》面目」と称揚しており、日本人の著述や思惟が唐に受け入れられ、評価されたという自負は、大きな意味をもつものであったと思われる。

なお、戒明が将来した『釈摩訶衍論』については、大安寺の新羅国僧珍聡《ちんそう》という者が、これは龍樹の妙釈ではなく新羅の大空山沙門月忠《げっちゅう》の撰述である旨を証言したといい（『唯識論《ゆいしきろん》同学鈔』第二巻第四「真如受薫事」）、これも偽論とする有力な論拠になったとみられる。

大安寺は道慈が唐の西明寺《さいみょうじ》を模して造営したもので、天平度遣唐使の帰朝とともに到来し大仏開眼の導師にもなった波羅門《ばらもん》僧正菩提僊那《ぼだいせんな》が居住するなど、寺院運営の面でも国際色豊かな特徴を継承していた。なによりも新羅留学により華厳経を将来した審祥《しんしょう》が住しており、新羅とのつながりも強かったと推定される。

新羅僧珍聴の来日時期・事由は不明であるが、奈良時代後半には日羅関係が悪化する一方で、交易を目的とする新羅人の来航がはじまっていたから、珍聴もそうした新来の人びとのひとりではなかったかと思われる。それゆえに『釈摩訶衍論』に関する知見を有していたのであろう。

とすると、唐の政情不安、使人への待遇悪化とともに、遣唐使事業が終焉になっていく要因、すなわち新羅商人の来航とそれにつづく唐・宋商人の到来による彼我通交の日常化への萌芽が、このころから登場してくるものと目される。そのような意味でも、この時期には遣唐使事業の転換点があったといえよう。

第一章

九世紀の遣唐使

国際環境の変化

最後の遣唐使

大宝度以降の後期遣唐使は、延暦度まではおおむね「二十年一貢」の文脈で理解することができる。しかし、延暦度（延暦二二年＝八〇三）から承和《じょうわ》度（承和三年＝八三六）までは三三年、承和度から寛平《かんぴょう》度（寛平六年＝八九四）遣唐使計画までは五八年もの間隔があり、かくも長きの不通、「二十年一貢」とは異なる形で通交が図られたのはなぜであろうか。「遣唐使」以後の対外関係の展開を考えるうえで、まず遣唐使事業の終焉《しゅうえん》にいたる過程を検討してみたい。

こうした九世紀の遣唐使の派遣目的として、宝亀度①（宝亀九年＝七七八）以降の通交には、代替りの遣使、天皇―皇太子の安定を唐に告知するという意味合いがあったとする見解も出されているが、延暦度には代替りという要素は認めがたく、また遣唐使がそれぞれの時点での皇太子の確定を唐に報告した徴証は見いだせない。

むしろ遣唐使派遣は一大事業なので、おのずと国内情勢の安定が不可欠であるため、強いて政治状況や皇統のあり方に着目すると、そのような状況下で遣唐使が派遣されているということではないかと思われ、代替りの派遣説は一般論としては成立しないと考える。

ただし、実質上最後の遣唐使渡海となった承和度に関しては、仁明《にんみょう》天皇の代始めの事業として推進されたとみる余地はある。遣唐使は仁明即位後の新しい年号となる承和元年正月に任命されており、前年一二月には諸山陵への唐物頒幣《はんぺい》を行い、また使人任命後には大宰府に滞在する唐人を京上させて唐の情勢を判断するなど、用意周到な準備が講じられている（『続日本後紀《しょくにほんこうき》』天長一〇年一二月乙酉《いつゆう》・庚子《こうし》条、承和元年三月丁卯《ていぼう》条）。

円仁《えんにん》をはじめとする留学者・請益者《しょうやくしゃ》の面々も本格的な陣容になっており、二度の渡海失敗や、大使藤原常嗣《つねつぐ》と紛擾を起こした副使小野篁《おののたかむら》の処罰などを経ても、なお三度目の渡航を試みて実現した点などは、計画完遂に並々ならぬ熱意がうかがわれる。

延暦度から「二十年一貢」というと、嵯峨《さが》朝末・淳和《じゅんな》朝開始期ごろになるが、当該期にかかわる国史『日本後紀』の散佚《さんいつ》（四〇巻中一〇巻しか残存せず）という史料の問題を考慮しても、諸書に残る逸文《いつぶん》からみて、この時期に遣唐使派遣が計画された形跡はない。

承和度の副使小野篁が病と称して留まり、「西道謡《さいどうよう》」をつくって遣唐使事業を風刺したとき、嵯峨太上天皇が激怒し、篁を隠岐国に配流《はいる》したという話（『続日本後紀』承和五年一二月己亥《きがい》条）に注目すると、今回の遣唐使派遣には仁明天皇の父嵯峨太上天皇の意思が大きいと推定される。

嵯峨は弟淳和の代始めよりは、自分の子息で、「国風暗黒の時代」と称されるほどに天皇の唐風化や漢文学の振興に励んできた桓武―嵯峨朝の結実として、唐文化に通暁した仁明（『続日本後紀』嘉祥三年三月癸卯《きぼう》条）の即位時にこそ遣唐使事業を推進すべきものと企図したのであろう。

新羅人の活動

このように大きな期待をもって発遣された承和度遣唐使であったが、唐の治安悪化により上京の人数を制限され、また天台留学僧の円載《えんさい》以外は長期滞在を認められず、入唐の成果は不充分となった。

短期留学を予定していた請益僧円仁は、希望する天台山行きが許可されず、帰国する遣唐使一行と別れて唐に留まる道を選択、山東半島の登州赤山法華院《せきざんほっけいん》に拠点を築いていた在唐新羅人の助力により、五臺山《ごだいさん》巡礼から長安に入り、中国史上最大の廃仏となる会昌《かいしょう》の廃仏（八四二～八四六年）を経験、一〇年間に及ぶ入唐求法ののちに、承和一四年（八四七）に唐人江長《こうちょう》や新羅人金子白《きんしはく》・欽良暉《きんりようき》・金珍《きんちん》らの船で帰朝を遂げることになる。

承和度遣唐使も、渡海した三船のうち二船が破損し、帰路は新羅の訳語《やくご》・金正南《きんせいなん》らの尽力により楚州の新羅船九隻と新羅人水手を雇い、これに分乗して帰国することができた。新羅船はよく波を切って進むので、大宰府では一隻を分給され、その構造などの研究に努めるほどであった（『続日本後紀』承和七年九月丁亥《ていがい》条、『類聚三代格《るいじゅうさんだいきゃく》』巻五承和七年九月二三日太政官奏）。

新羅では九世紀前半の飢饉や草賊《そうぞく》の発生のなか、唐に渡り、唐での生計維持や貿易活動に従事する者が現れていた。こうした新羅人の海上活動を代表するのが張宝高《ちょうほうこう》（保皐《ほこう》、弓福《きゅうふく》）である。彼は新羅の庶民の出身で、唐に行き軍官になった。しかし、唐の長慶元年（八二一＝弘仁一二）に節度使の兵力削減がはじまると、張宝高は新羅に戻り、黄海の海賊による新羅人の掠奪や、唐でこれらの新羅人が奴隷に転落している状況を国王に訴え、その取り締まりのために全羅南道最南端の莞島《ワンド》に清海鎮《チョンヘジン》を設置することを進言し、みずから大使になる（『三国史記』新羅本紀、列伝）。

これは日本の天長五年（八二八）のこととされ、張宝高は清海鎮を拠点に、航行する唐船や新羅船の貿易活動を保障して対価を得るとともに、みずからも配下の人びとを駆使して唐―新羅―日本を結ぶ交易活動を展開し、この海域で新羅が制海権を確立するのに寄与している。

そして彼は新羅国内での政治力を強め、承和六年には金陽《きんよう》らと協力して閔哀《びんあい》王を打倒、祐徴《ゆうちょう》＝神武《しんぶ》王即位に功績を上げたものの、神武王がわずか一年で死去すると、新羅貴族らと不和になり、反乱を起こして殺害されてしまう。これは承和八年一一月ごろの出来事であったと考えられる

9世紀代の唐人の来航例

年次	西暦	人名	出身・出発地	事項	おもな出典
弘仁10年6月16日	819	周光翰・言升則	越州	新羅人船で来着	紀略
10年		張覚済	揚州	新羅人らと出羽国に漂着	入唐求法巡礼行記（開成四年一月八日条）
11年1月22日	820	周光翰・言升則	越州	渤海使に随伴して帰国	紀略
11年4月27日		李少貞ら二〇人		出羽国に漂着 ＊李少貞は『続後紀』承和9・正・乙巳条によると、もと張宝高の臣で、この時には新羅武州列賀閻丈の牒を奏して来日	紀略
承和1年3月16日	834	張継明		大宰府に滞在中→入京	続後紀
5年	838	沈道古		大宰府鴻臚館に滞在し、小野篁と詩賦を唱和	文徳実録（仁寿二年十二月二十二日条）
5～11年				大宰府少弐藤原武守が「大唐人貨物」を検校	文徳実録（仁寿一年九月二十六日条）
8年	841	新羅人船頭陶十二郎		恵蕚がその帰唐に随伴して入唐	入唐求法巡礼行記（会昌二年五月二十五日条）
9年5月5日	842	李処人		恵運の入唐	平安遺文一六四
9年5月		李隣徳	明州	恵蕚が帰国	入唐求法巡礼行記（会昌二年五月二十五日条、会昌五年七月一日条）
10年12月9日	843	新羅人張公靖ら二六人		円載の弟子仁好・順昌が長門国に帰着	続後紀
14年7月8日	847	張友信・元静ら四七人	明州	恵蕚・恵運の帰国	続後紀
14年10月2日		唐人江長、新羅人金子白・欽良暉・金珍	蘇州	円仁の帰国とともに四二人来日、『入唐求法巡礼行記』大中元年6月9日、10日・11日条では四四人	続後紀
嘉祥2年8月4日	849	大唐商人五三人		大宰府に来着	続後紀
2年閏12月24日		徐公祐	蘇州	在日中の唐僧義空に贈物、大中年間に何度か来航	高野雑筆集付収「唐人書簡」
2年		崔勝		帰化	三代実録（元慶一年六月九日条）
仁寿2年2月	852	張友信		唐に帰る	平安遺文四四九二
3年7月15日	853	王超、李延孝		円珍の入唐 ＊王超は平安遺文一二四に新羅商人とある	平安遺文一〇二～一一〇
3年12月		李延孝		円珍の従者の帰朝	平安遺文一〇三～一〇九
斉衡2年7月20日	855			大宰府から円載の上表を伝進…唐から来航か	文徳実録

3年3月9日	856	詹景全・劉仕献・李延孝・李英覚	越州	日本より帰国し、在唐の円珍に会う＊李延孝・李英覚は渤海商人とある	平安遺文一二四～一二七
天安2年6月8日	858	李延孝・高奉・蔡輔・李達・詹景全		円珍の帰朝	平安遺文四四九二
貞観3年8月9日	861	李延孝	明州	大宰府鴻臚北館に滞在	入唐五家伝
4年7月	862	張友信・金文習・任仲元		真如らの渡海	入唐五家伝
4年7月23日		李延孝ら四三人		大宰府に来着	三代実録
5年1月4日	863	陳泰信		大宰府に滞在か	平安遺文四五三九
5年4月		詹景全・徐公直		真如の従者の帰朝	入唐五家伝
5年8月4日		李達		徐公直は公祐の兄	平安遺文四五四一・四二、四四八八～九〇
6年	864	詹景全		来日	平安遺文四五四一・四二
7年7月27日	865	李延孝ら六三人		大宰府に安置・供給	三代実録
		任仲元		真如の天竺出発を報告	入唐五家伝
7年		詹景全		来日	平安遺文四五四一・四二
8年5月21日	866	任仲元		過所なしで入京企図	三代実録
8年10月3日		張言ら四一人		大宰府で安置・供給	三代実録
8年		李延孝	明州	宗叡の帰朝	三代実録（元慶八年三月二十六日）
9年	867	詹景全	蘇州	円珍の依頼品を将来	寺門伝記補録
16年7月18日	874	崔岌ら三六人		大宰府に安置・供給	三代実録
18年8月3日	876	揚清ら三一人		大宰府に安置・供給	三代実録
元慶1年8月22日	877	崔鐸ら六三人	台州	大宰府に安置・供給	三代実録
1年12月21日		駱漢中		智聡の帰朝	三代実録
1年		李延孝・詹景全		円載・智聡の帰朝、円載とともに溺死	平安遺文四五四一・四二
5年	881	李達・張蒙	蘇州	円珍の依頼品将来	平安遺文四五四一・四二
6年7月15日	882	李達	蘇州	円珍の書状を託され帰国	平安遺文四五四一・四二
7年	883	栢志貞		大宰府に到来し、国清寺諸僧らから円珍宛の書信を齎す	円珍伝
仁和1年10月20日	885	大唐商人		大宰府に来着→王臣家使の私交易を禁止	三代実録
2年6月7日	886		揚州	円珍に写経50巻を送り、返礼の砂金を与えられる	平安遺文四五四八
寛平5年3月	893	王訥		在唐僧中瓘の書状を届ける	菅家文草巻九・一〇
8年3月4日	896	梨懐（李環）		入京させる	紀略

(『続日本後紀』承和九年正月乙巳《いつし》条)。

ここには、東アジア海域の制海権や海上活動をめぐる大変動が予想されるのであるが、日本でも承和九年七月に嵯峨太上天皇が崩御、直後に起きた承和の変により朝廷の権力構造に大きな変化が生じる。

この承和の変をはさんで、前筑前守文室宮田麻呂《ふんやのみやたまろ》による張宝高遺臣の廻易貨物(交易のために再来日した際に携えていた交易品)の抑留と宮田麻呂の謀反による配流という、対外方策にかかわる案件が発生している。宮田麻呂の筑前守在任は半年ほどで、その際に「唐国貨物」購入のために宝高一派の者に絁《あしぎぬ》を付与したといい、貨物抑留はその回収が目的であった。

円仁が登州赤山法華院で出会った新羅人還俗僧李信恵《りしんけい》は、弘仁六年(八一五)に日本に行き、須井宮(不詳)が筑前守のときに哀恤《あいじゆつ》を受けたといい、円仁も筑前守小野末嗣《おののすえつぐ》が張宝高に宛てた書状を託されていたとあるから(『入唐求法巡礼行記』巻四会昌五年九月二二日条、巻二開成五年二月一七日条)、筑前守の地位がこうした活動に有利に作用したことがうかがわれる。

宮田麻呂は蔵人所―大蔵省・内蔵寮による唐物獲得の一環として、交易のために特任派遣されたもので、後述の入唐廻易使《にゆうとうかいえきし》の先駆的形態ではなかったかといわれるゆえんである。

唐物希求と唐商人の来航

文室宮田麻呂は承和一〇年末に謀反を密告され、京宅・難波宅を捜索された。そこには通常程度の兵具が存するくらいであったが、推問・配流に処せられてしまう（『続日本後紀』承和一〇年一二月丙子《へいし》・戊寅《ぼいん》・庚辰《こうしん》・癸未《きび》条、『日本三代実録』貞観五年五月二〇日・八月一五日条）。

彼を派遣した主体が淳和《じゅんな》天皇（承和七年五月崩）―皇太子恒貞《つねさだ》親王なのかどうか、承和の変で処罰された参議文室秋津《ふんやのあきつ》との政治的関係がどうであったか、あるいはこうした国内の政争とは無関係で、彼が新羅人貨物を抑留しつづけることで、張宝高遺財を回収にきた新羅の使人が大宰府に滞留し、新羅の内政問題に巻き込まれる危険を恐れたのが主因なのか等々は、さらに考究の余地がある。ここではこの点は措くとして、承和の変後に示された対外方策に注目してみたい。

張宝高遺臣をめぐる諸問題が噴出した直後に、藤原衛《ふじわらのまもる》という者が大宰少弐《だざいのしょうに》に任命された。衛の派遣は仁明天皇の強い意向によるものであったといい（『日本文徳天皇実録』天安元年一一月戊《ぼ》戌《じゅつ》条卒伝《そつでん》）、あるいは嵯峨太上天皇の指示もあったのかもしれない。

大宰府周辺の状況を実見した衛は、新羅人の来航を全面的に遮断する方策を求めたが、朝廷は「入境新羅人」は「流来新羅人」（漂流によりやむをえず日本の国境内に入ってきた新羅人）への対処に準じて「充粮放還《ほうかん》」（食料を与えて帰国させること）とすること（『類聚三代格』巻一八宝亀五年〔七七四〕五月一七日官符）、民間交易の規定（天長八年〔八三一〕九月七日官符）による交易活動は認可すべきことを令し、従来の対応の基本方策を総合した形の指示を下している（承和九年八月一五日官符）。

ただし、新羅商人の交易に際しては、大宰府鴻臚館《こうろかん》での安置・供給を行わないとしており、国家による保護・管理貿易の場から新羅人勢力を除外しようとした点では、衛の献策に沿った措置も講じられたことになる。

このような交易の継続、唐物への憧憬に関連して、承和度遣唐使帰朝時に大使らの入京は陸路を用いると迎送（入国時の歓迎と国内移動の領送）に人民が駆使され、秋の収穫作業の妨げになるので、海路で順次上京すべきことを指示する一方で、唐の信物（外交的な贈り物）・要薬（必要・有用な薬物）などは陸路で逓送《ていそう》すべしと、唐物の京上を急がせているようすが看取される（『続日本後紀』承和六年八月甲戌《こうじゅつ》条）。

京上された唐物は伊勢神宮や諸山陵に奉献されるとともに（『続日本後紀』承和六年一〇月辛《しん》酉《ゆう》条、一二月辛酉・庚午《こうご》条）、内裏では建礼門前に幄《あく》（テント）を設営して、内蔵寮の官人や内侍が交易し、これを「宮市」と称したという（『続日本後紀』承和六年一〇月癸酉条）。

また承和度遣唐使の渡海・帰朝と前後するころの出来事として、大宰少弐として赴任した藤原岳守《たけもり》が「大唐人貨物」を検査して、元白詩集、すなわち日本で人気のあった元稹《げんしん》と李白《りはく》の詩集を見つけたので、仁明天皇に献上したところ、天皇は大いに喜び、岳守に従五位下を授けたという逸話もある（『日本文徳天皇実録』仁寿《にんじゅ》元年〔八五一〕九月乙未《いつび》条卒伝）。これは（嵯峨太上天皇―）仁明天皇が唐物を大切に思い、深く愛したことを示していよう。

仁明天皇はその伝記によると、経史に通暁し、倦《う》むことなく講誦し、漢音に練達、その清濁を弁別することもできたという。書道に関しても、淳和天皇の草書を習得し、人びとが見分けがつかないくらいに自分の書として極めていた。弓を射ることにも巧みで、射場《いば》（弓場）にも出御、鼓琴吹管《こきんすいかん》などの音楽につうじており、古代中国の聖帝である虞舜《ぐしゅん》や漢の成帝にも優るとも劣らないほどであったとされる。また自身が病弱であったため、医術にはことに造詣が深く、自分で薬を処方することもできたとあり（『続日本後紀』嘉祥三年〔八五〇〕三月癸卯条）、唐のすべての学芸・技能を身につけた人物で、桓武朝以来進められてきた天皇の唐風化の結晶のような存在であったといえる。

ただし、岳守の話は「大唐人貨物」とあり、張宝高の死去や、新羅の政情不安を受けて、新羅商人の来航よりも、張宝高の残党を含む在唐新羅人や唐商人の到来が優勢になり、唐から来日する人びととの交易が頻繁化する方向が展望される。

上述のように、円仁が帰朝に利用したのは唐人江長や新羅人金珍らの蘇州の船であり（『入唐求法巡礼行記』巻四大中元年〔八四七〕六月九日条）、彼らは日本に到着した段階では「唐人金珍等」四四人と記されているので（承和一四年一〇月一九日条）、在唐新羅人も唐から到来したという点では「唐人」と認識されていたことがわかる。

以後、こうした在唐新羅人を含めた唐商人が来航する。ちなみに、円仁は当初明州《めいしゅう》の張友信《ちょうゆうしん》の船で帰朝するつもりであったが、すでに春太郎《しゅんたろう》・神一郎《じんいちろう》を乗せて日本に進発していたので、金珍らの船を利用せざるを得なかったという（春太郎・神一郎については後述）。

この張友信は唐商人来航の最初期の人物で、日本に滞在して大宰府の大唐通事を務めながら、彼我往来を行うという新たな活動形態を呈している。

渡海僧の活動

恵蕚と恵運

張友信《ちょうゆうしん》の船には恵蕚《えがく》・恵運《えうん》という僧侶も同乗していた。彼らは承和《じょうわ》度遣唐使以後にはじまる新羅や唐の交易者の彼我往来という新しい方法で渡海しており、日本からの入唐者が判明するそのほとんどは僧侶であるから、ここでその彼我往来のあり方をみておきたい。

恵蕚は、宗派・師承関係など日本の宗教界での位置づけは不明であるが、少なくとも五度（以上）にわたり彼我を往来している（以下、恵蕚の一度目の渡海を「恵蕚①」のように示す）。

①承和七年（八四〇＝開成五）…檀林皇后 橘 嘉智子《たちばなのかちこ》の用務で五臺山に参詣（『日本文徳天皇実録』嘉祥三年五月壬午《じんご》条橘嘉智子伝）。承和度遣唐使が帰路に雇用した新羅船の在唐新羅人陶十二郎《とうじゆうにろう》の帰唐の便船を利用（『入唐求法巡礼行記』巻二会昌二年五月一五日条）。弟子二人を五臺山に滞留させる（同巻三会昌元年九月七日条）→承和九年、李徳裕《りとくゆう》の船で帰朝（同巻三会昌二年五月一五日条、巻四会昌五年七月五日条）。

②承和一一年（八四四＝会昌四）…入唐し、五臺山に滞在するも、会昌の廃仏に際会し、還俗（金沢文庫旧蔵『白氏文集』巻一一題記、『入唐求法巡礼行記』巻四会昌五年七月五日条）。→承和一四年、恵運とともに張友信の船で帰朝（『続日本後紀』承和一四年七月辛未《しんび》条、『入唐求法巡礼行記』巻四大中元年六月九日条）。唐僧義空《ぎくう》が同行（「唐人書簡」⑬大中六年五月二二日義空宛徐公直《じょこうちょく》書状。「唐人書簡」は全一八通あり、⑬はその通し番号を示す。以下、同じ）（→斉衡三年（八五六＝大中一〇）ごろに唐に帰国か）。

③嘉祥二年（八四九＝大中三）…来日した徐公祐《じょこうゆう》に随伴して渡海か（「唐人書簡」④大中三年六月七日僧雲叙《うんじょ》書状、⑧〔大中三年〕五月二七日趙度《ちょうど》書状、⑩〔大中三年か〕法満《ほうまん》書状）→？帰朝（「唐人書簡」⑱某年一〇月二一日徐公祐書状）。

④斉衡元年（八五四＝大中八）または三年（八五六＝大中一〇）ごろ…義空の帰国を送る→天安二年（八五八＝大中一二）帰朝（『元亨釈書《げんこうしやくしよ》』巻一六）。

⑤貞観四年（八六二＝咸通三）…真如《しんによ》に随伴し、張友信の船で渡海→貞観五年帰朝（『入唐五家伝』所収「頭陀《ずだ》親王入唐略記」）。

恵蕚は当初、嵯峨天皇の皇后橘嘉智子の用務で五臺山に参詣し、日本への禅宗の初伝となる唐僧義空の招聘、その他に活躍している。

嘉智子は檀林寺を創建したので檀林皇后と称せられる篤信家であり、東寺の西院に居住した義空を檀林寺に呼んで、ときどき道を尋ねたという（『元亨釈書』巻六釈義空）。そして、恵蕚①が帰朝した承和九年には恵運が入唐求法が行っており（『安祥寺《あんしょうじ》伽藍縁起資財帳』）、恵運は恵蕚②とともに帰朝し、安祥寺の開基となる。安祥寺創建を企図したのは仁明天皇の女御藤原順子《じゅんし》（冬嗣の女）で、順子は次代を期待される道康《みちやす》親王（文徳天皇）を生んでいた。

蟠龍石柱　『安祥寺伽藍縁起資材帳』に恵蕚が奉納したとある、「仏頂尊勝陀羅尼石塔」の現物か。

当該期は承和九年の承和の変によって藤原良房《よしふさ》が権力を確立するよりも前であるから、恵蕚は橘嘉智子、恵運は藤原順子の後援によって活動することができたと思われる。

ただ、これらの女性がばらばらに渡海を指示し得たかというと、やはりそこには嵯峨太上天

安祥寺の資財形成に関係した人びと

名　前	続　柄	資　財	備　考
太皇太后（藤原順子）	冬嗣の女、仁明天皇の女御、文徳天皇の母	仏具、画像、聖教、宝幢、灌頂壇具、説法具、荘厳供養具、僧房具、山城・近江・下野・周防・阿波の寺地	嘉祥元年八月安祥寺創建に際して、前摂津少掾上毛野松雄の私山を購入して施入
田邑天皇（文徳）		仏像、画像	
従一位藤原女御（古子）	冬嗣の女、文徳天皇の女御	仏像、画像、聖教、荘厳供養具	
尚侍従三位広井女王	天武天皇の子長親王の子孫	仏像、聖教、荘厳供養具	
大宰大弐藤原元利萬侶	式家種継の孫	近江国志賀郡の土地二〇〇歩	
大唐青龍寺義真阿闍梨		仏舎利、儀軌、法具	
実恵		白銅香爐、金剛子念誦珠《恵果→空海→実恵と伝来》	※秘密教伝法祖師の中に「実恵少僧都阿闍梨像壹躯」が見える
春禎		鍮石香爐	
恵蕚		仏頂尊勝陀羅尼石塔〈唐〉	
「唐人直捨施」		庫頭具（鉄釜・竈・臼・甕など）	
薬王寺の法性		山城国宇治郡の山四町	

皇―仁明天皇による外交権掌握と、その認可のもとで入唐僧を渡海させることができたと考えるべきであろう。安祥寺には文徳天皇からの寄進の品々もあり、その帰依も得ていたことがわかるが、この時期に、個人的な用務を果たすことを任務として、渡海する僧侶が出現したことには注目したい。

彼らはまた、恵蕚が蘇州の徐公直・公祐兄弟や明州《めいしゅう》の張友信など、唐商人との関係を形成・維持するという活動にも努めている。

円珍の行歴

そして、円珍《えんちん》の入唐行歴である。円珍は延暦度遣唐使の請益僧最澄が樹立した天台宗の僧である。彼は、最澄に随行した初代天台座主義真《ぎしん》の弟子にあたり、天台宗の二つの学修コースである止観業と遮那業のうち、密教を柱とする遮那業の出身で、比叡山の真言学頭に推されており、円仁とともに天台密教（台密）の確立に尽力した人物として知られている。

円珍が渡海するのは仁寿三年（八五三）、唐国商人欽良暉《きんりようき》・王超《おうちよう》・李延孝《りえんこう》らの交関船《こうげんせん》（「交関」は交易の意）の来日・帰国を利用して入唐した。上述の恵蕚・恵運、また円仁らが会昌の廃仏に遭遇して大いに辛苦したのに対して、天安二年（八五八）末に帰朝する円珍の求法は、宣宗《せんそう》（在位八四六～八五八年）代の仏教興復のなかで行われ、比較的安定した世相でもあった。

またその間柄は必ずしも円滑ではなかったが、承和度の留学僧円載《えんさい》、恵蕚①とともに渡海したと目される田口円覚《たぐちのえんかく》（橘嘉智子の母方の一族）など、長年在唐する日本人の先導を得ることもできている。

円珍(智証大師)像　円珍は、頭頂が尖った「霊骸」という特異な骨相であった。

したがって円珍は、天台山での求法のあと、長安青龍寺《せいりゅうじ》の法全《はっせん》から胎蔵界・金剛界の両法を受学、両部大阿闍梨位灌頂を伝授されるなど、充実した学修を享受している。

また長安では大興善寺《だいこうぜんじ》で不空の骨塔、龍門の広化寺《こうかじ》では善無畏《ぜんむい》の舎利塔を礼拝するなど、唐代の密教を築き上げた先達の足跡をたどり、その他、洛陽では白居易《はっきょい》の墓を見学しており、求法だけでなく、聖跡巡礼としての行動もかいまみられるところである。

円珍はまた、帰朝後も唐商人を介した中国天台宗とのつながり・連絡回路を維持しており、経典書写などを依頼するといった活動を行っている。こうした点では円仁の時代とは異なる、新しい国際環境を活用した新たな彼我通交の形態を切り開いた存在であったといえよう。

円珍の渡海が実現したのは、真言に精熟していたと評される（『日本三代実録』貞観九年一〇月一〇日条薨伝《こうでん》）藤原良相《よしみ》と、その兄で廟堂の中心にいた良房《よしふさ》の後援によるところが大きい（『平

円珍の入唐求法（入唐中は唐暦を用いて活動していた）

和暦	西暦（唐暦）	事項
嘉祥3年春	850	円珍37歳。夢告で山王明神が入唐求法を勧める
仁寿1年春	851	山王明神が再び入唐求を勧め、円珍は上表して渡唐許可を得る
3月9日頃		内供奉十大禅師に補任され、入唐に備えて僧位記と補任の治部省牒を特別に下賜される。↓唐に持参する公験とする
4月15日		出京して大宰府に下向
5月24日		大宰府に到着→便船がなく、月粮を給付され、城山四王院に寄住
2年閏8月	852	唐国商人欽良暉・王超・李延孝らの交関船が到来
3年7月16日	853	博多を出帆し、肥前国松浦郡値嘉島に到り、鳴浦に停泊
8月9日		進発
8月15日	853（大中7）	福州に到着。一行は円珍、僧豊智32歳、後に智聡と改名、沙弥閑静31歳、訳語丁満48歳、経生的良〈延福ヵ〉35歳・物忠宗〈撣宗ヵ〉32歳・大全吉21歳・伯阿満28歳の計八人。伯阿満は円珍の無事渡海を報じるために、福州より李延孝の渡航船で日本に帰国
8月21日		開元寺に安置され、生料を給付
8月23・24日		中天竺摩掲陀国大那蘭陀寺三蔵般若怛羅に梵字悉曇章を受学し、印法などを教えられる
9月10日		福州より出発
12月1日		台州臨海郡に到り、開元寺に止宿。長老の知建は貞元20年（804）に円珍の師義真とともに国清寺で具足戒を受けた間柄であった
12月13日		国清寺に到着。国清寺では道邃の弟子広修の弟子物外が止観を長講
12月14日		円載が越州より到来し、国清寺で会う
4年2月	854（大中8）	天台山禅林寺に上り、定光・智顗などの関係地を巡礼《※円珍は国清寺で坐夏し、天台教法三〇〇巻を書写》
9月7日		天台山を出発し、越州に向かう。閑静・物忠宗・大全吉は国清寺に留まる《※越州では開元寺で良諝から講受を得る》

斉衡2年3月	855(大中9)	越州の公験を得て、進発
3月29日		蘇州に到着。円珍は病になり、徐公直宅に寄宿
4月上旬		円載が到来し、共行する
4月25日		蘇州の徐公直宅より出発
5月6日		洛陽に到着
5月15日		潼関にて豊智が智聡と改名
5月19日		円載は長安に入城し、左街崇仁坊王家店に止宿
5月21日		長安に到着。春明門外高家店に止宿
6月3日		青龍寺法全に拝見し、大瑜伽法文を与えられる
6月8日		左街崇仁坊の円載のところに寄住し、田口円覚と会う
7月1日		右街崇化坊龍興寺浄土院新羅国禅僧雲居房に移居
7月15日		円載とともに法全から胎蔵界法を受学
10月3日		法全から金剛界法を受学 《※「今上(清和天皇)御願大曼荼羅像」を図絵》
11月4日		法全から両部大教阿闍梨位灌頂を伝受
11月6日		大興善寺で不空の骨塔を礼拝し、智慧輪から両部大曼荼羅教秘旨を諮承され、新訳持念経法を授かる 《※千福寺、西明寺、慈恩寺、興福寺、崇福寺、薦福寺を巡礼》
11月27日		円覚とともに長安より出発
12月17日		龍門の広化寺で善無畏の舎利塔を礼拝
12月18日		洛陽に到着。水南温柔坊新羅王子宅に寄住 《※大聖善寺、敬愛寺、安国寺、天宮寺、荷澤寺を巡礼》
3年正月13日	856(大中10)	円覚と龍門西崗を廻至し、金剛智の墳塔を礼拝。さらに白居易の墓を見る
正月15日		洛陽を出発。僧伽和尚ゆかりの泗州普光寺に到る 《※蘇州に到着し、徐公直宅に滞在》

5月17日		蘇州の徐公直宅より出発
5月23日		越州に到着。開元寺に廻到し、良＊と会い、天台法文を捨与される。次いで天台山に向かう
6月4日		国清寺に廻到 《※藤原良相から路粮として給付された砂金三〇両で材木を買い、国清寺止観院に止観堂を建立↓ 9月7日完成》
天安2年2月初頭	858（大中12）	台州にて経論目録に判形をもらう
6月8日		商人李延孝の船で帰国の途に就く
6月19日		肥前国松浦郡旻美楽埼に帰着
6月22日		大宰府鴻臚館に廻至
12月27日		入京
天安3年正月16日	859	清和天皇に御願胎蔵金剛界大曼荼羅を献上

安遺文』一二四号唐・大中一二年〔天安二〕閏二月乞台州公験案《だいしゅうくげんをこうのあん》）。

円珍は帰朝後に内裏で清和《せいわ》天皇と対見し、両部曼荼羅像を献上したといい（『行歴抄《ぎょうれきしょう》』天安三年〔八五九＝貞観元〕正月一六日条）、円珍入唐のころ、良房は惟仁《これひと》親王（清和天皇）立太子を企図しており、惟仁親王の無事生育を祈願したこの御願両部曼荼羅を唐で製作・将来することも、重要な用務であった。

文徳天皇の惟喬《これたか》親王（紀名《きのな》虎《とら》の女所生）立太子の希望に関する逸話（『大鏡』裏書・承平元年〔九三一〕八月四日条）を参照すると、惟仁立太子を進めたのは良房であり、円珍の入唐は承和

天皇家・藤原氏系図（天皇の右肩の数字は即位順、太字は本書で言及している主な人物を示す）

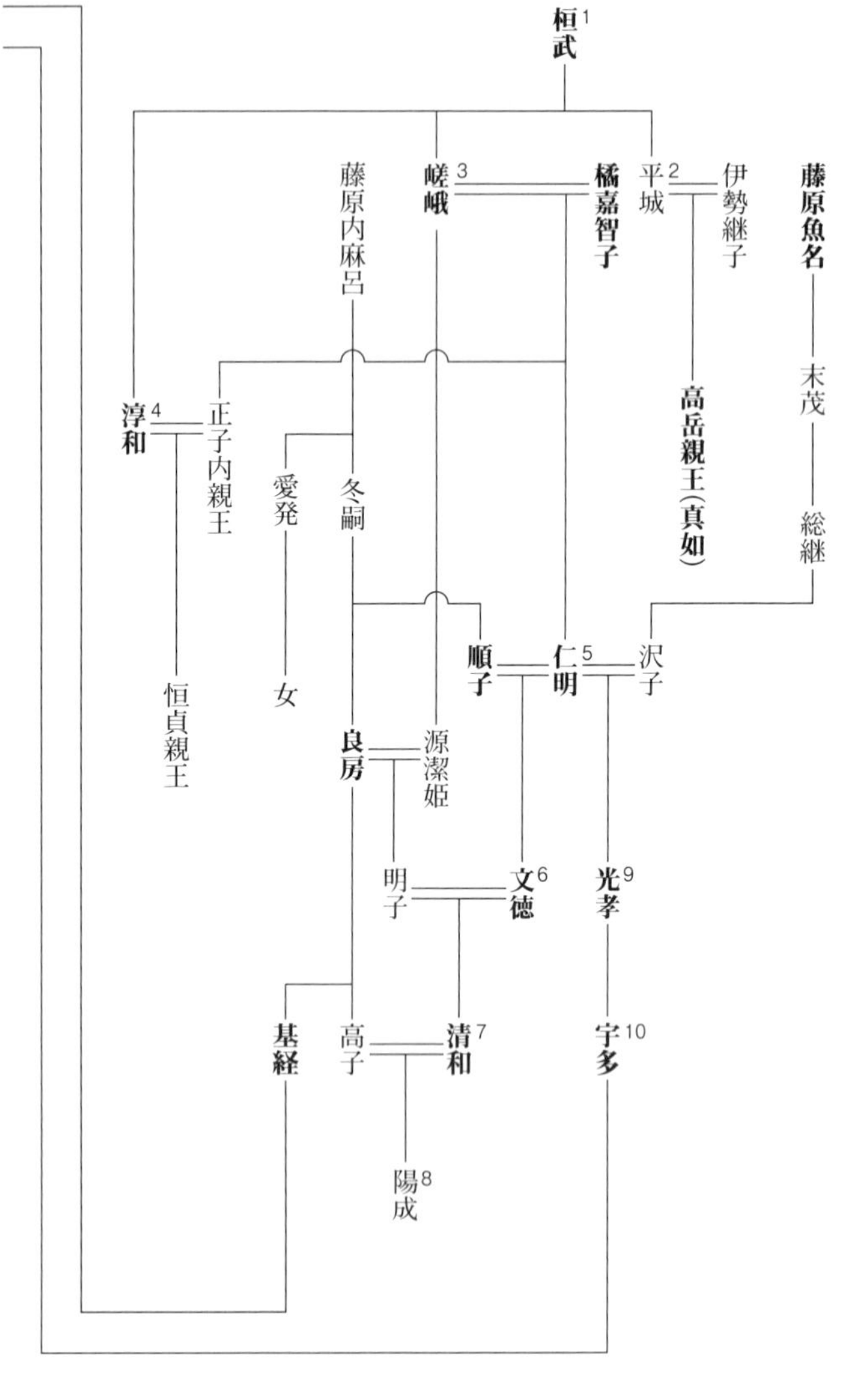

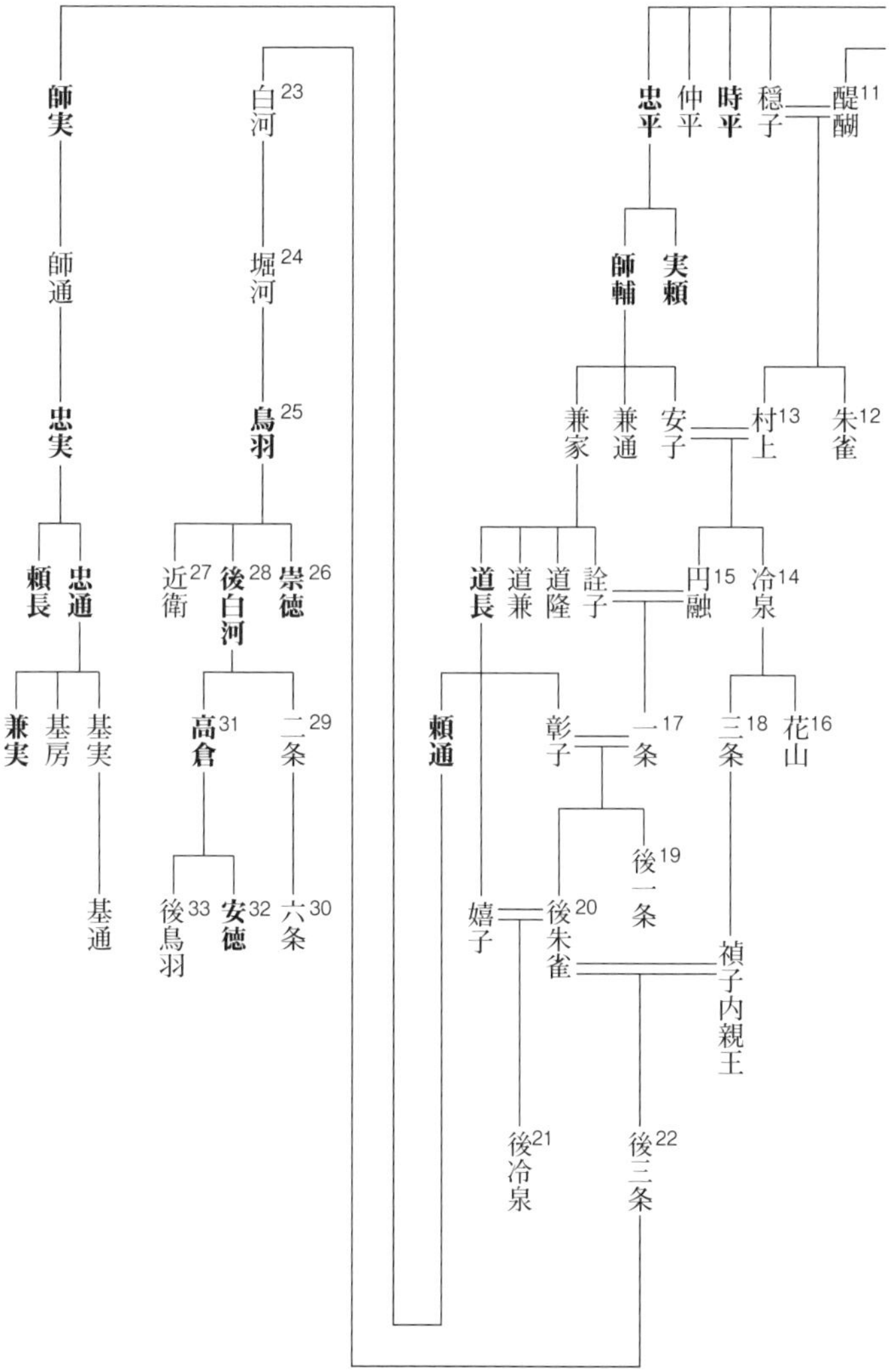
醍醐11
穏子
時平
仲平
忠平
実頼
師輔
朱雀12
村上13
安子
兼通
兼家
冷泉14
円融15
詮子
道隆
道兼
道長
花山16
三条18
一条17
彰子
頼通
後一条19
後朱雀20
嬉子
禎子内親王
後冷泉21
後三条22
白河23
堀河24
鳥羽25
崇徳26
後白河28
近衛27
二条29
高倉31
六条30
安徳32
後鳥羽33
師実
師通
忠実
忠通
頼長
基実
基房
兼実
基通

の変以降に権力を掌握していた良房の支持という要素があった点に留意したい。

宗叡と真如

宗叡《そうえい》もまた、病弱であった清和天皇の護持に関係する人物である。宗叡は天台宗から出発し、空海の弟子実慧《じちえ》の系統の禅林寺真紹《しんしょう》に師事して真言密教を修得しており、貞観四年（八六二）に真如《しんにょ》一行の一員として入唐している。

真如は俗名を高丘《たかおか》親王といい、平城《へいぜい》天皇の子で、薬子《くすこ》の変（八一〇年）に際して廃太子となり、空海について仏教修行を究めたが、さらに中国・インドにまで密教の求法を期そうとして、実際に天竺に向かう途中、羅越《らえつ》国で死去した（『入唐五家伝』「頭陀《ずだ》親王入唐略記」、『日本三代実録』元慶五年〔八八一〕一〇月一三日条）。

真如一行は混成旅団と評すべきもので、四四ページの恵蕚⑤の同行もあった。恵蕚は到着地の明州《めいしゅう》に半年間ほど滞在し、帰朝しているが、宗叡は真如の長安上京に同行、汴州《べんしゅう》で別れて五臺山に道をとり、大華厳寺で、「本朝御願」の千僧供養を行ったという。清和―良房の使命を遂げるべく行動したものと考えられる。

その後、宗叡は長安に赴き、青龍寺の法全《はっせん》から受学にあずかったり、真如の長安滞在を支援し

真如の渡唐

＊は『日本三代実録』、その他は「頭陀親王入唐略記」に依拠

和暦	西暦（唐暦）	事項
貞観3年3月	861	入唐を許可される
6月19日		池辺院を出発し、巨勢寺に向かう
7月11日		巨勢寺を出発し、難波津に向かう
7月13日		大宰府の貢綿船に乗り進発
8月9日		大宰府鴻臚館に到着
9月5日		壱伎島に去向　※さらに肥前国松浦郡栢島に移る
10月7日		大唐通事張友信に造船を命じる
貞観4年5月	862（感通3）	造船終了し、鴻臚館に到る
7月中旬		乗船し鴻臚館を出発し、値嘉島に向かう。一行は宗叡・賢真・恵蕚・忠全・安展・禅念・恵池・善寂・原懿・猷継、船頭高丘真岑、控者一五人（伊勢興房ら伊勢氏の人びと）、柁師張友信・金文習・任仲元（以上の三人は唐人）・建部福成・大鳥智丸、水手ら計六〇人
8月19日		遠値嘉島に到着
9月3日		出帆
9月7日		明州楊扇山に到着
9月13日		明州の役人が船上の人・物を点検
12月		勅符が到来し、越州での滞在を許可される《※この間、入京許可を待ち、所々を巡礼》
貞観5年4月	863（感通4）	賢真・恵蕚・忠全と小師、弓手、柁師、水手らは明州より日本に帰国
9月		入京許可が届く
12月		長安に向けて出発。一行は宗叡・智聡・安展・禅念、伊勢興房、任仲元、仕丁丈部秋丸《※途中、汴河が凍結して前進できないので、泗州普光寺に寄住し、僧伽和尚霊像を供養》
貞観6年2月中旬	864（感通5）	長安に向けて再出発《※宗叡は五臺山に向かうため、ここで別れる》

2月晦		洛陽に到着し、五日間滞在。良師を求めるも、人なし
5月21日		長安に到着し、西明寺に安下 《※円載が真如の入城を皇帝に奏聞したところ、阿闍梨を派遣して難疑解決の指示がある。六か月を経ても、疑問点は解決できず、円載を介して西天竺行きを上奏し、勅許を得る》
10月9日		伊勢興房は淮南に退廻し、処々寄附功徳物の請取りを進める 《※返還しない者や詐訴する者があり、興房は揚州府に糺問を依頼する。感通6年（865＝貞観7）に宗叡が長安から帰来し、雑物を早く請取り、広州に向かうべき旨を告げるので、興房は広州に行こうとしていると、任仲元が真如の書を将来し、稽留すべからざる旨、李延孝の船で帰国すべき旨の指示がある》
貞観7年正月27日	865（咸通6）	真如は安展・田口円覚・丈部秋丸らとともに西に向かう
6月		宗叡・伊勢興房は李延孝の船で帰国 《※なお、智聡は在唐を続け、帰国せず》
7月27日		李延孝の船が大宰府に到着。一行は六三人（＊）
貞観8年5月21日	866（咸通7）	唐人任仲元が過所なしで入京し、譴責を被り、大宰府に還される（＊）
元慶5年10月13日	881（中和1）	在唐僧中瓘の申状が届き、真如が羅越国で遷化した旨が判明する（＊）

た円載《えんさい》のもと西明寺《さいみょうじ》で法門書写を行ったりと、求法にともなう活動や真如の入唐を支えた側面も見て取れる。しかし、その主たる用務は良房の清和天皇護持にかかわるもので、良房の意向による渡海と位置づけておきたい。

俗人の渡航者

春太郎の活動

藤原良房《よしふさ》と入唐僧の関係、遣外者の渡海許可という点では、承和《じょうわ》度の請益僧《しょうやくそう》・円仁《えんにん》の帰朝の経緯にも着目したい。会昌《かいしょう》の廃仏の末期に外国僧の還俗《げんぞく》や帰国許可が指示されたあと（『入唐求法巡礼行記』巻四会昌五年〔八四五〕四〜五月条、五月一三日条）、円仁は長安を出立、楚州を経て登州《としゅう》文登県赤山法華院《せきざんほっけいん》に戻るが、なお帰国の方途を探しあぐねていた。

そうしたなか、在唐新羅人で登州諸軍事押衙《おうが》であった張詠《ちょうえい》（張大使）が、揚州に到来した船の人の話として、日本から「僧一人・俗四人」が渡海、本国の書信を携えて、円仁の消息を求めているとの情報をもたらす（会昌六年三月九日条）。「僧一人」は円仁の弟子性海《しょうかい》であり（四月二七日条）、彼らは一〇月二日にようやく相見することができた。性海は、日本太政官牒、延暦寺や大宰府小野少弐（恒柯《つねえだ》、篁の従兄弟）、養内記（県犬養大宿禰貞守《あがたのいぬかいのおおすくねさだもり》）の書状、および天皇から賜与された黄金などを手渡してくれ、この再会を足がかりに帰朝が実現していくのである。

「俗四人」とは、当時の彼我通交の数少ない機会から考えて、四二ページで述べた張友信船への乗船・帰朝にその活動が知られる春太郎（春日宅成《かすがのやかなり》）とその子宗健《そうけん》、神一郎（大神御井《おおみわのみい》〔已井〕）らと推定される。神一郎についてはさらに後述したいが、彼らは中下級官人クラスで、もう少しあとの史料に初位《そい》の帯位《たいい》がみえるので、このときは無位の官人としての渡海と思われる。

春日宅成、また真如に随行した伊勢興房《いせのおきふさ》（真如の母伊勢継子《つぐこ》の一族）は、のちに漢語能力が必要な渤海通事に起用されており（『日本三代実録』貞観元年二月九日・同三年正月二八日・同一四年正月六日・元慶《がんぎょう》元年二月三日条、貞観一四年五月二二日・元慶七年正月一日条）、語学力にも秀でていたのであろう。なにより唐で実地に会話力に磨きをかけることができたと目される。

宅成にはまた、渤海国使楊中遠《ようちゅうえん》が到着地の出雲国から還却《かんきゃく》（正規の滞在を認めず、退去させること）に処せられ、私的に奉献しようとした珍翫玳瑁盃《ちんがんたいまい》も返却されたときに、通事としてこの盃を見て、かつて唐で多くの珍宝を見たが、こんな奇恠《きかい》なものは見たことがないと評したとする逸話が知られる（『日本三代実録』元慶元年六月二五日条）。宅成は唐物目利きでもあったのである。

貞観五年（八六三）ごろに比定される円珍宛の陳泰信《ちんたいしん》書状（『平安遺文』四六三九号）には、時に播磨少《しょうさかん》目の肩書を有していた宅成が、大宰府で朝廷の使者として唐物の収買に従事していたようすがうかがわれる。ここには中下級官人として朝廷の交易を支える姿とともに、円珍に関係する唐商人にも知己の者がいた宅成の幅広い人脈が看取されるところである。

『入唐求法巡礼行記』の記事では、宅成が遣唐使到着地としては最南端になる福州（延暦度の第一船）よりもさらに南の広州で交易に従事していたことが知られる（巻四大中元年六月九日条）。伊勢興房も真如の天竺行きの準備のためか、一時広州行きを指示されたことがあり（「頭陀《ずだ》親王入唐略記」）、広州は南海交易の拠点であったから、宅成が南海産の香料や玳瑁を実見、見識を深める機会が生じたことも充分に想像できる。

宅成は当初、江長《こうちょう》らの船で帰国する約束をしていたが、彼が広州に行っている間に、神一郎が張友信の船を雇ってしまったために、それで帰国せざるを得なくなった。そのときに宅成は江長らへの信義を示すために、子息宗健と自分の荷物を託したといい、唐商人との関係維持に意を砕いているようすがわかる。唐物に傾倒した仁明《にんみょう》天皇の要請にこたえるには、こうした実務能力を有する人材の育成も重要であった。

では、だれが円仁の迎えを派遣したのであろうか。帰朝後の円仁は、早速に藤原良房らに書状を捧呈している（『入唐求法巡礼行記』巻四承和一四年一一月二五日条）。天台宗の密教的側面、台密の整備・確立の課題に尽力する円仁は、唐の内道場《ないどうじょう》のあり方を念頭に、仁明天皇不予《ふよ》の際に文殊八字法、文徳天皇即位時には熾盛光法《しじょうこうほう》といった新来の修法《しゅほう》を行い、護持の力を示そうとした。

さらには良房の惟仁《これひと》親王立太子の企図を完遂するうえで、円仁の宗教面での助力は大きかったとされている。すなわち、良房は承和の変以降の廟堂《びょうどう》の中心人物として、仁明天皇の唐物希求（三《み》善清行《よしきよゆき》「意見封事十二箇条」の条文に当代の奢侈が指摘されている）や新羅人張宝高の制海権への依存から唐商人の来航が常態化する時代相に対応すべく、またみずからの外戚としての地位確立を企図して、入唐求法僧の渡海を支援し、俗人による交易の試みにも着手したのである。

良房は桓武天皇―嵯峨天皇と引き継がれてきた天皇家・藤原氏の世代の頂点に立つ者として、外交問題への対応、外交方策の策定に努め、いわば外交権を掌握して、さまざまな渡海者を支援する役割を果したものと思われる。

入唐使の派遣

この藤原氏による外交権掌握という視点を、さらに次世代の基経《もとつね》の動向に探索したい。

貞観八年（八六六）応天門《おうてんもん》の変の際に、良房はすでに病気がちで、人臣摂政の初例を開くものの、同一四年九月二日に六九歳で死去する。応天門の変では猶子基経が活躍しており、良房の勢威を継承し、幼帝である陽成《ようぜい》の政務を補佐、また陽成の廃位、光孝天皇即位後には実質上の関白の役割を果たすなど、前期摂関政治を確立していくことになる。

そして、宇多天皇即位時には、阿衡《あこう》の紛議により関白の地位を確立するとともに、天皇主導の政治を志向する宇多に大きな掣肘《せいちゅう》を加えている。宇多天皇による寛平度遣唐使計画を考える前提として、まずはこの基経の時代の外交方策を検討しておきたい。

上席には左大臣源　融《みなもとのとおる》（五三歳）がいたが、実質的には時に三九歳の右大臣藤原基経がすでに政務を主導していたと目される。貞観一六年には伊予権掾《ごんのじょう》正六位上大神宿禰《おおみわのすくねみ》己井《い》・豊後介正六位下多治真人《たじひのまひと》安江《やすえ》らを「唐家」に派遣して、香薬を市買するという記事が知られる（『日本三代実録』同年六月一七日条）。このときに藤原山蔭《やまかげ》も「入唐使」大神御井《みい》（己井）に白檀《びゃくだん》香木の買得を依頼し、千手観世音菩薩像一躰を造立、摂津国島下《しましも》郡に総持寺を建立したという（『朝野《ちょうや》群載《ぐんさい》』巻一「総持寺鐘銘」）。

この「入唐使」を遣唐使に数えて、承和度と寛平度の間隙の大きさを調整して理解しようとする見方も呈されている。たしかに今回の遣使と寛平度との間隔は二〇年で、「二十年一貢」に適合するものの、承和度とは三八年もの間隔があり、留学者などの派遣を含めた総合的事業としての遣唐使として位置づけることはむずかしい。やはり唐物入手のための単発的遣使と解するのがよいであろう。ただ、寛平度遣唐使計画が今回の「入唐使」から「二十年一貢」を意識したものである可能性は考慮すべきであり、その意味では寛平度を考える材料として重視したい。

今回派遣された人物のうち、大神己井（御井）は上述の神一郎にほかならず、彼は国史では侍医神直《みわのあたい》虎主《とらぬし》（承和度遣唐使の医師、『入唐求法巡礼行記』では「神参軍《しんさんぐん》」とみえる）らとともに大神朝臣改姓にあずかったこと（『日本文徳天皇実録』斉衡《さいこう》元年一〇月癸酉《きゆう》条）、今回の入唐後に、散位《さんに》正六位上から外従五位下に昇叙されたこと（『日本三代実録』元慶三年一一月二五日条）がみえるくらいであるが、上述の春日宅成と同様、通交・交易の能力を評価されての起用であったと思われる。なお、「散位」は、位階はあるが官職のない者を示す。

今回の遣使は、元慶元年（八七七）に唐商人崔鐸《さいたく》の船で台州から帰朝しており（同年八月二二日条）、そこには多治比安江の名前しか記されていないが、史料上は元慶五年まで唐商人の来航が知られないので、昇叙記事の存在と合わせて、大神己井もともに帰国したのであろう。

また帰朝時のあり方からみて、入唐時にも唐商人の船を利用したものと思われるが、具体的な商人名は不明とせねばならない（『日本三代実録』貞観一六年七月一八日条には、六月三日に崔《さい》岌《きゆう》ら三六人が肥前国松浦郡に到来、この日に安置・供給が認められたとあり、これがもっとも近接する唐商人の来航になる）。

大神己井の任官状況は不詳で、今回の派遣時にも権官《ごんかん》を称しているので、官人としての足跡をたどることはむずかしい。

しかし、春日宅成らとの渡海が良房の意を体したものであったとすると、それ以後も良房、さらには基経のもとでなんらかの役割をになって歳月を重ねていたものと思われる。香木買得を依頼した藤原山蔭は北家魚名流で（魚名―鷲取―藤嗣―高房―山蔭）、時に五一歳、右近衛少将・正五位下、兼備前守、蔵人の経歴があり、翌貞観一七年には従四位下蔵人頭になり、晩年には公卿に昇進するものの、政治的立場や今回の入唐使とのつながりは不詳である。

したがって今回の遣使は、朝廷の用務を中心にしながら、諸貴族の唐物入手の希望にもこたえたものと推定され、基経による外交実務の掌握と調整ぶりをうかがわせる。

藤原基経と外交

基経にはまた、僧侶の渡海を支援した活動もあった。まず貞観一九年（元慶元）には延暦寺僧伝灯大法師位済詮《さいせん》、伝灯満位安然《まんいあんねん》・玄昭《げんしょう》・観漢《かんかん》ら四人が五臺山参詣をひとつの目的に入唐しようとしている（『扶桑略記』同年閏二月一七日条）。済詮は内供奉十禅師《ないぐぶじゅうぜんじ》として天皇の安穏祈願に従事しており、そこには五四ページで述べた宗叡と同様に、貞観一八年一一月二九日に九歳で即位した陽成天皇の護持を期待した基経の用務があったのではないかと考えられる。済詮らは途中で漂没してしまい、消息不明になった。

ついで元慶六年に円珍の弟子三慧《さんえ》が渡海し、闕経《けつきょう》三四〇余巻の捜索と書写に努めている（『天台宗延暦寺座主円珍伝』）。

三慧のその後も不詳であるが、円珍は三慧を揚州の人のところに派遣し、その人が闕経五〇巻を送付してくれたので、砂金を賜与したといい（『扶桑略記』寛平二年一二月二六日条所引宇多天皇御記所載円珍奏状）、元慶七年に大宰府に到来した栢志貞《はくしてい》が国清寺《こくせいじ》からの書信をもたらしたとあるので（『円珍伝』）、この栢志貞が経巻を送付してきたのであろう。

円珍は帰国後も唐・天台山との連絡回路を維持し、上述の陳泰信、そのほかに詹景全《けいけいぜん》・李達《りたつ》・張蒙《ちょうもう》・栢志貞などの唐商人が仲介の役目を果たしていた。元慶五年には李達が張蒙《ちょうもう》の船で闕経一二〇余巻を送付したといい（『円珍伝』）、三慧はこの帰唐船で渡海したと目される。したがって、三慧の入唐は円珍が維持してきた彼我往来の回路に依拠したものであったといえる。

ただし、基経が一切経書写の本願を有し、闕経の将来を喜んでくれたという話もあり（『円珍伝』）、そこには基経の希求も含まれていたと推定される。三慧の渡海には朝廷の許可が必要であるから、それは基経による外交案件の把握によって可能であったと思われる。

これ以後、基経が死去する寛平三年（正月一三日薨去）までの間は、仁和《にんな》元年（八八五）の事例（『日本三代実録』同年一〇月二〇日条）を除くと、唐商人の来航はほとんど不明である。中国では黄巣《こうそう》の乱（八七五〜八八四年）が激化し、日本の元慶五年（八八一）〜八年には長安付近での攻防戦が続いていたが、その後鎮圧されている。

ただし、すでに九〇七年の唐滅亡にいたる終末期であり、元慶五年に真如死去を伝えた書状を送付した（同年一〇月一三日条）在唐僧中瓘《ちゅうかん》が、ふたたび日本に情報を伝達してくるのは、寛平度遣唐使計画にかかわる寛平五年三月のことである。日本側は「久しく兵乱に阻まるるも、今はやや安和なりと。一書数行なるも、先には憂ひ後には喜べり」（八一ページ史料A）と評しているので、この間も混迷が続いていたのであろう。

そうしたなかで仁和元年の唐商人来航は、黄巣の乱終息直後の商魂たくましいものであった。ここでは王臣家による大宰府下での唐物競買に規制が試みられており、入唐使派遣に反映される唐物希求の弊害面として、唐商人来航が乏少になった際の過度の欲求集中を制御する方策が示されていると思われる。

以上を要するに、基経死去時までは摂政・関白を務めた基経が外交案件の判断や外交方策の定立に大きな権限を有していたと考えるのであり、天皇大権としての外交権は制約されていたと目される。では、阿衡の紛議で基経に掣肘された宇多天皇は、基経死後にどのような形で天皇大権を行使しようとするのであろうか。ここに寛平度遣唐使計画が浮上してくる背景があるものと思われ、遣唐使事業終焉の様相を考究することにしたい。

遣唐使渡航者一覧

西暦は任命年次を示す。白雉4年遣唐使の①・②は第1・2船を示す。承和度遣唐使のⅠ～Ⅳは第1～4船を示し、帰路は第2船のみ使用可能で、それ以外は新羅船9隻を雇用して帰国したので、その船の番号を①などで示した。

和暦	西暦	船数・人数	使人	
舒明2	630			大仁犬上君三田鍬／大仁薬師恵日
白雉4	653	2隻①121人	大使	小山上吉士長丹
			副使	小乙上吉士駒
			送使	室田首御田
			学問僧	道厳、道通、道光、恵施、覚勝、弁正、恵照、僧忍、知聡、道昭、定恵、安達、道観、知弁、義徳
			学生	巨勢臣薬、氷連老人、坂合部連磐積
		②120人	大使	大山下高田首根麻呂
			副使	小乙上掃守連小麻呂
			送使	土師連八手
			学問僧	道福、義向
5	654	2隻	押使	大錦上高向史玄理
			大使	小錦下河辺臣麻呂
			副使	大山下薬師恵日
			判官	大乙上(小山下)書直麻呂・宮首阿弥陀
				小乙上崗君宜・置始連大伯
				小乙下中臣間人連老・田辺史鳥
			学問僧	恵妙、智国、智宗
			学生	高黄金
斉明5	659	2隻		小錦下坂合部連石布／大仙下津守連吉祥／東漢直阿利麻、坂合部連稲積、韓智興―傔人西漢大麻呂、伊吉連博徳、難波吉士男人
天智4	665			小錦守君大石／小山坂合部連石積／大乙吉士岐彌・吉士針間
8	669			小錦中河内直鯨／黄書造本実、釈智蔵
大宝度	701	160人・5隻(4隻か)	執節使	民部尚書直大弐(従四上相当)粟田朝臣真人
			大使	左大弁直大参(正五上相当)高橋朝臣笠間…入唐せず

			副使(→大使)	右兵衛率直広肆(従五下相当)坂合部宿祢大分
			大位(→副使)	参河守務大肆(従七下相当)許勢朝臣祖父(巨勢朝臣邑治)
			中位(→大位)	刑部判事進大壱(大初上相当)鴨朝臣吉備麻呂
			小位(→中位)	山代国相楽郡令追広肆(従八下相当)掃守宿祢阿賀流(明)…唐で客死
			小商監	従七下中宮小進美努連(三野連)岡麿
			大録	進大参(少初上相当)錦部連道麻呂
			少録	進大肆(少初下相当)白猪史阿麻留、无位山於億良(山上臣憶良)
			大通事	大津造(→垂水君)広人
			?	伊吉連古麻呂
			留学僧	弁正、道慈
霊亀度	716	557人・4隻	押使	従四下多治比真人県守
			大使	従五上阿部朝臣安麻呂→従五下大伴宿祢山守
			大判官1人	
			少判官2人	
			大録事2人	
			少録事2人	
			神主	従八下(→借五位)津守宿祢池守
			留学僧	玄昉
			留学生	阿部朝臣仲麻呂(16歳)―傔人羽栗臣吉麻呂、下道朝臣真備(22歳)、井真成(18歳)
			請益生	大倭忌寸長岡(28歳)
天平度	733	594人・4隻	大使	従四上多治比真人広成
			副使	従五下中臣朝臣名代
			判官4人	外従五下平群朝臣広成、正六上紀朝臣馬主・田口朝臣養年富(…唐で客死)、秦忌寸朝元
			准判官	従七下大伴宿祢首名(…田口養年富客死後に録事から昇格か)
			録事4人	

			神主	正六上津守宿祢客人
			留学僧	普照、栄叡、玄朗、玄法、理鏡
			請益生	秦大麻呂、国子監大学朋古満（大伴古麻呂か）
天平18	746	中止	大使	四位カ石上朝臣乙麻呂
勝宝度	752	4隻	大使	従四下藤原朝臣清河…帰国できず
			副使	従五下大伴宿祢古麻呂、従四上吉備朝臣真備
			判官4人	正六上大伴宿祢御笠・巨萬朝臣大山、正六上布勢朝臣人主（…第四船）
			主典4人	
			第四船舵師	川部酒麻呂
			留学僧	行賀
			留学生	藤原朝臣刷雄、船連夫子（?）、淡海真人三船（「因病制停」）
			請益生	膳臣大丘、粟田道麻呂〔破陣曲を伝来〕
①宝字度	759		迎入唐大使使	正六上高元度
			判官	内蔵忌寸全成
			録事	正六上建必感、羽栗翔（…唐の藤原清河のところに留まり、帰国せず）
			雑使	従八下秦育・白牛養
			諸使	従六下秦海魚
			傔人	従七下建雄貞、従八下紀朝臣貞
②宝字度	761	中止	大使	従四下仲真人石伴…入唐せず
			副使	従五上石上朝臣宅嗣→従五上藤原朝臣田麻呂…入唐せず
			判官	正六上中臣朝臣鷹主、正六上高麗朝臣広山　→結局は中止
①宝亀度	777	4隻	大使	正四下佐伯宿祢今毛人…病により入唐せず
			副使	正五上大伴宿祢益立→従五上小野朝臣石根…帰路、漂没
				従五下藤原朝臣鷹取→従五下大神朝臣末足
			判官4人	海上真人三狩、正六上小野朝臣滋野、従六上大伴宿祢継人、正六上紀朝臣継成
			録事4人	正七上羽栗翼（→准判官）、上毛野公大川、韓国連源

次	年	隻数	船	職	人名
				神主	従六上津守宿祢国麻呂
				請益僧	戒明、得(徳)清
				請益生	伊与部連家守
②宝亀度	779	2隻		送唐客使	従五下布勢朝臣清直
				判官	正六上甘南備真人清野、従六下多治比真人浜成
延暦度	803	4隻		大使	従四下藤原朝臣葛野麻呂
				副使	従五下石川朝臣道益…唐で客死
				判官4人	正六上菅原朝臣清公(→副使格に昇格か)、正六上三棟朝臣今嗣、正六上甘南備真人信影(…唐で客死)、正六上高階真人遠成
				録事4人	正六上上野朝臣頴人、正六上山田造大庭
				准録事	朝野朝臣鹿取
				訳語	正六上笠臣田作(准判官兼訳語)
				留学僧	空海、霊仙
				請益僧	最澄―沙弥義真、従者丹福成、経生真立人
				留学生	橘朝臣逸勢
				請益生	粟田朝臣飽田麻呂、大伴宿祢少勝雄〔碁師〕、久礼真蔵(茂)・和邇部嶋継〔舞生〕、丹部頭麻呂〔横笛〕、明経請益大学助教豊村家長
承和度	836	4隻	Ⅰ－①	大使	参議従四上左大弁藤原朝臣常嗣(39才)
			(Ⅱ)	副使	従五下弾正少弼小野朝臣篁(33才)…渡海せず
				判官	弾正少忠藤原朝臣松影(28才)…母老により固辞→渡海せずか
			Ⅳ－③		正六上弾正少忠菅原朝臣善主
			Ⅱ		正六上藤原朝臣豊並…唐で客死
			Ⅲ×		丹墀真人文雄…漂没
			Ⅰ－②	准判官	外従五下長岑宿祢高名(41才)
			Ⅰ－④		従六下藤原朝臣貞敏(28才)…揚州に残留し、上都せず
			Ⅱ－Ⅱ		従六下良峯朝臣長松(21才)
			Ⅳ－⑤		備後権掾伴宿祢須賀雄…碁師か。⑤→⑧に変更

	録事	従七上松川造(高峯宿祢→朝臣)貞嗣
⑥		正六上大神朝臣宗雄
⑦		正六上山代宿祢氏益
	准録事	県主(和気宿祢)益雄
⑧		正六上高丘宿祢百興
Ⅳ-⑨		正六上讃岐権掾丹墀真人高主
Ⅱ-Ⅱ		粟田某
	知乗船事	従八上香山連(宿祢)清貞・槻本連(安墀宿祢)良棟・深根宿祢文主・従七下伴宿祢有仁(…渡海せず〔逃亡〕)・春道宿祢永蔵
Ⅱ-Ⅱ		正六上菅原朝臣梶成
Ⅳ	訳語	従八下大和真人耳主
Ⅲ×		大初下盧原公(朝臣)有守
Ⅱ-Ⅱ		正六上紀朝臣春主
Ⅰ		大宅年雄
Ⅰ	新羅訳語	金正南…楚州にて帰国の新羅船を確保
Ⅱ		朴正長
		劉慎言
Ⅱ		道玄(道玄闍梨)
	医師	朝原宿祢岡野、神直虎主《神参軍》
	陰陽師	正八上春苑宿祢玉成
	画師	雅楽答笙師良枝宿祢朝生、散位春道宿祢吉備成
	史生	道公(当道朝臣)広持、大宅臣(朝臣)福主、越智貞厚
Ⅱ-Ⅱ	音声長	外従五下良枝宿祢清上…南海賊地に漂着し殺害せらる
	卜部	卜部宿祢平麿(28才)、卜部諸公
	射手	壬生開山、大宅宮継、丈部貞名、上教継、身人部貞浄

次	年	備考	職	人名
			船師	佐伯金成
			准船師	矢侯糸丸(楊侯糸麿)
			水手長	佐伯全継
			水手	丁勝小麻呂(丁雄満・丁雄万)
		①		甑稲益
			雑使	山代吉永
			傔従	粟田家継《江博士・近江権博士》、井俅替(…大使)
				白鳥村主清岑(…判官長岑高名)
			暦請益生	従六下刀岐直雄貞…渡海せず(逃亡)
			暦留学生	少初下佐伯直安道…渡海せず(逃亡)
			天文留学生	少初下志斐連永世…渡海せず(逃亡)
			紀伝留学生	長岑宿祢氏主
		I	天台留学僧	円載―弟子仁好・順昌、傔従伴始満
		I―II	天台請益僧	円仁―弟子性海・惟正→唐に不法滞在し、求法
			法相請益僧	戒明法師(→入京できず)―弟子義澄…俗人の姿で入京
				擬遣唐伝燈法師位俊貞ら八口…承和三年三月癸丑条に見えるのみで、その後は?
		Ⅲ×		真済―弟子真然…渡海せず
		Ⅳ		元興寺僧伝燈住位常暁
		Ⅳ		円行
	874		入唐使	「市香薬」(『三代実録』貞観一六年六月一七日条→元慶元年八月二二日条)
				伊予権掾正六上大神宿禰己井…『朝野群載』巻一 総持寺鐘銘
				豊後介正六下多治真人安江
寛平度	894	中止	大使	参議左大弁兼勘解由長官従四下菅原朝臣道真
			副使	右少弁従五上紀朝臣長谷雄
			判官	ふじわらのただふさ(京家忠房か)
			録事	従八下左大史阿刀連春正

〔コラム1〕護国寺の安倍仲麿塚――阿倍仲麻呂への眼差し

遣唐使事業にともなって入唐した人物で著名なのはだれかといわれると、まずは阿倍仲麻呂《あべのなかまろ》を挙げたい（「安倍」の表記は平安時代以降に用いられることが多い）。彼は、『古今和歌集』羈旅《きりよ》四〇六番の歌、

もろこしにて月を見てよみける　安倍仲麿
あまの原ふりさけみれば　かすがなるみかさの山にいでし月かも

でよく知られており、これは藤原定家撰『小倉百人一首』にも採択されているから、阿倍仲麻呂が遣唐使一行のなかでもっとも人口に膾炙《かいしや》したひとりとみられる所以である。

歌詠の状況を説明した記述（左注）には、

この哥は、むかしなかまろをもろこしにものならはしにつかはしたりけるに、あまたのとし

をへて、えかへりまうでこざりけるを、このくにより又つかひまかりいたりけるにたぐひて、まうできなむとて、いでたちけるに、めいしうといふところのうみべにて、かのくにの人むまのはなむけしけり。よるになりて月のいとおもしろくさしいでたりけるをみて、よめるとなむかたりつたふる。

とある。

阿倍仲麻呂は霊亀二年（七一六）に一六歳で霊亀度遣唐使の留学生に選定され、吉備真備《きびのまきび》や、近年その墓誌が中国で出土したことで存在が知られるようになった井真成《せいしんせい》などとともに、七一七年に渡海、おそらく七一八年に唐の太学《たいがく》に入学し、その後、唐の官吏として玄宗皇帝に仕えて、名前を中国風に「朝衡《ちょうこう》」と称し、ついに帰朝することなく、彼の地で死去してしまう。

帰朝して、最終的には右大臣にまでなった吉備真備が死去した際の伝記（薨伝）には、「我が朝の学生にして名を唐国に播《ほど》す者は、唯大臣（真備）と朝衡との二人のみ」とある（『続日本紀』宝亀《ほうき》六年〔七七五〕一〇月壬戌《じんじゅつ》条）。

ただ、これは真備の生涯を称揚した文章での言及であり、父が地方豪族出身で、二二歳で遣唐留学生になった真備は太学入学の資格がなく、霊亀度の留学生で、一九歳以下、五位以上の子弟

安倍仲麿塚　東京都文京区の護国寺に所在。裏面に、当地への移建事情と仲麻呂の心情を推し量る詩文がある。

という唐の太学の入学条件に適っていたのは、仲麻呂だけであった。

じつは仲麻呂は五〇歳を越えた時点で帰国を希望し、ついに玄宗の許可を得て、鑑《がん》真《じん》を招聘したことで著名な勝宝度遣唐使に随伴して帰朝することになる。明州《めいしゅう》から進発する際に詠まれたのが、「あまの原…」の歌であった。それゆえに題詞には唐での歌詠と記されているわけである。

しかし、仲麻呂の船は南方に漂蕩《ひょうとう》し、ふたたび唐に戻り、その後の情勢もあって、唐に留まり、唐で死去する（七七〇年）という結末になる。

当時の日本人、いや前近代の日本の歴史全体をつうじても、このような体験をした人物は稀有の存在であり、異国の皇帝に近侍したという栄誉とともに、帰国を切望しながら、その望みを遂げることができなかった切なさに、多くの人びとが感傷を抱くのであろう。

さて、この阿倍仲麻呂に関係する文化財が、東京都文京区大塚の護国寺の境内に存在する。それが表題の「安倍仲麿塚」の石碑で、本堂の手前右にある大師堂の斜め前に据えられている。その存在は、ネットで「護国寺　阿倍仲麻呂」という形で検索すると、多くの記事があることがわかる。私は二〇一七年一二月と、ごく最近に東野治之氏（奈良大学名誉教授）のご教示でその存在を知り、二〇一八年一月に現地を訪れ、実見したしだいである。東野氏からはまた、「東京護国寺の安倍仲麻呂塚石」（『奈良大学学友会会報』三七、二〇一七年）という紹介・考証の文章を頂戴することができた。

ネット掲載の情報には必ずしも釈文が正確でないものもあるので、私なりの釈文と内容理解を整理しておきたい（異体字は適宜当用漢字に直してある。なお、参考までに、筆者がデジカメで撮影した写真［表面のみ］も掲げておく）。

（表面）

（梵字）安倍仲麿塚

（裏面）

此碑舊在大和國安倍邨久没

蒿萊無人剥蘇者大正十三年
甲子仲秋移置斯地題詩于其
陰　　箒庵逸人
戀闕葵心欲想誰向東拝
賦望郷詞千秋唯有天邊
月猶照招魂苔字碑

表面の梵字は大日如来を示すもので、「安倍仲麿塚」の文字は書風から見て近世以前には遡らないものといわれる。裏面にはこの石碑を当地に移建した由来が記されている。それによると、

此の碑、舊《もと》は大和國安倍邨《むら》に在り。久しく蒿萊《こうらい》に没して、人の剥蘇《はくそ》する者無し。大正十三年甲子仲秋、斯の地に移置し、詩を其の陰に題す。箒庵《そうあん》逸人。

とあり、もとは、現在の地名で言えば、奈良県桜井市安倍にあったが、「蒿萊」つまり野草のなかに埋もれて、だれも顧みる者がいなかったので、大正一三年（一九二四）八月に、「箒庵逸人」、

実業家で茶人・数寄者として著名な高橋義雄が、当地に移建して、裏面に詩文を記したのだという。

東野氏のご教示によると、高橋義雄『箒のあと』下（秋豊園出版部、一九三六年）には、奈良の骨董商の店先でこの石碑を見つけて購入したと説明されており、こちらのほうが本当の経緯であるらしい。

ただ、江戸時代の本居宣長が一七七二年に大和方面を訪れた際に、田のなかに「あべの仲まろのつか」があることを記しており（『菅笠日記』）、寛政三年（一七九一）の『大和名所図絵』の安倍文殊堂の図に「みささぎ」とある塚がこの石碑に該当するものと目されるので、少なくとも一八世紀後半には存在していたことが確認できるという。

高橋義雄の詩文は、

闕《みかど》を繼するも、心を奏《はか》るに、誰を想わんと欲して、東に向かいて拝して、望郷の詞を賦せしか。千秋、唯だ天邊の月有りて、猶ほ招魂苔字の碑を照らす。

とでも読むのであろうか。義雄は「あまの原…」の歌を詠んだ阿倍仲麻呂の気持ちを推し量るとともに、この石碑を「招魂」の碑と解していたことがわかる。

二〇一八年は仲麻呂が唐の太学に入学してから一三〇〇年を隔てた記念年であるが、まさに一〇〇〇年以上の時を越えて、現代のわれわれにも遣唐使の残香を思い起こさせてくれるものとして、この文化財にも心を留めたい。

第二章

寛平度遣唐使計画をめぐって

菅原道真と遣唐使計画

基本史料の読解

寛平《かんぴょう》度遣唐使は、寛平六年（八九四）に計画→任命→再検討の建議と推移したものであり、関係史料を整理すると、つぎのようになる（出典を注記したもの以外は『日本紀略《にほんきりゃく》』）。

五月…「唐客含詔入朝」（唐客、詔を含めて入朝す）（『扶桑略記』）
七月二二日…太政官が在唐の僧中瓘《ちゅうかん》への報書を作成
※A『菅家文草《かんけぶんそう》』巻一〇「奉　勅為太政官報在唐僧中瓘牒」（勅を奉《うけたまわ》りて太政官のために在唐の僧中瓘に報ずるの牒）（六二二）
八月二一日…大使菅原道真、副使紀長谷雄《きのはせお》らを任命
九月一四日…大使菅原道真の建議
※B『菅家文草』巻九「請令諸公卿議定遣唐使進止状」（諸公卿をして遣唐使の進止を議定せしめんことを請うの状）（六〇一）

九月三〇日…「其日、停遣唐使」（其の日、遣唐使を停《とど》む）

これらのうち、五月の「唐客」については、『扶桑略記』では渤海使を「唐客」「唐使」と記す例があることから（寛平七年五月一五日条、延喜八年五月一二日条、同二〇年五月八日条）、これを渤海使関係記事の誤入とみる説があるが、一方でこの年に渤海使の来日は確認できず、唐客＝唐商人で、史料Bの王訥《おうとつ》の来航を示すとする見解も出されている。

後者の理解が正しいとすると、遣唐使計画にかかわる宇多天皇の主体性を示唆することになるが、その点は以下で指摘することからもまちがいなく、ここの「唐客」の解釈は二案を並記しておくことにする。

寛平度遣唐使計画の定立《ていりつ》とその推移を理解する基本史料はA・Bであり、まずはその訓読文を掲げてみたい。

A　太政官牒す、在唐の僧中瓘。上表に報ずるの状。牒す、勅を奉るに、中瓘の表を省《み》ることこれを悉《ことごと》くせり。「久しく兵乱に阻まるるも、今はやや安和なり」と。一書数行なるも、先には憂ひ後には喜べり。脳源茶《のうげんちゃ》等、状に准《なずら》へて領受せり。誠の深きこと、溟海《めいかい》も浅きが如し。来状に云《いわ》く、「温州《うんしゆう》刺史《しし》朱褒《しゆほう》、特に人信《じんしん》を発して、遠く東国に投ぜんとす」と。波浪渺《びよう》なれば、宿懐《しゆくかい》に感ずと雖《いえど》も、これを旧典に稽《かんが》ふるに容納すること奈何《いかん》せんとするも、敢へて固疑《こぎ》せず。中瓘の消息、事理の至る所、罷《や》めんと欲するも能はず。聞くならく、商人大唐の事を説くのついで、多く云く、「賊寇以来、十有余年、朱褒独《ひと》り所部《しよぶ》を全くし、天子特に忠勤を愛《め》づ」と。事の髣髴たる也。由緒を風聞に得ると雖も、苟《いやし》くも人君たる者、孰《いず》れか耳を傾け以て悦《よろこ》ばざらんや。儀制限り有り、言申志屈《げんしんしくつ》せば、迎送の中、旨趣を披陳《ひちん》せん。また頃《とし》年《ごろ》頻《しき》りに災ありて、資具《しぐ》備へ難し。しかれども朝議已に定まり、使者を発せんと欲す。弁整《べんせい》の間、或は年月を延べん。大官問有らば、意を得てこれを叙《の》べよ、てへり。勅に准《なぞら》へて、牒送す。宜しく此の意を知るべし。沙金一百五十小両、以て中瓘に賜ふ。旅庵の衣鉢、適《まさ》に分《ぶん》銖《しゆ》を支へよ。故に牒す。寛平六年七月廿二日左大史云々。

B　右、臣某、謹みて在唐の僧中瓘去年三月商客王訥《おうとつ》等に附して到る所の録記《ろくき》を案ずるに、大唐凋弊《ちようへい》、これに載すること具《つぶさ》なり。「更に不朝の問を告ぐるも、終《つい》には入唐の人を停《とど》めよ」と。中瓘区々《くく》の旅僧と雖も、聖朝のために其の誠を尽くす。代馬越鳥は豈《あ》に習性に非ざらんや。臣等伏して旧記を検ずるに、度々の使等、或は海を渡るに命に堪へざる者あり、或は賊に遭ひて遂に身を亡《うしな》ふ者あり。唯未だ唐に至りて難阻飢寒の悲しみありしことを見ず。中瓘の申報する所の如《ごと》くんば、未然の事、推して知るべし。臣等伏して願はくは、中瓘の録記の状を以て、遍《あまね》く公卿・博士に下して、詳《つまびらか》に其の可否を定められんことを。国の大事、独《ただ》に身の為のみにあらず。且《しばら》く款誠《かんせい》を陳《の》べ、伏して処分を請ふ。謹みて言《もう》す。寛平六年九月十四日大使参議勘解由《かげゆ》次官従四位下兼守左大弁《さだいべん》行式部権大輔《しきぶごんのたいふ》春宮亮《とうぐうのすけ》菅原朝臣某。

計画の推移

日本人の在唐僧中瓘の従前の活動は、六五ページで触れたとおりである。Aの「中瓘の表」「中瓘の消息」とB所引の「中瓘の録記」を別物とし、BはAよりも遅れて到着した新情報と解する見方もあるが、この間に新たな情報がもたらされたか否かの判断材料がなく、以下のA・Bの内容理解に即すると、両者は同一のもので、これは「去年三月」、つまり寛平五年三月に商客王訥に付託されてそれ以降に到来したものと見なしたい。

まずAによると、中瓘は温州刺史朱褒が使者を日本に派遣して入貢の催促を行う計画があることを伝えている。日本側は「旧典」＝「人臣無境外之交」（「人臣、境外の交《まじわり》無し」。外交権は皇帝など君主にのみあり、臣下は勝手に外国と通交してはならない）の原則では朱褒の使者を受け入れがたいところもあるが、唐側の意思を疑うわけではない。

中瓘の書状によると、朱褒の使者派遣は中止できそうにもなく、また来日唐商人の情報を考え合わせると、朱褒の統治ぶりや皇帝との良好な関係が確認できる。ただし、日本側の意図は使者が到来した際にその迎送のなかで披陳するつもりである、と述べている。

そのうえで日本側の立場・事情を説明しており、寛平五年の内裏火災をはじめ災禍が相つぎ、遣使準備をなかなか進めることができなかったが、今回の遣唐使派遣計画がすでに決定していることを通告している。ただし、実際の進発までには時間がかかる場合もあるので、中瓘に対して、「大官」（朱褒のこと）に尋ねられたならば、その旨を説明してほしいと依頼している。

以上がAの内容であり、これをふまえて八月二一日の使人任命にいたるのである。

いっぽう、Bは、道真が中瓘の録記（Aの表・来状・消息）を分析した上で、唐の衰退が明白であり、入唐後に遣唐使が辛苦するという前例のない事態が予測されることを強調している。

また中瓘も、「唐側が日本から長らく遣唐使が到来していないことを詰問したとしても、今回の遣唐使派遣は止めるべきである」と述べていると指摘している。「代馬越鳥」云々は、異郷にあっても本国を想うたとえであるから、中瓘は故国である日本・日本人のことを顧慮して建言したのであろう。

中国で活動する僧侶への賜金例

和暦	西暦	僧名	賜金額	出典
延暦14	795	永忠	小三〇〇両	『日本紀略』延暦一五年五月丁未条
天長1	824	霊仙	一〇〇両	『入唐求法巡礼行記』巻三開成五年七月三日条
天長3	826	霊仙	一〇〇両	『入唐求法巡礼行記』巻三開成五年七月三日条
承和11	844	円仁	小二〇〇両	『続日本後紀』承和一一年七月癸未条
		円載	小二〇〇両	※『入唐求法巡礼行記』巻三会昌二年一〇月一三日条
承和15	848	円載	小一〇〇両	『続日本後紀』承和一五年六月壬辰条
嘉祥3ヵ	850	円珍	三〇両	※右大臣（良相）から路粮として給付された金で材木を買い、国清寺止観院に三間房を造営 貞観五年一一月一三日円珍奏状（『平安遺文』四四九二号） 『参天台五臺山記』巻二熙寧五年五月一四日条 なお、良房も砂金四〇両を賜与し、智者大師の墳塔および国清寺の仏殿の修理料に充てる
寛平6	894	中瓘	小一五〇両	『菅家文草』巻一〇「奉　勅為太政官報在唐僧中瓘牒」
延喜9	909	中瓘	一〇〇両	『扶桑略記』延喜九年二月一七日条
延長4	926	寛建	小一〇〇両	『扶桑略記』延長四年五月二一日条 ※六月七日条：宇多法皇からも五〇両
長和4	1015	寂照	一〇〇両	『御堂関白記』長和四年七月一五日条

したがって「中瓘の録記」の全体構造としては、朱褒による遣唐使派遣の催促があるという情報を伝える一方で、中瓘の見解としては、唐の情勢不安定から判断して遣唐使派遣を危険と見なす意見が述べられていたものと復原される。

Bから看取できるのは、「中瓘の録記」の全文、とくに入唐後の労苦が明白であることが公卿・博士らに示されないままにAが作成され、遣唐使派遣決定・使人任命にいたったという経緯があり、道真はそれが問題であると考えたのである。

なお、中瓘の立場としては、朱褒の管内で活動しながらまったく自由な意志で情報を伝達し、求法継続のための旅資（砂金）を得ようとしたのか、あるいはAの「大官問有らば」云々によると、日本側は朱褒とのつながりを有する人物として、その情報の可信性や朱褒への連絡を期待することができると判断していたと考えられるので、朱褒の庇護下にあってある程度は朱褒の意を体現しながらも、Bの「代馬越鳥」の評言のごとくに、是々非々の立場で、日本に適切な忠言を行っているのではないかと位置づけておきたい。

「中止」への道

ちなみに、今回の使人の構成はつぎのとおりである。

大使─参議左大弁兼勘解由《かげゆ》長官従四位下菅原朝臣道真（五一歳）…式部大輔・春宮亮《とうぐうのすけ》
副使─右少弁従五位上紀朝臣《きのあそん》長谷雄《はせお》（四九歳）…式部少輔
判官─藤原朝臣忠房（『古今和歌集』巻一八─九九三番歌）
録事《ろくじ》─従八位下左大史阿刀連《あとのむらじ》春正《はるまさ》（『東南院文書』一─七二号昌泰元年一〇月五日太政官牒）

文人として道真と親しかったといわれる紀長谷雄（式部省の同僚でもある）、弁官の下級官人である阿刀春正ら、大使菅原道真とつながりをもつ人びとから構成されていることがわかる。藤原忠房は京家の人で、『古今和歌集』に「寛平御時に、もろこしのはう官にめされて侍りける時に、東宮のさぶらひにて、をのこどもさけたうべけるついでによみ侍しける」として、「なよ竹の　よながきうへに　はつしもの　おきゐて物を　思ふころかな」（九九三）とあり、春宮亮でもあった道真との関係、あるいは宇多法皇の算賀《さんが》に楽《がく》行事を務めているので（『尊卑分脈』二─五四五頁）、宇多天皇とのつながりによって起用されたと考えられ、やはり道真や宇多天皇に収斂する人脈にあった。今回の遣使計画が宇多天皇を中心として企図されたものであることは明白であろう。

使人の動向に関連して、寛平六年九月三〇日に遣唐使が中止されたとすると、それ以後も使人たちが遣唐使の肩書を称しつづけた理由は謎になる。これを道真の名誉心に基づく呼称とする見方もあるが、道真は『公卿補任《くぎょうぶにん》』では寛平八年まで遣唐大使を兼帯しており、紀長谷雄は古文書では延喜元年一〇月二八日まで（『東南院文書』一―三二号太政官牒）、おそらくは延喜二年正月二六日に参議になるまで副使の肩書を用いたものと考えられる。

録事阿刀春正は昌泰元年（八九八）にもその職位を帯していた。したがって少なくとも宇多朝においては遣唐使の職位が存続していたことはまちがいない。肩書の存続は実質的な意味、すなわち遣唐使計画が中止されていなかったことを示すと解されよう。

『日本紀略』に散見する「其日」「某日」記事を再検討すると、其日・某日記事は編者が文飾・作文を加えたものであることも多く、それゆえに日付があいまいになっていると指摘されている。とすると、九月三〇日の遣唐使中止決定は典拠に疑問があり、使人の職位兼帯状況によると、宇多天皇から醍醐天皇に譲位された昌泰年間にも計画は存続しており、醍醐天皇の昌泰四年（延喜元＝九〇一）正月に起きた大使道真の左降《さこう》事件（昌泰の変）、その後の延喜七年（九〇七）唐の滅亡などによって自然と沙汰止みになったのであり、正式な中止が表明された事実はないといわねばならない。

『日本紀略』の中止記事は、こうした経緯からみて、この日次《ひなみ》で中止決定があったはずという遣唐使をめぐる「神話」に依拠してつくられたものと理解しておきたい。

なお、菅原道真が遣唐大使拝命の栄誉だけを求め、実際には渡海を忌避しようとしたのか、あるいは入唐の意思はあったが、唐側の情勢や日本国内の事情がそれを許さなかったのかは判断しがたい。

ただ、道真のひとつの政治手法として、文人官僚らしく、熟考のうえ、自分の意見を再構築する場合があったことに留意したい。検税使派遣の可否をめぐる寛平八年七月五日の献言によると（『菅家文草』巻九―六〇二）、地方官の経験が讃岐国しかなかった道真は、当初反対の論拠に盤石の自信がなかったので、当面は自分の意見を明確にせず、そのため一度は各国の倉庫（正倉）の現物をチェックし、帳簿との整合性を実査する検税使の派遣が決定している。

しかし、その後国司経験が豊富な人びとに審問し、検税使派遣の弊害が大きいことを知った道真は、充分に勉強を重ね、論破されない確信を得たうえで奏上し、再検討を求めたのである。

こうした道真の至誠の姿勢は宇多天皇にも評価されており（『寛平御遺誡《ごゆいかい》』）、遣唐使計画再考の建議も同様に理解される。すなわち、遣唐使派遣決定は宇多天皇の勇み足であり、道真は一度は大使を拝命したが、慎重に情勢を分析したうえで諫言し、再考を求めたのである。

ただし、遣唐使の中止は決定されないままに、宇多天皇から醍醐天皇への譲位がなされ、醍醐天皇即位時の遣唐使派遣計画に切り換えられたため、道真らはそのまま職位を兼帯し、そのうちに道真左降事件の勃発や唐の滅亡が近づき、結局のところ醍醐天皇の代替わり事業としても実現せずに立ち消えになったというのが真相であろう。

ちなみに、史料AとBの間には新羅海賊の対馬への大規模な侵攻があり（『扶桑略記』寛平六年九月五日条）、これにより海路の峻険さが改めて認識され、Bの建言につながったとする見解もある。

この新羅海賊事件は後代の刀伊《とい》の入寇（一〇一九年）の際にも回顧される大きな出来事であったが（『小右記』寛仁三年〔一〇一九〕六月二九日条）、短期間で解決しており、また入唐路とは直接に関係しない海域のものであるから、Bの提出の直接的、決定的な要因ではなかったとみておきたい。

宇多天皇と藤原時平

宇多天皇の企図

寛平度遣唐使計画は宇多天皇の意思に基づくものと思われるが、なにゆえこうした企図が生まれたのであろうか。

『寛平御遺誡《ごゆいかい》』第七条には、「外蕃《がいばん》の人必ずしも召し見るべき者は、簾中にありて見よ。直《じか》に対《こた》ふべからざるのみ。李環《りかん》、朕《ちん》すでに失《あやま》てり。新君慎め」とあり、これは寛平八年（八九六）に唐人梨《り》懐《かい》が召により入京したとある（『日本紀略』同年三月四日条）のに対応する出来事と目され、その後も宇多天皇は外交案件に積極的に携わろうとしたようである。

この李環＝梨懐に関しては、道真配流時に大宰府の大唐通事であったことが知られる李《り》彦環《げんかん》（『菅家後集』五〇一）に比定する見解があり、そうすると、宇多天皇はこうした唐人を京上させて情勢分析に努めていたことになり、その後も計画遂行に意欲も持っていたことがうかがわれる点で興味深い。

そして、寛平六年時点で遣唐使計画に踏み出した理由として、すでに指摘されているように、藤原基経《もとつね》が掌握していた外交権を天皇のもとに回復する意味合いが大きかったと思われる。

さらに、道真を左降に追い込むことになる基経の子時平《ときひら》の動向にも注目したい。『入唐五家伝』所載唐・景福二年（八九三＝寛平五）閏五月一五日在唐僧好真《こうしん》牒には、中瓘《ちゅうかん》と同様に在唐して求法にいそしむ日本人僧がいたことが知られる。

好真は師の師良《しりょう》に随伴して入唐したものの、師良が死去し、その後も滞留してさまざまな講筵《こうえん》に加わり学修を続けているという。今回の牒状では、好真は長安崇聖寺《すうせいじ》の弘挙大徳《こうきょだいとく》の日本行きを推挙し、入国許可を依頼しており、同書所載の年月日未詳（寛平五年か）大宰府宛太政官符では、七月八日に中国を出帆した大唐商人周汾《しゅうふん》ら六〇人が二一日に博多津に到着したことが知られ、弘挙はこの船で到来したものと思われる。

そして、当該期に唐商人の来航がそれほど頻繁ではないことを考えると、八二ページに掲載したBの王訥も、この一行とともに到来した可能性を推定してみたい。上述のように、今回の来航は、中瓘がなんらかの意味で温州刺史朱褒《しゅほう》の意、さらにはその背後にある唐朝廷の来貢要求を得て連絡をとったものであり、周汾・王訥の役割に弘挙大徳の随伴が含まれていたとすれば、寛平度遣唐使計画をめぐる唐側からの接近をもう少し敷衍《ふえん》しておかねばならない。

好真牒状ではまた、好真は弘挙大徳の入国許可を、「相公」つまり大臣・公卿クラスの人物による朝廷への取り次ぎにより実現することを期待していた点に留意したい。師良―好真の渡海時期・事由は不詳であるが、黄巣《こうそう》の乱（八七四〜八八四）以前と目され、具体的には基経―時平を想定しての文面ではないかと考えられる。

弘挙の安置は同書所載の寛平五年八月一六日太政官符で許可されており、これを奉勅したのは中納言藤原時平である。ここにはもちろん宇多天皇の意思が反映されていたと思われるが、こうした外交案件処理が従前の基経―時平ラインで執行される懸念が存した。

『公卿補任』によると、時平は時に二三歳で、この年二月一六日に参議から中納言になっている。公卿には左大臣源融《とおる》（七二歳）、右大臣藤原良世《よしよ》（七二歳、良房の末弟）、大納言源能有《よしあり》（四九歳）、中納言源光《ひかる》（四九歳）・藤原諸葛《もろくず》（六八歳、南家、三守《みもり》の孫・有統《ありむね》の子）などの上臈者がいたが、同日に参議の最末席に連なった菅原道真（四九歳）ともども、時平・道真が政務の中心として活躍したものと思われる。

こうしたなかで天皇の主導権を強調するには、遣唐使派遣計画が不可欠であり、宇多天皇の勇み足的な計画立案・実施になったのであろう。

ただ、上掲の使人のあり方をみると、今回の遣使は船四隻という後期遣唐使に一般的なものではなく、船は一隻で、貞観《じょうがん》の入唐使よりは格上であるものの、大々的に留学者を渡海させるという大規模なものは想定されていなかったと目される。その意味では貞観度から「二十年一貢」の時宜を得て、基経の入唐使派遣事業を継承・凌駕しようとする要素が大きく、承和《じょうわ》度で顕在化した阻害要因、滅亡に向かう唐代末期の時代相に規定された遣使計画に留まらざるを得なかったといえよう。

しかしながら、『源氏物語』桐壺に、「そのころ、高麗人《こううど》の参れる中に、かしこき相人《そうじん》ありけるを聞こしめて、宮の内に召さむことは宇多帝の御誡あれば、いみじう忍びてこの皇子を鴻臚館《こうろかん》に遣はしたり」とあるように、文学作品にも取り入れられるような天皇のあり方・規範を示した点では、後代まで記憶に残る行事をなそうとしたとも評価すべきであろう。

時平と外交案件

昌泰《しょうたい》の変を経て、醍醐朝においては左大臣藤原時平が全面的に政治を主導し、基本的施策は宇多天皇―菅原道真のもとで模索された寛平の治と同基調ながら、延喜《えんぎ》の治が進められていく。時平は延喜九年（九〇九）四月四日に三九歳で薨去するが、この間の外交案件処理や外交方策についてみておきたい。

当該期は九〇七年の唐滅亡にいたる最末期を迎えており、延喜元年に到来した唐人盧知遠《ろちえん》は、同年正月の劉庸均《りゅうようきん》の乱で宮中において数千人が殺害されたこと（唐側の記録では宦官劉季述《りゅうきじゅつ》らが殺害されたクーデターをさす）を伝えている（『大日本史料』第一編之二補遺「革暦類《かくれきるい》」善相公奏状）。したがって時平執政期の対外関係にかかわる事案は多くはなかった。

しかしながら、延喜三年八月一日太政官符（『類聚三代格』巻一九）では、基経執政の仁和元年（八八五）の施策と同様、大宰府での交易を統制しようとしており、唐商人の来航がそれなりに見込まれていたことをうかがわせる。

この法令では、唐商人来着時に中央から唐物使《からものし》が到着する前に、王臣家使や大宰府管内の富豪らが唐物を競買して価格が高騰する状況が記されており、関市令《げんしりょう》官司条とそれに対応する律文を示したうえで、官司先買権に基づき、王臣家使の越関《おつげん》（関所を勝手に越える行為）や唐物の私買を規制している。このときには実際に景球《けいきゅう》という商客が到来しており、彼は羊一頭・白鵝《はくが》五隻を献上したといい（『扶桑略記』延喜三年一一月丙辰《へいしん》条）、これは唐商人が禽獣を献上した初例となる。以後、孔雀や鸚鵡《おうむ》の到来例は多く、朝廷に献上された動物・鳥類が摂関家などに下賜され、その後の顛末が貴族の日記に詳述されるなど、貴族社会での好奇・羨望のまなざしが集中したようすが知られる。

官司先買権は律令条文にも規定されているが、ここで改めてその原則が確認されたのは、以後に増加する唐・宋商人への対応の先蹤《せんしょう》となるもので、そうした対外方策が時平執政期に延喜の治の一環として定立されたのである。

なお、『吉水蔵《きつすいぞう》目録』三の大熾盛光《しじょうこう》経跋文（青蓮院吉水蔵聖教《しょうぎょう》）の奥書には、この経典を延喜七年に唐商人が将来し、朝廷に献上、その後、左大臣殿（時平）から下賜されて書写した旨が記されている。後代の事例と同様に、朝廷に届いたものは執政者の手に帰することがうかがわれ、対外関係における時平の位置が看取される。

ただし、別筆では、延喜一三年に入唐帰朝僧智鏡《ちきょう》が将来したもので、やはり朝廷に進上、左大臣殿から下賜され、日本の天台宗が写取したとある。すでに時平は死去しており、時平の死後しばらくは左大臣は任命されず、この「左大臣殿」は延長二年（九二四）正月一二日に左大臣になった忠平に比定される。

いずれにしても太政官の上首者たる左大臣がこうした到来品を管理したことを示すものであって、執政者の外交的権能を知ることができる。

延喜八年には、宇多法皇が渤海の裴璆《はいきゅう》に書状を与えるという出来事があった（『本朝文粋《ほんちょうもんずい》』巻七同年五月一二日付書状）。これは同年正月八日来航の渤海使裴璆の帰国に付託されたもので、裴璆は「七歩之才也」（『菅家文草』巻七「鴻臚館贈答詩序」〔五五五〕。三国時代の魏の曹《そう》植《しょく》が七歩歩く間に詩を作れと命じられた故事による）と評された裴頲《はいてい》の子で、父裴頲は元慶六年（八八二）と寛平六年（八九四）の二度にわたり来日していた。

後者が宇多天皇治世で、そのときの漢詩の交歓は、『菅家文草』巻五―四一九〜四二五に知られ、宇多天皇―菅原道真による外交主導を象徴している。

今回の書状付与は、五月一〇日に王啓《おうけい》（渤海王からの国書）・信物《しんもつ》（外交的な贈り物）、一五日（当初は一四日を予定、雷雨により延期）に朝集堂にて賜饗という一連の公式行事のあいだに行われている。ただし、宇多法皇が外交案件に登場するのはこの例のみであり、書状の内容はかつて来日した旧知の裴頲に私信伝達を依頼するもので、「日本国栖鶴洞居士無名《せいかくどう》」と称しているので、隠遁の体であって、政治的意味合い、外交権の所在を争うという姿勢はないと思われる。

延喜九年二月には在唐僧中瓘からの牒状が到来（『扶桑略記』同月一七日条）、これが時平がかかわった最後の外交案件になる。中瓘は寛平度遣唐使計画にも関連する存在であったが、これに宇多法皇が容喙《ようかい》することはなく、醍醐天皇―藤原時平による対応が図られたのであろう。旅資としての砂金一〇〇両を送付することになり、木壺に入れて、絹でつつんで中国に送られたという。

ちなみに、このときに来日した唐商人に対しては、時平の死去ともかかわるこの年の春夏の疫病流行をふまえて、路次の負担を軽減するために唐物使派遣を停止し、大宰府に検校《けんぎょう》（検査）・

進上をゆだねるという方法が講じられている（同年閏八月九日条）。その後、大宰少典御船高《みふねのたか》相《すけ》が唐人貨物と孔雀を領送《りょうそう》（送付を担当して送ること）して京上したという（一一月二七日条）。ここには外交案件を主導してきた時平の死去という要素も考慮すべきであり、それだけに時平への依存が大きかったことを示唆するものと解してみたい。

なお、当時は唐滅亡・五代十国最初期の混乱の時代で、史料上は上述の智鏡の帰朝を除いては、延喜一九年まで唐（中国）商人の来航は不詳である。時平死去時に弟忠平は権中納言、三〇歳で、延喜一三年三月一二日に右大臣源光《ひかる》が六九歳で死去し、大納言ながら最上位の公卿になる。この間、『政事要略《せいじようりやく》』や『別聚符宣抄《べつしゆうふせんしよう》』所載の官符の宣者を見ると、延喜一一年正月一三日に忠平が大納言になったあとも、右大臣光が執行し、延喜一三年二月一五日太政官符から忠平が登場している。

当初、忠平と醍醐天皇のあいだには政策路線をめぐり微妙に反目していた時期があり、忠平はなかなか右大臣になれず、子息実頼《さねより》の叙爵にも抑制がかけられていたとされる。したがって外交案件そのものの僅少さもあって、時平死後の外交権行使のようすは不明であり、忠平への移行過程は判然としないが、摂関家主導の流れで進行していくのはまちがいなく、その様相をさらに検討することにしたい。

第三章

巡礼僧の時代

五代十国との通交

一〇世紀初頭の唐滅亡（九〇七）後、最初に中国渡航を果たしたのは興福寺の寛建《かんけん》とその一行である。これは藤原忠平《ただひら》執政期の出来事になる。

後代の入宋僧成尋《じょうじん》は、「天慶《てんぎょう》の寛延《かんえん》、天暦《てんりゃく》の日延《にちえん》、天元の奝然《ちょうねん》、長保《ちょうほう》の寂照、皆《み》な天朝の恩計を蒙《こうむ》りて、唐家の聖跡を礼することを得たり」と、みずからの先達の名前を挙げている（『朝野《ちょうや》群載《ぐんさい》』巻二〇延久二年〔一〇七〇〕正月一一日僧成尋渡宋申文《もうしぶみ》）が、天慶の寛延の件はここにしかみえず、これは寛建の誤りであると考えられる。

寛建一行の渡海

寛建は寛補《かんぽ》・澄覚《ちょうかく》・長安《ちょうあん》・超会《ちょうかい》ら計一一人で渡海している（『鵝珠鈔《がしゅしょう》』二所収「奝然在唐日記」逸文）。その年次に関しても、延長年間、延喜年間、朱雀《すざく》天皇の代（在位延長八年〔九三〇〕～天慶九年〔九四六〕）と分かれるところであるが、ここでは『扶桑略記』『日本紀略』などの信憑性を評価して、延長五年（九二七）渡航とみておきたい。

寛建一行は、九六〇年の宋成立以前、五代十国の時代の中国に足跡を印しており、それは後梁《こうりょう》

（九〇七〜九二三年）、後唐《こうとう》（九二三〜九三六年）、後晋《こうしん》（九三六〜九四六年）、後漢《こうかん》（九四七〜九五〇年）、後周《こうしゅう》（九五一〜九六〇年）のうちの後唐のころであった。

興福寺は、南都六宗のなかでも『瑜伽論《ゆがろん》』や『成唯識論《じょうゆいしきろん》』などを研究する法相宗《ほっそうしゅう》の中心であり、一行の人びとは中国でも法相宗（唯識宗）に通暁していると評されている（「奝然在唐日記」逸文、『参天台五臺山記』〔以下、『参記』と略称〕巻六熙寧《きねい》六年〔一〇七三〕二月一五日条）。

彼らの渡海目的は入唐求法《にっとうぐほう》と五臺山巡礼であり、求法のほうの内容は不明であるが、五臺山巡礼は恵蕚《えがく》や円仁《えんにん》以降の渡海僧がおおむね企図するところになっており、その流れに即したものであろう。藤原基経《もとつね》執政期に入唐を企図した済詮《さいせん》は、円珍から、「入唐の謀、名高を衒《てら》ふに似たり」と看破されており（『扶桑略記』貞観一九年閏二月一七日条）、求法よりも入唐による箔付け、聖地巡礼による見聞拡大が主目的になり、巡礼僧の時代に入っていくのである。

寛建らはまた、渡航に際して朝廷から黄金小一〇〇両、宇多法皇から黄金五〇両を賜与されており、大宰府牒の発給による国家の承認を得たものであった。当時の著名な文人・名筆家の作品を中国に披露するという目的もあったらしく、菅原道真・紀長谷雄《きのはせお》・橘広相《ひろみ》・都良香《みやこのよしか》らの詩九巻、菅氏・紀氏各三巻と橘氏二巻・都氏一巻の家集《かしゅう》、小野道風《おののみちかぜ》の行・草書各一巻を付託されている（『扶桑略記』延長四年五月二一日・六月七日条、『日本紀略』延長五年正月二三日条）。

中国商人の船に乗った彼らは福州方面をめざして出帆、無事中国に到着するが、渡海直後に寛建が建州で死去するという悲運に見舞われた。このため一行の求心力は失われたようであり、当初の目的に即したその後の活動は不明とせねばならない。

ただし、一行のなかで寛補・澄覚・超会らは五臺山巡礼の目的を遂げたことがわかる。彼らが当時の首都洛陽《らくよう》に入り、五臺山巡礼を遂げたのは、後唐の李嗣源《りしげん》（明宗）治下のことであり、明宗は五代の諸帝中では後周の柴栄《さいえい》（世宗）と並ぶ名君とされ、比較的安定期であった。とはいうものの、五代十国の激動下にあって、寛補らは日本に通信することもできず、中国に滞留せざるを得なくなる。

奝然以下の入宋僧はいずれも中国語ができなかったとされているが（『宋史』日本国伝）、中国に滞留した彼らはさすがに中国語を自力で習得し、滞在が五〇年間にも及んだ超会は「本朝の言語、皆以て忘却せり」（「奝然在唐日記」逸文）というほどに中国語に親しんだ。この語学力を生かし、澄覚は唯識論・上生論《じょうしょうろん》などを講じ、寛補は瑜伽大教《ゆがだいきょう》を弘めて大師号を得たという。寛補はまた真言密教の灌頂《かんじょう》を行って弟子三〇余人を育成している。

後代の成尋は、長興三年（九三二＝承平二）に洛陽敬愛寺《けいあいじ》で寛補が書写した金剛界諸尊別壇図が転写されたものを見ており（『参記』巻六熙寧六年二月一五日条）、奝然も寛補が宋の首都開封《かいほう》

十国のうち、呉越国が天台山のある台州を掌握していた。◉は、主要な都市、州府。

宋代開封概略図

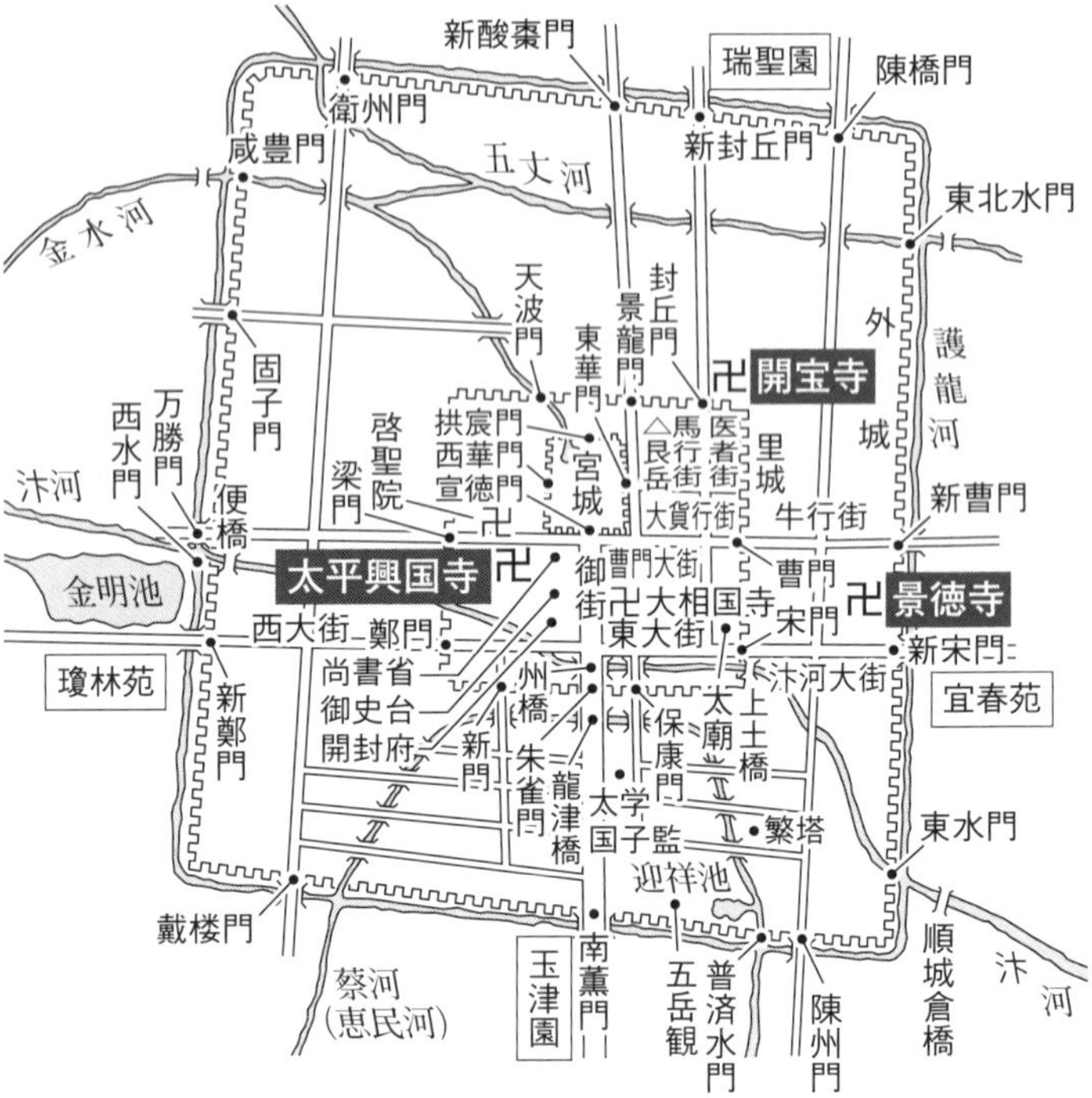

齋藤圓眞『参天台五臺山記』Ⅲ(山喜房、2010年)の図に加筆

北宋の首都開封は、宮城を中心に、官庁街である里城、さらにその外側の街区を囲む城壁で構成されていた。街区には、寺院や道観(道教の道士が居住し修行する建物)もあった。

に真言密教が普及するのに功績があったと評している。

超会が奝然と会見したのは八五歳のときで、彼は開封の左街天寿寺《てんじゅじ》に居住しており、五代十国の混乱を乗り切って宋代まで歴史の推移を体験したことになる。天寿寺はのちの景徳寺《けいとくじ》に相当し（『宋東京考《そうとうけいこう》』巻一五）、成尋が入宋した際に、景徳寺慈氏《じし》大聖院《だいせいいん》比丘《びく》雄偁《ゆうしん》という者が来拝している。彼は成尋の前の入宋僧寂照の随行者元燈《げんとう》の弟子であるといい（『参記』巻六煕寧六年正月二五日条）、こうした日本僧が景徳寺の僧と関係を有しているのは、あるいは超会の前例によるものかもしれない。

成尋の調査によると、天台山国清寺《こくせいじ》が存する江南方面とは異なり、開封付近では律宗や理性《りしょう》宗《しゅう》（法相宗）が盛んであったことが知られ（『参記』巻七煕寧六年三月三日条）、これも寛補らの活動と関係するのであろうか。ともかくも、中国において新たな求法を行うよりは、五臺山の聖地巡礼やむしろ日本僧のほうが学識が上で、中国僧に仏教の深理を伝授するという新しい活動形態を生み出している。

入呉越僧日延

こうした彼我の逆転現象の原因のひとつには、五代十国の混乱のなかで中国の内・外典が多く失われたことがある。天台山国清寺が所在する台州を領有した呉越《ごえつ》では、天台宗の経典五〇〇余巻に欠損が多いのを歎いていたが、商人が日本に存在する旨を告げたので、銭俶《せんしゅく》は日本の国王（天皇）に書を届け、黄金五〇〇両を奉献して写本を得ることができたという（『参記』巻五熙寧五年一二月二九日所引『楊文公談苑《ようぶんこうだんえん》』）。これはつぎの日延の渡海につながる事柄であるが、遣唐使の時代に日本側が輸入した書籍・経典が中国に環流するという「ブックロード」の逆流が起こるのである。

渡海僧に日延なる者がおり、一〇世紀中葉ごろのことであった点は知られていたが（『拾遺往生伝』中・散位清原正国条、『平安遺文』題跋編一三七・一六一七・二五一七号）、その詳細が判明したのは、大宰府政所《まんどころ》牒案（『平安遺文』四六二三号）の紹介によってであった。この文書は、大宰府下の大浦寺《おおうらでら》（所在地未詳）の入源《にゅうげん》の申請により、入源の寺務執行を認可するもので、後欠のため年次不明であるが、記載内容から、天喜初年（一〇五三）ごろに比定されている。この大浦寺の創建者が日延であった。

日延は延暦寺の僧で、時の天台座主慈念《じねん》（延昌《えんしょう》）が中国天台宗の徳韶《とくしょう》の書状によって、「繕写法門」（書写した仏典）を送付する使者として選定されたという。前章でもみたように、日本の延暦寺と中国の天台山には関係回路が存しており、この「繕写法門」とは五代十国の争乱による経典散逸の復旧を助勢するもので、まさしく上述の呉越王による天台教の修復にかかわる通交を示している。

日延はまた、故律師仁観《にんかん》の弟子で、暦術にも通暁していたといい、今回の渡海に際しては、暦道の賀茂家の基礎を固める保憲《やすのり》が、符天暦経《ふてんれきけい》・立成《りっせい》という新暦法の将来を要請している。貞観三年（八六一）に長慶宣明暦《ちょうけいせんみょうれき》を採用（『日本三代実録』同年六月一六日条）して以後、中国では何度か暦の改訂が行われていたが、日本では遣唐使の途絶や中国の混乱にともなう学術情報の欠如により、長らく暦の改訂を実施していなかった。

しかしながら、日本側には最新の暦法に対する関心があり、日延は呉越王の許可を得て、司天《してん》台《だい》に入門、朝廷から賜与された金八〇両を学資として、伝習の成果を持ち帰り、暦家賀茂氏の学業確立に資することができたのである。

渡海後の日延については、呉越に歓迎され、紫衣《しえ》の賜与、准内供奉《じゅんないぐぶ》の待遇にあずかったこと、暦関係以外にも、日本に未到の内外書一〇〇〇余巻を受伝したことなどが知られる。後代の成尋は、国清寺で「日本日延詩」を見ており（『参記』巻一熙寧五年閏七月五日条）、日延はもちろん天台山にも足跡を残していた。

日延は天暦七年（九五三）に渡航、天徳元年（九五七）に帰朝する。その際に、勅使蔵人源是《これ》輔《すけ》が大宰府に派遣され、ともに入京、将来の品々を朝廷に献上したあと、暦経は賀茂保憲、法門（経典）は延暦寺、外書《げしょ》の『春秋要覧』『周易会釈記《しゅうえきかいしゃくき》』各二〇巻は大江家に下賜された。また日延の「在唐之間日記」は式部大輔橘直幹《なおもと》・文章得業生藤原雅材《まさき》らを召して、その真偽を試問させたといい、渡海僧の日記はこうした求法・巡礼の成果を確認する証拠書類としての意味合いで綴述《てつじゅつ》された側面もあったことがうかがわれる。

以上のように、日延の渡海は国家的使命を帯するものでもあったが、当初の延暦寺による派遣の意思が実現した背景として、摂関家との関係に留意したい。『天台座主記《てんだいざすき》』によると、慈念（延昌）は仁観律師の受法弟子とあり、日延と相弟子《あいでし》であったことが知られ、これが日延の人選にかかわると考えられる。

慈念にはまた、もと法性寺《ほっしょうじ》座主の経歴があった。法性寺は藤原忠平の開基で、慈念は摂関家とのつながりが深かったようである。

延昌が慈念の謚号を賜ったのは天元二年（九七九）八月一七日で、これは当時の座主良源《りょうげん》（慈《じ》恵《え》）の奏上によるものであった。良源は藤原師輔《もろすけ》の子尋禅《じんぜん》を入室弟子《にゅうしつでし》とし、摂関家子弟が天台座主になる先蹤を開いた人物であり、延暦寺と摂関家の関係はさらに緊密になっていく。

日延は帰朝後に僧綱宣旨賜与を打診されたが、これを固辞して隠遁、康保年中（九六四〜

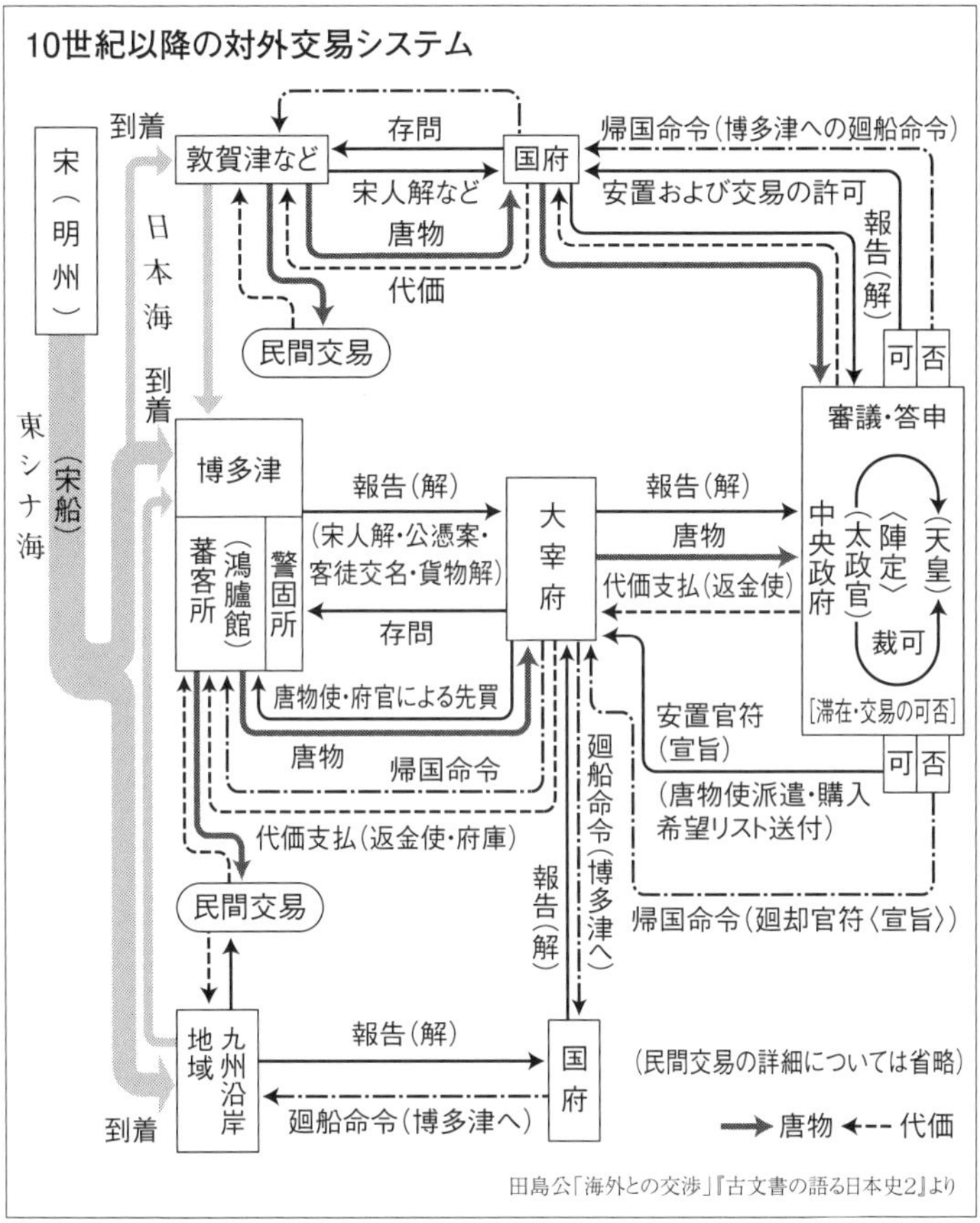

田島公「海外との交渉」『古文書の語る日本史2』より

宋商人が来航すると、大宰府などが来由を尋ねる存問を実施、朝廷に報告される。朝廷では、安置・滞在の可否を審議し、認められれば、官司先買権により唐物使が派遣され、まず天皇や摂関が交易をし、返金使が代金を支払った。その後に一般貴族や民間の交易が行われる。あくまでも中央が対外関係を統括するのが基本的システムであった。

九六八年）に「九条右丞相《くじょううじょうしょう》（右丞相は右大臣の唐名《とうみょう》〔中国風の呼称〕）聖霊成等正覚《しょうれいじょうとうしょうかく》（霊魂が正しい悟りを得るように祈願すること）」のために大浦寺を建立することになる。

九条右丞相は藤原師輔のことで、摂関家の本流になる九条流の祖であるが、日延の渡航にはこの師輔との関係が大きかったことが読み取られる。

ちなみに、寛建一行や日延の渡海には、前章で触れた春太郎・神一郎のような俗人の同行は徴証がない。藤原良房《よしふさ》—基経《もとつね》が育成しようとした日本人の海外交易従事者の行方は不詳であり、統一新羅滅亡（九三五年）後の高麗との通交に関しては、大宰府関係者の動向がかいまみられるものの、明確な渡航事例が知られるのは一一世紀後半以降のことになる。

日中関係についても同様であり、むしろ事例数は限定的で、俗人の渡海そのものが抑制的であったかの観が見受けられる。『宋史』日本国伝でも、俗人の姿が散見するのは一二世紀後半以降のことである。したがって日中間の通交は、もっぱら中国商人の船に依存し、今回の日延も呉越人蔣承勲《しょうじょうくん》という者の帰船で渡海したのであった。

蔣承勲の活動

この蔣承勲は今回が初来日ではなく、すでに彼我往来を行っていた人物である（以下、何回か来航する人物について、「蒋承勲Ⅰ」のような形で、何回目の来航かを表示する)。最初は承平五年(九三五)九月に来航が知られ、羊数頭を献上したことが見える(『日本紀略』)。『公忠朝臣集』には、「承平五年十二月三日から物の使に蔵人左《さ》衛門尉《えもんのじょう》 藤原親盛《ちかもり》かまかりけるに餞《うまのはなむけ》し侍とて。別る、か侘《わび》しき物はいつしかとあひみん事を思ふなりけり」とあるので、大宰府に唐物使《からものし》が派遣され、官司先買権によって朝廷の交易が行われたのであろう。

時は朱雀《すざく》天皇の代で、摂政左大臣(翌年八月一九日に太政大臣)藤原忠平(五六歳)、右大臣藤原仲平(六一歳)という台閣《たいかく》、忠平の長男実頼《さねより》(三六歳)は中納言、三男師輔(二八歳)はこの年二月に参議になったばかりであった。

海域アジア史的観点からは、近年は「海商」の語が用いられることが多いが、「海商」は中国側史料にしか見えず、以下では日中双方の史料に登場する「商客」の語を適宜使用したい。

商客の来航・滞在形態については、のちに整理することにしたいが、この蒋承勲Ⅰは天慶三年(九四〇)ごろまで日本に滞在していたらしい。その間、大臣である藤原忠平や仲平が「大唐呉越王」宛の書状を付託したことが知られ(『日本紀略』承平六年八月二日条、天慶三年七月□日条)、大宰府からの「大唐暦本」の進上(承平七年一〇月一三日条)、羊の貢上(『本朝世紀《ほんちょうせいき》』天慶元年七月二一日条)などの交流があった。

諸貴族も交易を行ったようであり、故右大臣藤原恒佐《つねすけ》の子有相《ありすけ》・真忠《さねただ》は父の唐物入手の代金が準備できず、蔵人所から砂金二〇〇両を貸し与えられ、故少監物源興国《しょうけんもつみなもとのおきくに》も蒋承勲から貨物を受納しながら、返金せずに死去したので、大宰府下の布を准給する（金の代替として布で給付した）など、日本国の体面として支払いに努めている（『貞信公記《ていじんこうき》』天慶元年八月八日条、『本朝世紀』同年八月二三日条）。

蒋承勲の二度目の来航は天慶八年（九四五）である。このとき到来したのは蒋袞《しょうこん》という人物であるが、彼の名はほかにみえないこと、後述のように、宋商人には複数の名前を用いる例があること、そして藤原実頼書状には「蒋袞再至」とあって（『本朝文粋《ほんちょうもんずい》』巻七天暦元年〔九四七〕閏七月二七日）、蒋姓の人物で「再至」ということになると、蒋袞は蒋承勲と同一人物ではないかと推定されることなどにより、これを蒋承勲Ⅱと位置づけておく。

蒋承勲Ⅱは三月五日に呉越を出立、漂蕩《ひょうとう》もあって、六月四日に肥前国高来《たかく》郡肥最埼《ひのみさき》港嶋浦に着岸した（『本朝世紀』天慶八年七月二六日条）。肥最埼には警固所があり、警固兵士らが一二艘《そう》の追船で先導、大宰府に注進がなされ、大宰府から存問《ぞんもん》の使者を派遣して来由《らいゆ》を尋ねた調書が太政官に上申されており、詳細が知られる。

それによると、船は一艘、三〇〇〇斛《こく》の勝載《しょうさい》（積載可能重量）、乗人は一〇〇人、一船頭が蒋袞（蔣承勲）、二船頭は兪仁香《ゆじんこう》、三船頭は張文遇《ちょうぶんぐう》とあり、「唐人交名《きょうみょう》百人書」（乗船者名簿）は太政官の事務局というべき弁官に保管されているといい、大宰府からの報告に基づいて中央の判断で入国が許可されるという仕組みであったことがわかる。

蔣承勲Ⅱの活動は、当該期が、六国史が終わり良質な編年体の史書に欠けること、貴族の日記（古記録）もまだ綴述が少ないことなどから、史料の制約が大きい状況であり、不明の部分が多い。ただ、商客到来には延喜一一年制による年紀制（一定の来航間隔を設定して規制）が規定されていたことが知られ（『貞信公記』天慶八年七月二九日条）、その内容は後述する（一八二ページ）ことにしたいが、蔣承勲は年紀制に適合しているということで、安置が認められた。また朝廷には唐物が貢上され、天皇の唐物御覧を経て、関白太政大臣の忠平にも唐物が賜与されている（同九年二月二三日条）。

そして、上述の実頼の呉越王宛の書状である。忠平は天暦三年八月に七〇歳で薨去するので、まだ健在であったが、実頼は太政官の実質的な筆頭である左大臣の地位にあり、彼が対応にあたったようである。

呉越王から「土宜《どぎ》」（その土地の産物。方物、土物などともいう）がもたらされており、これは「交を境外にするを恐る」、すなわち「人臣無境外之交」の原則からは受納できないと述べながらも、唐物の入手や外国との通交の魅力には抗しがたかったと思われ、献納品を受領し、蒋承勳に返書と砂金を託する仕儀になっている。

以上を要するに、蒋承勳は二〇年近くの間、忠平―実頼・師輔と続く摂関家と密接なつながりを形成し、日本との交易や、呉越王と摂関家の仲介を行う活動を展開していたのである。そして、今回の日延の渡航に際しては、蒋承勳Ⅲの帰国時に右大臣藤原師輔から呉越王に宛てた書状が存在している（『本朝文粋』巻七天暦七年七月）。

当代は村上天皇で、太政官の筆頭は兄の左大臣実頼であるが、実頼は外戚関係を構築し得ず、師輔早世（九六〇年）により摂関の地位を保持するものの、のちにみずからを「揚名関白」（名ばかりの関白）と称している（『源語秘訣《げんごひけつ》』所引「清慎公記《せいしんこうき》」康平四年〔九六七〕七月二二日条）。村上天皇の中宮《ちゅうぐう》は師輔の女安子《あんし》で、安子は冷泉《れいぜい》・円融《えんゆう》天皇を出産、師輔の系統（九条流）が摂関家本流になっていくことに大きく貢献している（実頼の系統は小野宮流《おののみやりゅう》と称する）。

したがって師輔は当代第一の実力者であり、（兄とともにか）献上品の捧呈にあずかることができたのであろう。書状の内容は上述の実頼のものと同様で、「人臣無境外之交」の原則に配慮しつつも、献納品を受領し、返書を認める躰である（上述の忠平・仲平の書状も同様のものであったか）。

日延の渡海は、摂関家と関係を有する蒋承勲の来日、忠平以来摂関家とつながりを持つ天台座主慈念による延暦寺と中国の天台山との関係維持、そしてこれらを結節する右大臣藤原師輔の呉越との通交の意思があってはじめて実現したものであった。上述の寛建らについても、寛建が藤原氏の氏寺興福寺の僧であったことに着目すると、当時の摂関家の上首左大臣忠平の意図・支援をふまえたうえでの渡海であったとみることができ、摂関家による海外との通交掌握という文脈で理解すべきであろう。

なお、蒋承勲の来航はこれが最後で、日延は「大唐呉越国持礼使盛徳言《せいとくげん》」に随伴して帰朝を遂げた（『日本紀略』天徳元年七月二〇日条）。盛徳言は天徳三年（九五九）にも再度到来しており（同年正月一二日条）、日延は蒋承勲の次代の通交をになう人物の来航の端緒を開いている。

ちなみに、この二回の盛徳言の来航のどちらかの帰国に随伴して、伝智《でんち》（転智）という日本人僧が渡海している（『鵝珠鈔』下二所引「奝然法橋在唐記」逸文、『洛水集』巻七、『咸淳臨安志』巻七七所引「臨安府五丈観音勝相寺記」）。伝智は、平将門の乱とともに天慶の乱として知られる藤原純友《すみとも》の乱平定に功績があった藤原貞包《さだかね》の子であるという。

貞包は筑前権掾《ごんのじょう》に任じられ、さらに大宰監《げん》にもなったようであり、大宰府周辺の中下級官人として過ごしている。その子息が海外をめざすというのは、中国商人が頻繁に来航する大宰府下でも渡海の気運が高まっていたことをうかがわせる。

伝智は杭州の千仏寺で五丈観音を二体つくり、一〇丈の勝相《しょうそう》(仏の優れた姿)を彫造したといい、日本の彫刻技術の高さを示すことができた。その後、伝智は西天(天竺)をめざして出航したが、瞻城国《せんじょう》(占城《チャンパ》、インドシナの南ベトナム地域)において水に酔って死んでしまう。南海諸国の水には毒があると考えられており、本来は先に薬を飲んでからこれを飲むべきであったが、伝智は暑さにがまんできず、水を飲み死去したのだという。伝智の渡海例は、こうした無名の僧侶の渡航もあった点を考慮すべきことを教えてくれる。

日宋関係の幕開け

奝然の入宋

五代十国の争乱が終了し、九六〇年の宋（北宋）による中国統一後、最初の入宋僧となったのは奝然《ちょうねん》である。奝然は東大寺三論宗の僧侶であったが、入宋時には延暦寺の天台山国清寺《こくせいじ》宛牒状を付託されており（『扶桑略記』天元五年〔九八二〕八月一六日条、『元亨釈書《げんこうしやくしょ》』巻一六）、延暦寺ともつながりを持っていたことがうかがわれる。

『続本朝往生伝』大江定基《おおえのさだもと》条には、「日本国は人を知らず。奝然をして渡海せしめしは、人無きを表すに似たり。寂照《じやくしよう》をして宋に入らしめたるは、人を惜しまざるに似たり」と、つぎの入宋僧寂照と比較しての評言がみえ、奝然自身も入宋したら、「我は是《こ》れ日本国無才無行の一羊僧《ようそう》也。求法《ぐほう》の為《た》めに来らず、修行の為めに即ち来れる也」（「羊」はさまよう、羊の角のようにねじまがったの意）と称するので、「本朝において何の耻《はじ》有らんか」と述べている（『本朝文粋』巻一三天元五年七月一三日「奝然上人入唐時為母修善願文」）。

これは、謙遜を含むとしても、渡宋以前の奝然は必ずしも宗教界を主導する僧ではなかったよ

奝然の入宋行程

和暦	西暦	事項
永観1年8月1日	983	大宰府出発
18日		台州到着／開元寺に滞留
9月9日		天台山に巡礼
10月8日		天台山を出発／「宣旨」により台州使とともに上京
11日		新昌県で南山澄照大師作の百尺弥勒石を礼し、翌日出発
		（この間、杭州・越州など数州を通過）
11月15日		泗州普光寺で大聖を礼す
18日		淮南揚州開元寺で梅檀瑞像を礼拝しようとしたが、南唐の金陵城長先寺や北宋の梁苑城開宝寺を経て、今は開封の内裏滋福殿にあると聞く
12月19日		開封到着／郵亭に宿泊
21日		太宗に謁見。紫衣・例物を賜り、随行の弟子達も授かる。観音院に安置
永観2年1月中	984	聖旨により京内諸寺を巡礼／客省丞旨行首張萬と滋福殿に参じ、瑞像を礼拝
3月13日		五臺山に出発／宣により旅装を与えられ、「津送」の便を得る
4月7日		五臺山大花厳寺真容院に到着
8日		五臺山巡礼を開始
5月29日		五臺山を出発
6月18日		洛京龍門で善無畏三蔵の真身を拝礼
24日		京で太宗から慰問の言を受ける／釈迦瑞像の「移造」を企図（像は内裏西の啓聖禅院にあり）
		（7・8月中～清昭三蔵から両部の灌頂を受ける）
10月7日		太宗誕生日に弟子祈乾・祈明が具足戒を受ける

寛和1年2月18日	985	弟子盛算が梁苑城明聖観音院で開宝寺永安院本の『優塡王所造帯栴檀瑞像歴記』を写し取る
3月2日		太宗に面会し、「師号及大蔵経四百八十一函五千四十八巻・新翻訳経四十一巻・御製廻分偈頌、綿帛例物等」を賜与
		（この間、口巻・駅料を与えられ、伝送の便宜を得て、帰途につく）
6月27日		台州到着／知州行左拾遺鄭公が宣により安堵し、また州民と僧侶の歓迎を受ける／開元寺主景尭の管下に入る
7月21日		釈迦瑞像の製作開始
8月1日		大蔵経の転読を発心
18日		釈迦瑞像の完成
寛和2年6月	986	台州商客鄭仁徳の船に便乗し、7月1日帰国

うである。

入宋以前の奝然の事績としては、『親信卿記《ちかのぶきょうき》』天延二年（九七四）五月一〇日条の季御読経《きのみどきょう》の論議（大般若経）の記事に、「三番、〈答奝然、問源信《げんしん》《山》〉」とみえるくらいであり、『往生要集《おうじょうようしゅう》』（九八五年）の著者源信の論議は激賞されているが、奝然には言及がなく、それほど目立った存在ではなかったと目される。

修善願文を作成したのは慶滋保胤《よししげのやすたね》であり、源信らを慕い、浄土教信仰を有する文人貴族との交わりも推定できる（これが延暦寺の使命を付託された要因か）。

奝然の一行は従僧四人（嘉因《かいん》・定縁《ていえん》・康城《こうじょう》・盛算《せいさん》）、沙弥《しゃみ》二人（祈乾《きかん》・祈明《きめい》）という構成で、大宰府による出国許可を得ていたものの、入宋後に宋の皇帝太宗と謁見したときにはわずかに銅器一〇余事を献上したといい（『宋史』日本国伝）、有力な後援や国家的使命を帯びての渡海ではなかったと思われる。

奝然は、天台山・五臺山の巡礼を果たしたあとに、中天竺《ちゅうてんじく》に行き、釈迦の遺跡を礼拝する予定で、「縦《たと》ひ帰るも何ぞ敢へて職位を貪《むさぼ》らんや」という決意であった（修善願文）。

しかし、宋成立後の最初の日本僧の到来ということで、奝然は天台山巡礼後に皇帝の聖旨により上京・面見を指示され、首都開封《かいほう》に向かい、皇帝と謁見、紫衣《しえ》と法済大師《ほうさいだいし》の師号を賜与され、勅旨による五臺山参詣を遂げることになる。

『宋史』日本国伝には、奝然が「本国職員令」と「王年代紀」各一巻を捧呈したといい、これらに基づく詳細な日本情報が掲載されている。奝然は「華言」(中国語)には通じていないが、隷書(楷書)が上手で、皇帝の質問に筆書で奉答したという。太宗は「其の国王一姓伝へ継ぎ、臣下も皆世官《せいかん》」であるのを知り、宰相らにこれが「古之道」なのだと歎息したとあるが、これは日本のあり方をだしにした権力安定への意思を示したものであろう。

奝然は永観元年（九八三）、呉越商客陳仁爽《ちんじんそう》・徐仁満《じょじんまん》らの帰船で入宋、寛和二年（九八六）に台州商客鄭仁徳《ていじんとく》の便船で帰朝した。奝然入宋の成果としてもっとも重要なのは、宋版大蔵経（摺本一切経）の将来と清涼寺《せいりょうじ》式釈迦像と称される新様式の仏像（優塡王《うでんのう》所造栴檀《せんだん》釈迦瑞像《ずいぞう》）の伝来である。その他、十六羅漢絵像も将来されていた（『扶桑略記』永延元年〔九八七〕二月一六日条）。従僧の盛算も経典入手に努めていたことが知られるが（『平安遺文』題跋編一四七号大仏頂陀羅尼一巻）、奝然が将来したのは印本（摺本）の大蔵経《だいぞうきょう》四八一函五〇四八巻と宋代に進展する新訳経四一巻であった。

大蔵経は唐の智昇《ちしょう》撰『開元釈教録《かいげんしゃくきょうろく》』に掲載のもので、日本でも奈良時代から何度か大規模な一切経書写事業が行われていたが、テキストは筆写本で、これを転写するので、誤字・脱字も生じやすい。印本は活字印刷本なので、テキスト校訂もしっかりしており、決定版、正しい字句に基づく正しい教えを享受するには不可欠のものとされたのであろう。のちには高麗でも活字版がつくられ（高麗版大蔵経）、中世の日朝関係においても大蔵経は日本が希求する輸入品であった。

瑞像の将来

そして、清涼寺式釈迦像の造立・将来である。これは「生身《しょうじん》の釈迦像」とも称され、従来の仏像的な造形ではなく、人間的な姿の造像であった。『優塡王所造栴檀釈迦瑞像歴記』とその末尾に加えられた「西郊清涼寺瑞像流記」によると、中天竺の憍賞弥《コーサンビー》国の王で、釈迦の外護者《げごしゃ》として著名な優塡王が、釈迦の生身を模刻したのが栴檀釈迦瑞像であるという。

この天竺所造の瑞像は、その後鳩摩羅琰《くまらえん》（訳経僧として名高い鳩摩羅汁《らじゅう》の父）によって、天山南路（シルク・ロード）経由で西域の亀茲《クチャ》国に運ばれた。そして、前秦の符堅《ふけん》の将呂光《りょこう》によって中国に伝来し、六朝の混乱のなかを流転、揚州の開元寺に安置される。しかし、唐末五代の争乱により、南唐の金陵の建業城《けんぎょうじょう》中の長先寺《ちょうせんじ》に移され、宋の太宗が東都梁苑城の開宝寺永安院に移動、太宗の第二皇子であるのちの真宗《しんそう》が宮殿内の滋福殿に安置していた。

『瑞像歴記』では、奝然らは滋福殿でこの瑞像を礼拝し、その模造と日本への将来を希求したので、華門外の啓聖禅院《けいせいぜんいん》において雕仏博士張栄《ちょうえい》を雇って造立したとある。後代の『清涼寺縁起』（『続群書類従』二七上）には、本像が日本に渡来して衆生を化度《けど》したいと夢告し、新像と入れ替わったので、日本にあるのが伝来の瑞像で、中国には模像のほうが残ったとする話もみえる。

ただし、現在、京都市右京区嵯峨の五台山清涼寺釈迦堂の本尊になっている釈迦如来像の胎内には、人間の五臓を布で象《かたど》ったものが納められており、「生身」と言われる所以であるが、その中に入れられた「奝然繋念人名交名帳」と名付けられた小冊子をはじめとする関係の文書（胎内

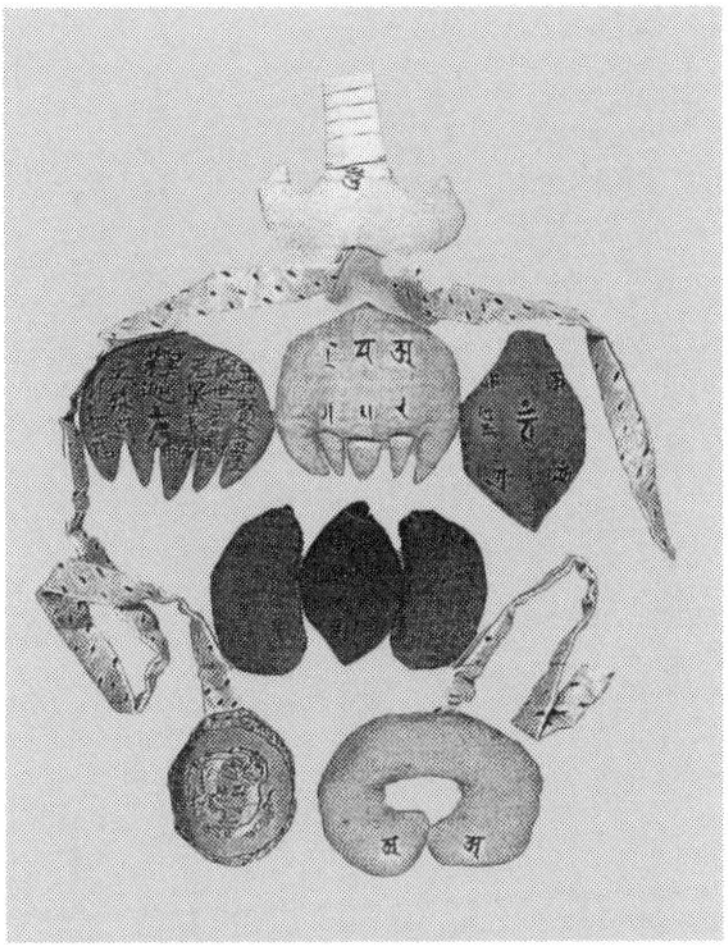

清涼寺の釈迦如来像(左)と像内に入れられた「五臓」(右)　布製の五臓の中には、造像の由来や結縁者の名前を記した文書が入れられていた。清涼寺式釈迦像は、頭部の螺髪(らほつ)が縄状をなし、細身で、波状衣文が全身を包むなど、インド風の特異な形相を呈する。

文書）によると、事情は少しく異なる（平林盛得「資料紹介 優塡王所造栴檀釈迦瑞像歴記―附 西郊清涼寺瑞像流記―」『書陵部紀要』二五、一九七三年〕、『平安遺文』四五六七～七二号奝然入瑞像五臓記）。

すなわち、宮中での瑞像礼拝云々には触れられておらず、帰国のために下向した台州において瑞像の存在を知り、香木を購入して工匠を雇って造立したとあり、造像博士の名前も張延皎《ちようえんこう》と記されている。

寛建、日延、奝然、寂照、成尋の関係者（点線は法系を示す）

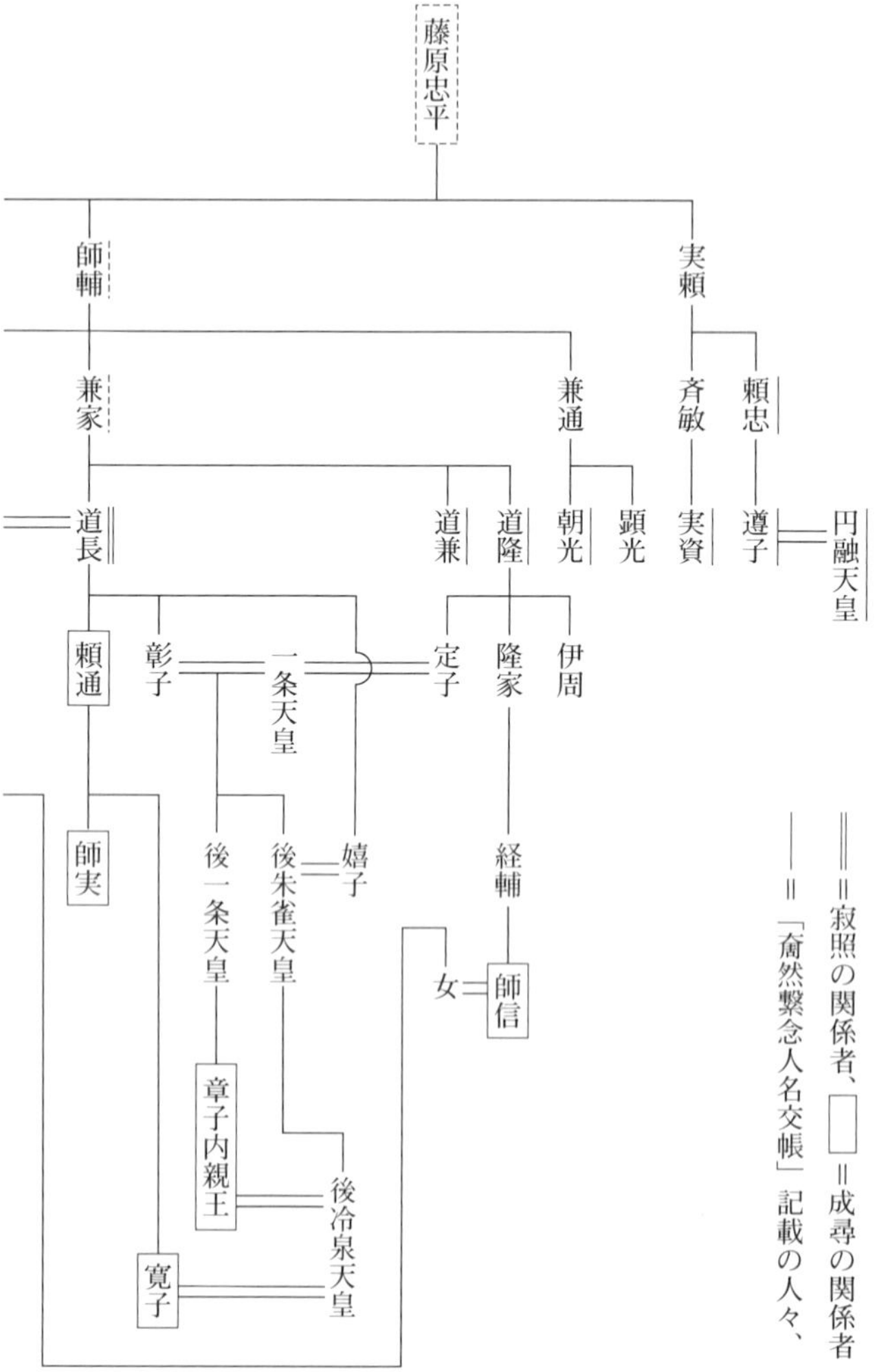

□＝寛建の関係者、┆＝日延の関係者、
‖＝寂照の関係者、□＝成尋の関係者
—＝「奝然繋念人名交帳」記載の人々、

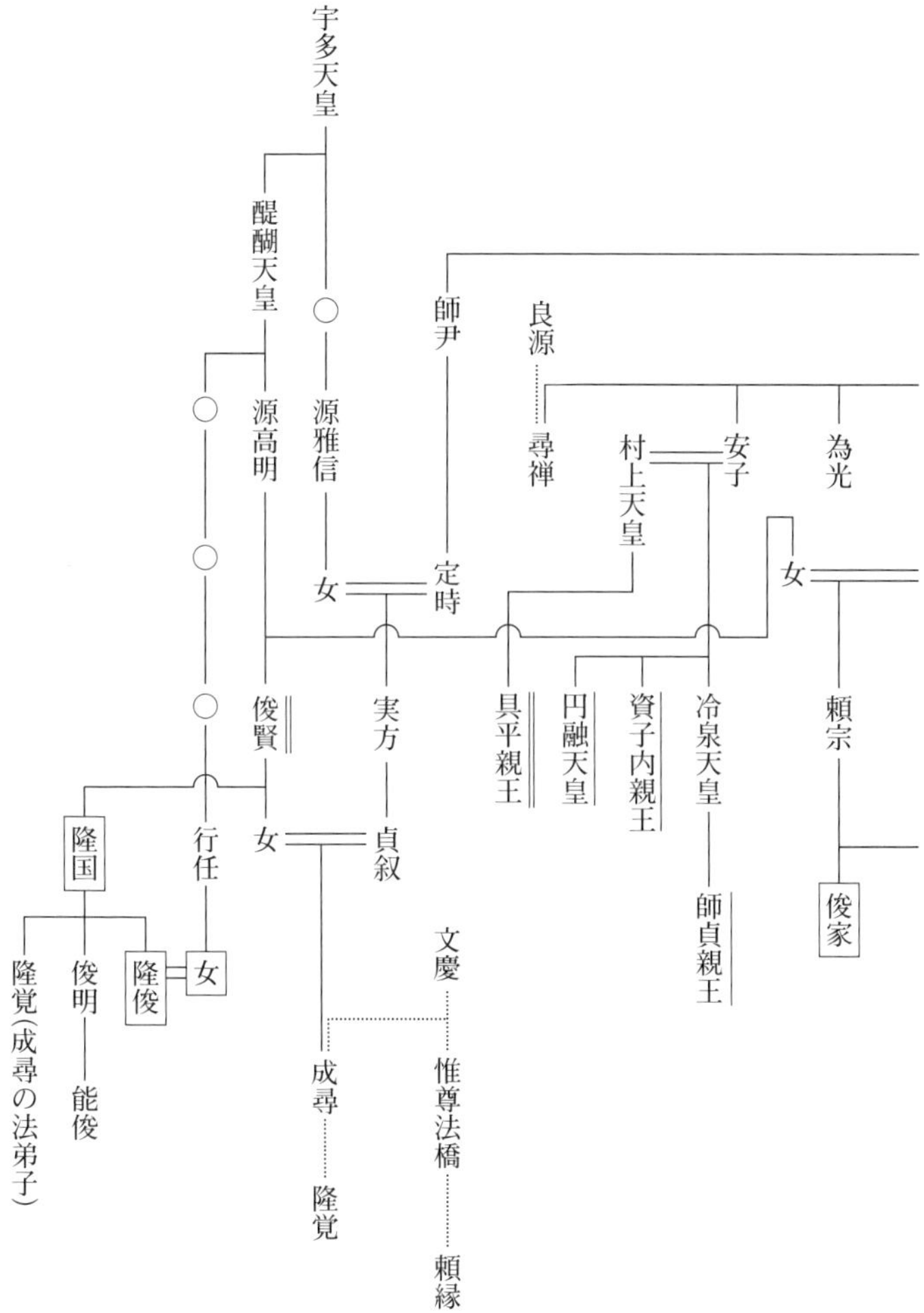
宇多天皇
醍醐天皇
○
源高明
源雅信
○
○
○
師尹
良源
尋禅
村上天皇
安子
為光
定時
女
女
実方
俊賢
具平親王
円融天皇
資子内親王
冷泉天皇
頼宗
隆国
行任
女
貞叔
師貞親王
俊家
隆覚(成尋の法弟子)
俊明
能俊
隆俊
女
文慶
成尋
惟尊法橋
隆覚
頼縁

造立の日付は雍熙《ようき》二年（九八五＝寛和元）八月一八日で、胎内文書の中には台州で奝然に銭を喜捨して助勢してくれた人びとの姓名を記したものも存する。

したがって日本に将来した瑞像の由来としては、この一次史料による理解を基本とすべきであり、『瑞像歴記』や『清涼寺縁起』には、奝然の死後に清涼寺（栖霞寺《せいかじ》の釈迦堂から発展）を建立する弟子盛算の姿が散見するから、そこには盛算の活躍を顕彰し、釈迦如来像の来歴を箔付けする要素が付加されているものと思われる。

『古事談』巻二―七〇には、源俊賢《としかた》（九五九〜一〇二七）が参議（九九五年八月〜一〇〇四年正月）として定文《さだめぶみ》（審議結果を取りまとめた文書）を書くとき、奝然の「奝」の字を覚えておらず、黒々とした文字でごまかしたところ、一上《いちのかみ》である左大臣源雅信《まさのぶ》（九二〇〜九九三）がこれは「奝」という字か「敦」なのかと指摘したので、俊賢はこれを生涯の恥としたという話がある。奝然や雅信との関係は年代的に俊賢にはあたらないが、奝然の「奝」字がむずかしかったか、あるいは上述のように入宋前の奝然が無名の存在であったことを示唆するものといえよう。

しかし、帰朝後の奝然は、朝廷・貴族に熱狂的に出迎えられる。奝然は入洛するとまず摂政藤原兼家《かねいえ》のところに参上し、小野宮流の藤原実資《さねすけ》も奝然と面談、「事に触れて驚くのみ」との感想を述べている（『小右記《しょうゆうき》』永延元年〔九八七〕正月二一・二四日条）。

そして、奝然が将来した仏像と一切経は官宣旨により京上が指示され、「天下貴賤」が見守るなか、蓮台寺《れんだいじ》に安置された。大臣公卿や殿上人が相ついで蓮台寺を参詣、新来の「唐仏」を参観したという（『平安遺文』四五七四号寛和三年正月二八日宣旨、『小右記』永延元年二月一一・一六・二九日、三月二日条など）。この入宋の功績により奝然は法橋《ほっきょう》上人位（法眼《ほうげん》・法印につぐ僧位）を授けられている。

弟子嘉因の再渡海

永延二年（九八八）、奝然は帰朝に利用した鄭仁徳の船が中国に戻る機会をとらえて、五臺山の文殊菩薩供養と新たな新訳経論の入手を目的として、前回の入宋で中国語を習得した嘉因《かいん》と宋で受戒を行った祈乾らを派遣しようとする。こうした彼我の連絡回路維持は、円珍が唐商人らとの間に構築して以来、延暦寺、日本の天台宗と中国の天台山国清寺との通交という形で継承されてきたが、みずからの直弟子を再度送り込む方法は、宋商人の安定的な来航を受けて、奝然以降にはじまるものである。

そこには弟子の育成（入宋の箔付け）やみずからの法系の安定を企図し、高い評価を得た摺本一切経や新訳経の移入の窓口となるべく、帰国後も中国とパイプを維持することが期待されたの

入唐・宋僧と随行者

名前	随行者	事項	出典
最澄	沙弥訳語僧義真		「幼学漢音、略習唐語」『扶桑略記』延暦二一年九月一二日条
	従者丹福成		
	経生真立人		
円仁	惟正・惟暁	7月24日死去	『入唐求法巡礼行記』巻四会昌三年七月二五日条
	丁雄満	水手	
	性海	太政官牒・延暦寺牒、大宰府小野少弐書と黄金を齎し合流（巻四会昌六年四月二七日・五月一日条によると、10月2日に合流）→承和一四年一〇月甲午条 円仁・惟正らとともに帰朝（承和一五年三月乙酉条）	
円載	仁好・順昌	帰朝	承和一〇年一二月癸亥条
		仁好の還次に黄金二〇〇小両を付す	承和一一年七月癸未条
		仁好が帰朝し円載表状を上表	承和一四年七月辛未条
		太政官牒を下し、黄金一〇〇小両を賜る	承和一五年六月壬辰条
		嘉祥3年：円載に伝燈大法師位	『平安遺文』四四六一号
		大宰府が円載上表を伝進	斉衡二年七四二号
円珍（41歳）	僧豊智（33歳）		
	沙弥閑静（31歳）		
	訳語丁満（48歳）	「円珍不会唐言、又暗文才」	『平安遺文』四五四二号
	経生的良（35歳）		
	物忠宗（32歳）		

	大全吉(23歳)		
	伯阿古満(38歳)	李延孝の船で帰朝	
真如	宗叡	入京…貞観6年2月五臺山へ→貞観7・8年頃帰国	
	賢真・恵蕚・忠全	貞観5年4月帰国＝明州まで送り届ける	
	安展・円覚・仕丁丈部秋丸	貞観7年正月27日西方へ向かう	
	禅念	入京	
	恵池・善寂・原懿・猷継		
	智聡	入京→二十余年在唐のうえ、元慶1年12月21日帰国	
斉詮(伝灯大法師位)	安然(伝灯満位)・玄昭・観漢	漂没して全員行方不明に	
寛建(興福寺)	従僧三口・童子四人・近事二人		
	超会	五〇年滞唐と見える	『奝然在唐記』逸文、『参記』巻六熙寧六年二月一五日条
	寛補・澄覚・長安ら一一人		
奝然	嘉因・定縁・康城・盛算	大仏頂陀羅尼一巻を得る	『平安遺文』題跋一四七号
	沙弥祈乾・祈明	太平興国9年10月7日の宋・太宗誕生日に受戒して比丘に	
寂照	元燈・念救・覚因・明蓮	元燈(『参記』巻六熙寧六年正月二五日条によると、元燈の弟子という天台山大慈寺普賢懺堂住僧で左街景徳寺慈氏大聖院雄戩が成尋に来拝)、覚因(治安2年正月20～29日明州国寧寺にて写経)	

成尋	頼縁供奉・快宗供奉	煕寧6年2月8日明州に先行し帰国へ	
	聖秀		
	惟観・心賢・善久	煕寧6年2月8日明州に先行し帰国へ	
	沙弥長明（命）	煕寧6年3月1日聖節投壇受戒	
	永智・尋源・快尋・良徳・一能・翁丸	出発地まで見送る 一乗房（永智）が宋商人の船で杭州に渡海し日本の消息を伝達	『参記』巻八煕寧六年五月二一日条
戒覚	僧隆尊	隆尊は先行帰国か	
	沙弥仙勢		

であろう。

今回の嘉因らの渡海は太政官によって許可され、その旨が大宰府に伝達されている（『平安遺文』四五七五号永延二年二月八日太政官符）。嘉因も伝灯大法師号を得ており、従僧二口・童子二人が随伴したという。

前回の奝然は皇帝にわずかばかりの銅器を奉献しただけであったが、今回は青木函に納れた仏経、螺鈿《らでん》花形平函に納れた琥珀《こはく》・青紅白水晶・紅黒木槵子《むくろじ》念珠各一連、毛籠に納れた螺杯二口、葛籠に納れた法螺《ほら》二口・染皮二〇枚、金銀蒔絵《まきえ》筥《はこ》に納れた髪鬘《かみかづら》二頭、金銀蒔絵筥に納れた藤原佐理《すけまさ》の書二巻と進奉物数一巻・表状一巻、そして金銀蒔絵硯《すずり》一筥に金硯一・鹿毛筆・松烟墨・金銅水瓶《すいびょう》・鉄刀を納れたもの、檜扇《ひおうぎ》二〇枚・蝙蝠《こうもり》扇二枚を納れた金銀蒔絵扇筥、赤木梳《くし》二七〇と龍骨一〇橛《けつ》・螺鈿書案《しょあん》一・螺鈿書几《しょき》一を納れた螺鈿梳函《くしばこ》一対、白細布五匹を納れた金銀蒔絵平筥、貂裘《てんきゅう》一領を納れた鹿皮籠一、螺鈿鞍轡《くらくつわ》一副・銅鉄鐙《あぶみ》・紅糸鞦《しりがい》・泥障《あおり》、倭画《やまとえ》屏風一双、石流黄《いおう》七〇〇斤《きん》など、贅を尽くした献上品と奝然の表文《ひょうぶん》がもたらされている（『宋史』日本国伝）。

宋側はこの「朝貢」を受け入れ、嘉因は文殊像という新たな「唐仏」を携えて正暦元年（九九〇）七月に帰朝することができた。

しかしながら、嘉因の帰朝は朝野を挙げて大歓迎という具合にはならなかった。文殊像は摂政藤原道隆邸に迎えられ、宮中の真言院に安置されたが（『小右記』逸文正暦二年六月四日条）、しょせんは奝然の二番煎じで、インパクトに欠けるところがある。また今回は新訳経を将来することができなかった点も、評価を下げることになったのかもしれない。

この点に関連して、太政官符にみえる嘉因の渡海目的や奝然の表文には、日本朝廷の公式な通交を仲介するという姿勢は看取できず、その通交はあくまでも巡礼僧を介した間接的外交に踏み留まったもので、宋側は「朝貢」として扱っているものの、宋朝が期待するような国書提出による直接的外交は企図されていなかったことにも留意しておきたい。

奝然入宋の意義

奝然の入宋に関しては、出入国に際して天皇の許可を得ていること、宋の皇帝に接見して銅器を献じて日本の風土を説明しているのは朝貢に准じる礼であることなどから、これを日本朝廷が公的通交の道を探る使命を帯びたもので、入宋僧が国使としての性格を有していた点に留意すべきだとする見解も呈されている。

しかし、入宋前の奝然の立場、嘉因の再渡海のようすを参照すると、そのように理解することはできず、むしろ日本朝廷は公的な通交関係が定立するのを警戒する観もあり、その意味では奝然の入宋は以後の入宋僧の通交形態を規定するものになったといえる。

いっぽうで、当該期からは宋商人の来航が頻繁になり、鄭仁徳は奝然の帰朝時、嘉因の入宋と帰朝に関係して、少なくとも二度の到来が知られる。以後、このように複数回にわたり彼我を往来し、日本人僧の渡航や中国仏教界との連絡に寄与しつつ、交易に従事する商客が出現することになる。

この意味でも、奝然は新たな日宋通交の樹立者として、その歴史的意義は大きい。『往生要集』下巻末尾に付載されている永延二年正月一三日付源信書状では、充所《あてどころ》が「大宋国〈某〉賓旅下」となっており、この商客の実名は不詳であるが、西海道を頭陀《ずだ》中の源信が商客と邂逅し、みずからの著作である『往生要集』や先師故慈恵《じえ》大僧正（良源）の『観音讃』、慶滋保胤の『十六相讃』および『日本往生伝』、源為憲《ためのり》の『法華経賦』などを付託する旨が記されている。

ここには、延暦寺による彼我通交の回路復旧の意図が見受けられ、また日本人の著作を宋に流布しようとする意識もうかがわれる。そこで、章を改め、寂照《じゃくしょう》以下の入宋のようすを検討するとともに、宋商人の来航の様態や日本朝廷の外交政策の展開を探ることにしたい。

〔コラム2〕成尋の伝えた日本情報——宋は日本の何に関心を抱いていたか

宋代の日本情報の伝達としては、『宋史』日本国伝の奝然《ちょうねん》の事例が著名であるが、成尋《じょうじん》もそれに優るとも劣らない詳細な情報を伝えている。すなわち、『参天台五臺山記』巻四熙寧《きねい》五年（一〇七二年）一〇月一五日条には、皇帝からのつぎのような諮問を伝えられ、返答した旨が記されている。

①日本の風俗は。答う、文武の道を学ぶこと唐朝を以て基と為す。
②一問、京内の里数多少は。答う、九条三十八里也。四里を以て一条と為し、三十六里、一条北辺二里なり。
③一問、京内の人屋の数多少は。答う、二十万家なり。西京・南京は定数多々なるを知らざる也。
④一問、人戸の多少は。答う、幾億万なるかを知らず。
⑤一問、本国の四至、北界は。答う、東西七千七百里、南北五千里なり。

⑥一問、国郡邑の多少は。答う、州六十八、郡九百八十有り。
⑦一問、本国の王はなにと呼ぶか。答う、或《ある》いは皇帝と称し、或いは聖主と号す。
⑧一問、百姓の号有りや。答う、百姓の号有り。藤原・源・平・橘等を以て高姓と為す。其の余の百姓は委記するに遑《いとま》あらず。
⑨一問、本国明州《めいしゅう》を相去ること至近、何に因《よ》りてか中国に通ぜず。答う、本国明州の海沿を相去るの間は幾里数なるを知らず、或いは云《いわ》く七千余里、或いは云く五千里、波高くして泊无《な》ければ、中国に通じ難し。
⑩一問、本国の貴官には、是《これ》、何の名目有りや。答う、大政大臣一人、左大臣一人、右大臣一人、内大臣一人、大納言四人、中納言六人、参議八人、是を上卿と名づく。
⑪一問、本国の世系は〈三蔵云く、神代・人代を世系と名づくと〉。答う、本国の世系は七代、第一は国常立尊《くにのとこたちのみこと》。第二は伊弉諾《いざなき》・伊弉冊《いざなみ》尊。第三は大日霊貴《おおひるめむち》、またの名は天照大神、日天子にして始めて生れて帝王と為り、後に高天に登りて天下を照らす、故に大日本國と名づく。第四は正勝《まさかつ》尊。第五は彦尊。治三十一万八千五百四十二年、前王の太子也。第六は彦《ひこ》火火出見《ほほでみ》尊。治六十三万七千八百九十二年、前王の第二子也。第七は彦瀲《ひこなぎさ》尊。治八十三万六千四十二年。次いで人代。第一は神武天皇。治八十七年、前王の第四子也。第七十一代

今上国主。皆神氏を承く。

⑫一問、本国四時寒暑は中国と同じか同じからざるか。答う、本国四時寒暑は中国と同じ。

⑬一問、明州より日本国に至る、先ず何の州郡に到るか、国王の都する所と近遠はいかが。答う、明州より日本国大宰府筑前国博多津に至る、津より国王の都する所を去ること二千七百里なり。

⑭一問、本国、漢地に要用するは、是、何の物貨か。答う、本国が漢地に要用するは、香・薬・茶埦《ちやわん》・錦・蘇芳等なり。

⑮一問、本国は、是、何の禽獣有りや。答う、本国は師子・象・彪《とら》・羊・孔雀・鸚鵡《おうむ》等无《な》し、余の類は皆有り。

⑯一問、本国の王の姓氏は。答う、本国の王は姓無し。

⑰一問、本国、毛国を去ること近遠は。答、毛国を去る近遠は知らず。

また前日の一四日にも勅使御薬《ごやく》との問答で、

⑨問われて云く、「日本自来なにゆえ中国に通じて入唐進奉せざるはなんぞや」。答えて云く、

「滄波万里、人皆固辞す、これに因りて久しく絶ゆるなり」。
⑯また問わる、「即ち今の国主の姓はなに」。答う、「日本国主は本より姓无し。名有るの由を聞くと雖も、庶人はこれを知らず」。
⑩また問いて云く、「日本近上官人員はなにと呼ぶか、多少来有り」。答う、「太政大臣兼関白従一位藤原某」と。乃《すなわ》ち参議に至りて位階姓名、員に依りて書きて進め了《おわ》んぬ。

というやりとりがあったという（前問に即して番号を付した）。

奝然、また寂照《じゃくしょう》に諮問された日本情報伝達の内容（『参天台五臺山記』巻五熙寧五年一二月二九日条所引『楊文公談苑』）を整理すると、

（イ）国王に関する事柄（姓、歴代、現国王の年齢など）、
（ロ）群臣の数・登用のあり方、
（ハ）宗教、
（ニ）書物の存在、書法、
（ホ）農耕に関する事柄、

（ヘ）交易の様子、
（ト）畜類のあり方、
（チ）産業・特産品、
（リ）音楽、
（ヌ）気候、
（ル）毛人国、
（ヲ）日本の地理、

などの項目を挙げることができ、成尋に対する質問事項もおおむねこの範囲であるが、宋側の関心の所在や日本側の情報開示の姿勢などを検討していきたい。

まず①は中国との文化的通有を示したものである。（ニ）の項目などにも、中国が日本を中国文化と共通する基盤を持っていると見なしていたことがうかがわれる。

つぎに②〜④は日本の首都に関する情報である。②の「九条三十八里」という答えは、九条×四坊＝三六里＋北辺坊二里＝三八里という計算であり、平安京のうちの左京域のみを示したもののということになる。左京＝東京に対して、②の西京が右京、南京は南都＝奈良を指したものと解することができ、平安京の中の左京のみを条坊で数えたのは、『本朝文粋』巻一二天元五年（九八二）一〇月慶滋保胤「池亭記」でも指摘されていた右京衰退の実情をふまえたものと見なされる。とすると、③の京の家屋を二十万、④の人口（これは日本全体に関する質問かもしれないが、やはり③に続いて京内について尋ねたものと思われる）を「幾億万なるかを知らず」と述べるのは誇張があると考えられる。

この点は⑤⑥の日本の国土や地方行政区画に関する事柄にも該当し、国土の面積については両唐書の「東西南北、各々数千里」に対して正確な数値を示し、六八八州（国）も奝然の情報と合致しているが、奝然の情報では管郡数は五八九、『和名抄』では五九一となるところを九八〇郡と述べているのは、誇張、または書写の際の誤りなどを想定すべきであろう。

⑦⑧は日本の国王の称号や人民の姓に言及したもので、国王の姓に関しては⑯で尋ねられている。人民の姓については、『隋書』百済伝には八つの大姓が記されており、中国王朝はこうした姓の存在に無関心ではなかったようである。『宋史』日本国伝によると、奝然は藤原氏を名乗っていることが知られ、⑧の四姓の存在の明示に至るのであろう。

この姓に関連して、⑯の天皇の姓の問題に触れておくと、この点は天台県での問答にも出てきており（巻一熙寧五年五月二〇日条）、中国側のひとつの関心事であったが、成尋の返答はすべて同じであった。ただし、姓がないということは中国側には理解しがたい事柄であり、『冊府元《さつぷげん》亀《き》』巻九五九外臣部一風土には「其の王は阿母氏《あめ》」という『隋書』に依拠した見解、『宋史』日本国伝でも奝然がもたらした「国王は王を以て姓と為す」という情報を掲載している。

⑨は日本が宋に頻繁に入貢しない理由を問われたものである。この点については唐代に問題にされた形跡がなく、日本が公的通交関係を結ばなかった宋代になって、公式の入貢がないことが問題になったのであろう。奝然の弟子嘉因《かいん》が入宋した際に託された奝然の上表文では、中国との遠隔さが強調されており、⑨でも日中間の距離の遠隔なことや途中に寄港すべき場所がないことを訴えねばならないことになる。

この中国との距離感については、『弘仁私記序』分註に「日本国は大唐より東に去ること万余里」と記されており、日本側の観念にもなっていたことがうかがわれるが、一方で『参天台五臺山記』巻一熙寧五年三月二五日条には、空海の入唐記録を参考にしたものか、割書で「弘法大師云く、海路の間、三千里にして蘇州に至る」と見え、本文にも「日本国より大唐蘇州に至る三千里」と述べられているから、成尋のような渡宋者には正確な距離が認識されていたはずである。また日宋間を実際に往来する宋商人にも海路の正確な知識が存したであろう。

中国との遠距離を強調することは、⑬の明州から日本に向かうときに最初に到着する日本側の場所と、そこから都までの距離を尋ねた問いに対する回答にもみられる。明州には市舶司が置かれており、宋の対日窓口としての役割があった。⑨では明州からの距離が不明である旨を答えているが、この⑬では成尋は博多津から都までを二七〇〇里と答えている。しかし、『延喜式』巻二四主計上では「大宰府〈行程、上廿七日、下十四日〉、海路卅日」とあり、大宰府から都までは陸路・海路いずれも約一か月であった（「上」は荷物を運ぶ「上り」、「下」は荷物のない「下り」）。里数がわかる事例を探すと、巻二九刑部省で近流として挙げられる安芸国が都から四九〇里で、主計上式では「安芸国〈行程、上十四日、下七日〉、海路十八日」と記されており、瀬戸内海交通では約半分の距離であったから、大宰府から都まではせいぜい一〇〇〇里くらいとなる。それを二七〇〇里というのはかなり誇張された数値ということになろう。

　ちなみに、宋代の一尺は三〇・七センチメートル、一里は三六〇歩（一歩＝五尺）・一八〇丈（一丈＝一〇尺）で、約五五二メートルである。日本の度量衡では一里は約六四八メートルとやや長いが、宋制で約一四九〇キロメートル、日本制で約一七五〇キロメートルになり、いずれにしても数値は実数とは言えない。なお、『海東諸国記』（朝鮮王朝の対日外交手引書。申叔舟《しんしゅくしゅう》撰、一四七一年成立）の「道路里数」によると、博多から王城までは一八八〜二〇四里で、この場合の換算（一里は約三九二七メートル）では約七四〇〜八〇〇キロメートルとなる。ちなみに、現在のＪＲ線では京都―博多間は約六六〇キロメートルである。

要するに、⑨⑬では日本と宋の遠隔さを強調した回答になっており、⑨の宋への入貢の少なさの原因として、宋と正式の外交関係を結ぶつもりがない日本側としては、距離や航海の困難さなどの物理的条件を掲げておくことで軋轢の少ない返答を示したものと位置づけることができる。

その他、⑪の神武以前の三代の治世数は『日本書紀』神武即位前紀の「一百七十九万二千七十余歳」という数字が、「中世日本紀」では「百七十九万二千四百七十六年」と正確に計算されているのと合致しており（『倭姫命世紀』『帝王編年記』など）、そうした先駆的史料として重要であることも留意される。⑪ではまた、始祖神を『日本書紀』の国常立尊とするが、奝然の「王年代紀」では『古事記』『古語拾遺』などの天御中主《あめのみなかぬし》を挙げており、「中世日本紀」では天御中主が重視されていくという過渡性も見受けられる。

⑭では宋側が日本が中国にどのような物品を求めていたかについて情報聴取を行っており、これは日本側の希求品例（『小右記』長元二年三月二日条、『新猿楽記』八郎真人条、『徒然草』第一二〇段「唐物は、薬の外はみななくとも事欠くまじ」など）との照合を行ううえで貴重な史料になる。⑮の日本の動物相に関しては、歴代東夷伝ではしだいに関心が低下していたのが、ここで詳細になっていることなど、興味深い点が多々あるが、ここらで分析を終えたい。

第四章

商客の来航と様態

朱仁聡と源信

朱仁聡の来航

朱仁聡《しゅじんそう》がはじめて日本に到来したのは、最初の入宋僧である奝然《ちょうねん》が帰朝に利用した鄭仁徳《ていじんとく》の来航とほぼ同時期と目され、最初期の来日宋商人のひとりであった。

朱仁聡の来日は二度で、

Ⅰは、永延元年（九八七）一〇月来着→同二年正月以降ごろに帰国、

Ⅱは、長徳元年（九九五）九月来着→長保四年（一〇〇二）秋ごろに帰国、

となっている。彼は複数回来航、その事績が比較的よくわかる事例なので、商客の活動状況を知る糸口として、朱仁聡の来航と行動について検討することからはじめたい。

朱仁聡Ⅰの到来事由や交易状況は不明であるが、前章末尾で触れた『往生要集《おうじょうようしゅう》』の付託に関して、『源信僧都伝《げんしんそうづでん》』（『大日本史料』第二編之二十三）には、西海道を頭陀《ずだ》した際にこの朱仁聡Ⅰと同船の宋僧斉隠《さいいん》と相遇して贈答したと記されている。

斉隠は朱仁聡Ⅱにも同船して再度来日しており、仁和寺《にんなじ》所蔵『法華経開題』所収至道元年

宋(北宋、960〜1126)は、北方に契丹、西北方には西夏の脅威があった。のちには高麗の北方にいた女真族が台頭して契丹を滅ぼして建国した金の圧力により、南遷を余儀なくされ、明州に首都を定め、これを慶元と称し南宋(1127〜1279)となる。

（九九五＝長徳元）四月付大宋国杭州奉先寺《ほうせんじ》伝天台智者教講経論僧源清《げんせい》牒（『大日本史料』第二篇之二）には、このときに源清が日本の天台教団に送付した経論を「僧斉隠士」に付託するとあり、『源信僧都伝』では「杭州銭塘湖《せんとうこ》水心寺沙門斉隠」とみえるので、遣唐使の時代から日本僧とのつながりがあった杭州寺院から派遣された人物と思われる。

『往生要集』の付託をめぐっては、朱仁聰Ｉと同時期に到来していた鄭仁徳・楊仁紹《ようじんしょう》なども関与したとする史料があり（『首楞厳院廿五三昧結縁過去帳《しゅりょうごんいんにじゅうござんまいけちえんかこちょう》』）、『往生要集』下巻末尾付載の正暦《しょうりゃく》二年（九九一）二月一一日付周文徳《しゅうぶんとく》書状には、周文徳なる宋商人が国清寺に奉納したことも知られる。

　後述の寂照《じゃくしょう》が入宋したとき、『往生要集』はたしかに国清寺に現存しており、日本では中国に広く流布・讃仰《さんぎょう》されていると喧伝されているが、後代に成尋《じょうじん》が入宋した際には、「国清寺より始めて諸州諸寺に往生要集流布せざるの由、これを聞く。大略務州請納して流布せざるか。日本において聞く所と全く以て相違せり」という状況であって（『参記』巻四熙寧五年一〇月二五日条）、彼我の認識には差違が大きかった。

『往生要集』の付託状況や中国での受容の有無に関しては究明すべき課題があるが、ともかくも朱仁聰はＩの来日時に源信になんらかのつながりを形成したのはまちがいなく、これを足がかり

北陸道・山陰道に来着・滞在する宋人

和暦	西暦	人名／来着・滞在地：出典／備考など
長徳1	995	朱仁聰／若狭：『百錬抄』九月六日条など／越前国に移動、後に大宰府へ
康平3	1060	林養・俊政／越前：『扶桑略記』七月日条、『百錬抄』八月七日条／朱仁聰の例に倣い、廻却→安置へ ※林養は後に「但馬唐人」と称される（『参天台五臺山記』巻一延久四年三月二三日条）
承暦4	1080	黄逢／越前：『帥記』『水左記』閏八月二六日条／孫吉（忠）の水手で、明州牒を携えて大宰府に来着するも、処置の報符を待たず出帆し、敦賀津に至る
永保2	1082	楊宥（楊忠）／越前：『十三代要略』八月八日条／『為房卿記』応徳二年七月四日条に「伯耆唐人」と見える
応徳3	1086	張仲ヵ／越前：『後二日条師通記』一一月一日条来着／『百錬抄』寛治二年一〇月一七日条で廻却→『後二日条師通記』閏一〇月七日条：幼主代初により安置へ
寛治3	1089	?／若狭：『後二日条師通記』一〇月一八日条／「若狭大宋国人被害事」と見える
5	1091	陳苛・堯忠／越前：『為房卿記』七月二一、閏七月二日条／敦賀津に来着
永長1	1096	?／能登：『後二日条師通記』一二月二七日条／「唐人到来」を申上
康和2	1100	黄昭／越前：『平安遺文』題跋編六四五号／敦賀津にて経論書写に雇用さる
嘉承1	1116	?／越前：『中右記』八月二八日条／「越前国解唐人来着状」あり
天永1	1110	楊誦／若狭：『永昌記』六月一一日条／越前国司の雑怠を注す2
2	1111	林俊／若狭：『中右記』一一月一九日条来着3
3	1112	?／越前：『中右記』一一月二日条／「越前国司言上唐人来着事」と見える
元永2	1119ヵ	?／越前：『平安遺文』四六七三・七四号／「敦賀唐人」あり

にⅡの来航が行われている。

朱仁聰Ⅱは、若狭国に来着したのが大きな特色である。日本では八世紀末に、出港地・海流の関係から基本的には北陸方面への到来を企図する渤海使《ぼっかいし》来日に対して、日本側の外交の窓口である大宰府に来着するように指示している（『続日本紀』宝亀四年〔七七三〕六月戊辰条）。

その後も渤海使は北陸方面に来航しているが、外交の窓口は大宰府というのが日本の基本的立場であり、一〇世紀前半に渤海が滅亡したあと、漂着による事例を除くと、この朱仁聰Ⅱが北陸方面到来の初例となる。

では、朱仁聰はなぜこうした港湾の存在を知ったのであろうか。そこにはやはり源信との交流が介在したと考えられる。源信は朱仁聰が敦賀津《つるがのつ》に来着したことを知ると、弟子の寛印《かんいん》とともに面会に赴いたという（『元亨釈書』巻五寛印条）。

このとき、仁聰の部屋の壁に画像が懸けてあり、これは婆那婆演底守礼神《ばなばえんていしゅれいしん》で、航海の守り神だが、それを知っているかと尋ねられた源信は、華厳経のなかの善財讃嘆偈《ぜんざいさんたんげ》を画像の上部に筆記しはじめ、その後半部は寛印に書くように指示したところ、これもすらすらと筆記したので、仁聰は二人の博識に驚嘆し、急いで椅子を勧めたという逸話がある。

敦賀津は都である平安京に近く、このとき、外国人が都の近くに到来すると、都周辺の状況を看取されることを危惧する見解も示されている（『小右記』長徳三年〔九九七〕六月一三日条）。それにもかかわらず朱仁聰Ⅱが都の近くに来航したのは、やはり源信との関係で、かつて西海道頭陀中に朱仁聰Ⅰと邂逅した源信が、そのつど大宰府下まで赴くことはできず、比叡山からも近い若狭・越前方面への来着を希望していたという事情が推定される。

今回の来航に際しては、中国天台宗の山外《さんがい》派の杭州奉先寺僧源清から、「新書五部」すなわち新作の経論がもたらされ、また経典書写・送付の依頼がなされていた（『法華経開題』所収至道元年〔九九五〕四月付源清書状）。源清が要望したのは仁王般若経疏・弥勒成仏経《みろくじょうぶつきょう》などであり、これらはのちに山家《さんが》派の知礼《ちれい》が要請した仏書と同じであるから、中国の天台宗側で等しく逸書の収集に努めていたことがうかがわれる。

宋側の「新書」はいずれも「其の文膚浅《ふせん》」と評されているが（『元亨釈書』巻四勤修《ごんじゅ》・慶祚《けいそ》）、中国天台と日本天台の従来からの交流を維持する通交になった。源清の書状に対しては、大江匡《おおえのまさ》衡《ひら》作で天台座主覚慶《かくけい》の返牒が発給されており（『本朝文粋』巻一二「牒大宋国杭州奉先寺伝天台智者教講経論和尚」）、朱仁聰Ⅱはこうした天台教団の関係を仲介するものとして重要である。

商客の活動と紛擾

ただ、朱仁聰はこの目的のためだけに来航したのではない。まず朱仁聰が若狭守源兼澄《かねずみ》に対して陵礫を行った（あなどって踏みにじること、暴行を加えること）とあるのは（『日本紀略』長徳二年一〇月六日・一一月八日条、『小右記』同三年一〇月二八日条、『百錬抄』同一一月一一日条）、経緯不明で、若狭国への来着時、あるいは松原客院《まつばらきゃくいん》が存する越前国への移動（『日本紀略』『百錬抄』長徳元年九月六日条）にともなう紛擾《ふんじょう》かと思われるが、その刑決の行方もわからないので、措《お》くことにしたい。

このときに越前守として赴任したのが紫式部の父で学者として知られる藤原為時《ためとき》であり（長徳二年正月一八日任）、北陸道には外国人が来着することがあるので文人を任用するという慣例（『江家次第《ごうけしだい》』巻四除目《じもく》）に即したものといえる。為時は仁聰の一行の中の羌《きょう》（周）世昌《せしょう》という者と漢詩の交歓を行ったことが知られる（『本朝麗藻《ほんちょうれいそう》』巻下）。ただし、その詩文はのちに宋で「詞甚だ雕刻《ちょうこく》なるも、膚浅にして取る所無し」（言葉は華麗だが、内容に乏しい）と評されており（『宋史』日本国伝）、面目躍如とはならなかった。

なお、朱仁聰Ⅱの来航は「年紀相違せず」とされているが（『百錬抄』長徳三年一一月一一日条）、仁聰のつぎに北陸方面に到来した林養《りんよう》・俊政《しゅんせい》らはいったんは廻却に処せられたものの、漂着の由を申し、「長徳仁聴の例」に依拠して、後日安置を許されたといい（『扶桑略記』康平三年〔一〇六〇〕七月条）、仁聴とともに来航した建州の商客である周（羌）世昌は「風飄《ふうひょう》に遭ひて日本に至る」と記されているので（『宋史』日本国伝）、仁聴らも漂着を理由に北陸方面に至り、その点を認められて年紀制による規制の枠外で安置が許されたのではないかと思われる。ただ、若狭国司などとの紛擾もあり、以後、長らく北陸道への宋人来航が警戒・制約されることになるのであろう。

朱仁聴が国司と交わっているのは、到着地での審査とともに、官司先買権、すなわちまず官権との交易が優先され、その後に民間交易が可能になるというしくみによるものであった。朱仁聴は中宮（長保二年二月に皇后）定子《ていし》に進上した雑物、実際には売買した唐物の代金受納をめぐって係争を起こしていたことが知られる（『小右記《しょうゆうき》』長保元年〔九九九〕一一月一六日条、『権記《ごんき》』長保二年八月一七・二〇・二四日条）。

この段階では道長の女彰子《しょうし》は一二歳で立后《りっこう》したばかりで、一条天皇の寵愛はなお定子にあったから、朱仁聴はもっとも枢要な部分との関係形成を企図したと考えられる。また事情は不明ながら、石清水《いわしみず》八幡宮への貢献物も行っていた（『権記』長保元年七月二〇日条）。延暦寺だけでなく、有力な神社、とくに大宰府下に大きな勢威を有する宇佐八幡宮とも関連する石清水八幡宮とのつながりを持とうとしたことは、先駆的行為として注目される。

朱仁聰は、いつの時点かで越前国から本来の対外関係の窓口である大宰府に移動させられており、中宮・皇后宮との代金受領問題は大宰府を介して進められた。その方法は両者が相対で決済するのではなく、大宰大弐藤原有国《ありくに》（長徳元年一〇月一八日任〜長保二年任終）を中間にはさむもので、ここに齟齬《そご》の要因が生じている（『権記』長保二年八月二四日条）。

当時大宰府では、別の商客曾令文《そうれいぶん》への交易代金支払いをめぐって、金と米の換算レートに関する双方の意見調整も問題になっていた。当初、朝廷は金一両で米一石という「京の定《さだめ》」を適用しようとしたが、令文は三石を主張し、大宰府では一石五斗という妥協案を示したものの、令文は不満気であったので、二石と定めたという。ただし、米のみだと六〇〇〇余石の支払いが必要なので（当時は金が不足し、金三〇〇〇余両を用意できないので米での支払いがなされようとしたのであるが、今回は米の量も膨大になった）、絹で給付する方途も模索されている（『権記』長保二年七月一三日・一四日条）。こうした交易のレートを決めるのも、この時期が諸制度の定立の最初期にあたるためであろう。

藤原有国は家司《けいし》受領《ずりょう》、摂関家の家司を務めつつ、受領に任用されて経済面でも奉仕する存在の代表例のひとりで、のちには参議として公卿の列に加わり、勘解由《かげゆ》長官を兼帯して、地方行政・

受領功過《こうか》に通暁する人物として名を残している。

有国が朱仁聰への代金引き渡しを遂行できなかったのは、曾令文の問題に多忙であったこともあるが、中宮・皇后宮側からは「大弐、使者の商客と遇《あ》ふを制止し、ただ料金を検領し渡し行ふの間、商客、量欠を致せり」（大弐が使者と商客の対面を制止し、間に入って料金の引き渡しをしているうちに、商客のほうは金額の不足・欠損を申し立ててきた）と指摘されているので、そこには意図的な搾取があったと目される。この件は顚末が不明であり、おそらくは道長の指示などにより支払いが行われたと推定されるが、府官長と宋商人の関係や大宰府の交易実務上の役割などをうかがわせる事例として興味深い。

そして、朱仁聰らの帰国には滕木吉《とうもつきつ》なる日本人が随伴して渡海したことが知られる（『宋史』日本国伝・咸平五年〔一〇〇二＝長保四〕）。木吉は宋皇帝に日本情報（風俗や州名・年号など）を伝え、木製の弓矢を所持していたので射芸を披露させられたが、矢が遠くに飛ばず、日本は平和で戦闘に習熟していないと説明したといい、宋側は装束と銭を与えて帰国させたと記されている。彼は俗人で、藤原姓と目されるが、その具体的役割や派遣主体は不明である。

しかしながら、大宰府による出入国管理の下では、大宰府官長（官長は帥または大弐で、大宰府の最高責任者を示す名辞。長保四年時点では、これまた道長と関係が深い権帥《ごんのそち》平惟仲《これなか》）とその背後にある朝廷の実力者藤原道長の意思を忖度《そんたく》したものにほかならないと思われる。

ちなみに、朱仁聰Ⅱが長保四年まで滞在していたのは、交易・代金回収のため、そして「新書」に対する破文《はぶん》（批評の文）の完成を待っていたという事情が存する。もう少し滞留していると、源信の弟子寂照の入宋を同道することができたが、寂照は長保五年に「同人年紀有り。しかれども前般の商客曾令文未だ帰去せざるの間、用銛《ようかつ》去年廻却の後、幾程を経ずして、重ねて以て参来す。帰化の由を陳《の》ぶと雖《いえど》も、安置においては拠る無かるべし。旧制の符の旨に任せて、廻却すべきの由、報符を給うべし」と判断された福州商客上官《じょうかん》用銛（『権記』同年七月二〇日条）の帰船に同乗することになったと思われる。

ただ、本来は朱仁聰の帰船を利用する計画もあったのではないかと考えられ、つぎに寂照の動向を整理しておきたい。

寂照の渡海

寂照の入宋

寂照《じゃくしょう》は俗名を大江定基《おおえのさだもと》といい、参河守《みかわのかみ》となって任国に赴任した際に妻が死去し、その九相《くそう》を見て道心を起こしたこと（『続本朝往生伝』大江定基条）や、それに加えて風祭《かぜまつり》と称す猪屠殺の祭祀を見たこと（『今昔物語集』巻一九第二話）などを契機に出家し、寂心《じゃくしん》（慶滋保胤《よししげのやすたね》）に師事して修行生活にはいったとされている。

この出家の背景には、菅原氏と並ぶ学問の家柄である大江家に生まれながら、家業の継承者になることができなかった鬱積《うっせき》があるとする指摘もあり、さまざまな要素が出家という形に帰着したのであろう。寂心は長保四年（一〇〇二）に死去したので、寂心とつながりのあった源信《げんしん》の台宗問目二十七条を以て宋の知礼《ちれい》の答釈を得る使命、彼我の天台宗間の交流の大役をにない、また五臺山巡礼という、この段階での渡海僧には通有《つうゆう》の目的により、寂照は入宋を企図することになる（『善隣国宝記』長保二年条、『元亨釈書』巻一六寂照条）。

寂照の入宋は大いに評判になったらしく、後代の入宋僧成尋《じょうじん》の母も、娘時代の鮮烈な記憶として書き留めている（『成尋阿闍梨母集《じようじんあじやりははのしゆう》』巻二）。

むかし十五許《ばかり》なりしほどに、みかはの入道といふ人わたるとて、たうにゐてたてまつるぬひ仏、あつまりて人の見しに、「いかなる人ぞ」と人のいひしに、「をやをすてゝわたる、あはれ」など人いひし、なにともおぼえざりし。

寂照は母を残して渡海したようである。その情景を見ていた娘時代の成尋の母はなにも感じなかったが、延久四年（一〇七二）に六〇歳の成尋が入宋したとき、八五歳の自分が寂照の母と同じ境涯になって、その感慨がひしひしとわかるというのである。これは成尋の母が一五歳のときとあるので、まさしく長保四年の出来事であったことになる。

この寂照の長保四年の入宋については、「寂照、入唐の為《た》めに首途《しゆと》の事〈入唐を許されざる事〉」という史料が知られ（『小記目録《しようきもくろく》』第一六異朝事・長保四年六月一八日条）、この年の渡海は制止されたようである。上述のように、ここで発遣することができていれば、朱仁聡《しゆじんそう》IIの帰船での入宋が実現していたと思われるが、実際には翌長保五年八月の出帆となり（『扶桑略記』長保五年八月二五日条）、用銛《ようかつ》の船を利用したものと考えられる。

当初、朝廷が寂照の渡航を許可しなかったのは、奝然《ちょうねん》と弟子嘉因《かいん》の二度にわたる通交により、宋側が寂照を朝貢使と遇し、日本との公的通交樹立を期することが予見されたために、宋と定期的な朝貢関係を結ぶつもりがなかった朝廷は、そうした外交関係が発生するのを警戒したのであろう。

それにもかかわらず、寂照の入宋が認められたのは、彼を支援するもうひとつの大きな力、藤原道長の使命遂行という役割があった。

道長は、奝然帰朝時にはまだ若年（一八歳）であったためか、瑞像結縁には参加しておらず、摂関家の人間として入宋僧後援者の名声を得ることはできていなかった。彼にはまた、一切経論獲得への執着心があり、入宋僧の後援と摺本大蔵経の入手という二つの名分を寂照の渡海に期したしだいである。したがって寂照の渡海は、この道長の強力な希求に基づいてようやく実現したのであった。

寂照の入宋後の行状を記したものとして、「寂照大師来唐日記」があったようであるが（『善隣国宝記』寛弘三〔元ヵ〕年条、『参記』巻五熙寧五年一二月二九日条所引『楊文公談苑』）、逸文すら伝来しておらず、細かな旅程などは不明とせねばならない。寂照は宋・景徳元年（一〇〇四＝寛弘元）に当時の真宗皇帝に招かれて首都開封《かいほう》にはいり、面見している。これは宋側の日本に対する関心の高さをうかがわせるものであり、寂照は皇帝の下問に対して日本情報を伝え、紫衣《しえ》と円通大師の称号を賜り、また弟子たちにも紫衣が賜与されたという（『楊文公談苑』、『宋史』日本国伝）。

寂照は皇帝と面見後に上寺、開封の開宝寺《かいほうじ》の東院上方寺に滞在し、五臺山巡礼も遂げたようである。その後、彼は天台山国清寺に戻ることを希望したが、蘇州出身の丁謂《ていい》の招聘により、蘇州の普門寺《ふもんじ》に居住し、ついに日本には帰国しなかった。

開封滞在中の出来事として、伝承的ながら、宋の朝廷で宋僧と飛鉢《ひはつ》の法力を競い、日本の神仏の加護により見事に他を圧倒し、「日本の恥」にならなかったという話、瘡病《そうびょう》・穢気《えき》（身体に腫れものができ、不浄な状況になっている）の女性を湯浴させたところ、その女性は文殊の化身であったという話、また日本の清範《せいはん》律師の生まれ変わりである宋の皇子に出会った話などが知られる（『続本朝往生伝』、『今昔物語集』巻一九第二話・巻一七第三八話、『宇治拾遺物語』一七二〔巻一三ノ一二〕）。

周文裔・良史父子の動向

これらの伝承は、「寂照ノ弟子ニ念救《ねんきゅう》ト云フ僧ノ共ニ行タリケルガ、此ノ国ニ返リ語リ伝ヘタル也」「共ニ震旦《しんたん》ニ行タル人ノ返テ語ルヲ、聞キ継テ語リ伝ヘタルトヤ」と記されており、寂照はここに登場する弟子念救を帰国させ、在宋中の消息を故国に伝えようとしていたのであろう。

念救は土佐国出身で、長和元年（一〇一二）に一〇年ぶりに故国の地を踏み、長和四年にふたたび師の待つ宋に戻った。この間にも道長宛の書状が何度か届けられており、道長や他の貴族からの消息が送られている（『楊文公談苑』、『御堂関白記』寛弘二年一二月一五日条、『権記』同五年一二月一五日条）。こうした彼我往来・通信には宋商人の介在が不可欠であり、寂照の渡海を機に、彼我を仲介する新たな商客の活動が展開することになる。

念救の帰朝に随伴して来航したのは周文裔《しゅうぶんえい》Ⅰであり、当初頻繁な商客来着が問題とされ、放却すべしとの意見もあったが、三条天皇即位後の初来者ということで安置が認められている（『御堂関白記』長和元年九月二二日条）。周文裔は後年に右大臣藤原実資《さねすけ》に書状を呈し、進物を行ったとき、「弱冠（二〇歳）より今の衰邁《すいまい》に及ぶ」云々と記しているから（『小右記』長元二年〔一〇二九〕三月二日条）、二〇歳のころから来日を重ねていたことがうかがわれる。ただ、彼の年齢は不詳であったため、それがいつのことかはわからなかった。

しかし、近年、明代の崇禎《すうてい》年間につくられた『寧海県志《ねいかいけんし》』の巻一〇所収王澡《おうそう》撰「勅封魏国夫人施氏節行碑」（以下、「碑文」と略称）や『重修官塘周氏宗譜《かんとうしゅうしそうふ》』などの中国史料の「発掘」により、

周文裔・良史の略年譜

和暦	西暦	備考
応和2	962	周文裔、誕生（台州の周氏）
天元4	981	周文裔（20歳）、日本に来航し始める
寛和2	986	周良史、誕生。母は日本人女性
長和1	1012	周文裔Ⅰ、来日。念救の帰朝を送り、在宋僧寂照の消息を伝える
3	1014	周文裔Ⅰ、帰国。寂照の弟子念救の再渡海を随伴
寛仁4	1020	周良史（35歳）、施氏（14歳）と結婚。翌年に周弁が誕生（周弁、「生誕より父の顔を見ず」という） 周文裔Ⅱ・周良史Ⅰ、来日
万寿3	1026	周良史、名籍を関白藤原頼通に進上 周文裔Ⅱ・周良史Ⅰ、帰国。「日本太宰府進奉使」を称するも、国書がなく、不調に終わる
長元1	1028	周文裔Ⅲ・周良史Ⅱ、来日
2	1030	周文裔、右大臣藤原実資に献物を捧呈するが、返却される
5	1032	周文裔Ⅲ・周良史Ⅱ、寂照宛の関白藤原頼通書状を携えて帰国《帰路に漂没してともに死去か》

周文裔とその子良史《りょうし》の年譜が解明されており、私見を加えて略年譜を作成すると、右の表のようになる。

すなわち、周文裔が二〇歳ごろといえば、最初の入宋僧奝然が渡海するのが永観元年（九八三）で、上述のように、奝然は呉越商客の帰船で入宋を果たしており、まさしくこの時期であった。文裔は呉越国の領域で、天台山が所在する台州の出身であったから、呉越国と日本との通交以来の人脈の一員として、日宋通交最初期に宋商人としての経歴を積み重ねはじめたわけである。

宋船には数十人から一〇〇人くらいの乗員がいて、綱首《こうしゅ》（船頭）・梢工《しょうこう》（舵取り）・雑事《ざつじ》・部領《ぶりょう》などの役職者や水手などの職階があったから（『朝野群載』巻二〇所収崇寧四年〔一一〇五〕六月公憑《こうひょう》）、文裔も当初はその他大勢の人徒として到来、経験を重ねたうえで綱首として一船を引率するまでになっていくのであろう。

そして、奝然は寛和二年(九八六)に鄭仁徳《ていじんとく》の船で帰朝しており、これが良史の生年と合致する。良史の母は日本人であり（『小右記』万寿三年〔一〇二六〕六月二六日条）、後年に周文裔Ⅱの副綱となる章承輔《しょうじんぽ》の二男章仁昶《じんえい》の母も日本人であったというから(『小右記』万寿四年八月三〇日条)、こうした日本人女性との国際結婚の事例が複数存したことが知られる。

つぎに碑文の文面を示すと、つぎのとおりである。

孺子《じゅし》施氏は、四明《しめい》の人なり。故府君周公《ふくんしゅうこう》、諱《いみな》は良史の妻にして故宣徳郎贈少師《せんとくろうぞうしょうし》、諱は弁の母なり。今、台の寧海県東四十里に嶴《あう》有り、数山の間に介し、清渓は其の前を周し、大海は其の外に環る、水石参錯《さんさく》し、桑麻蓊鬱《おううつ》す。其の中周氏の居多し、蓋し其の故第なり。施氏、四明において望族《ぼうぞく》たり、孺人に容色性行有り、其の家慎みて配する所を択ぶ。時に府君官学を事とせずと雖も、而《しか》れども能文を以て称さる。郷に居りて慷慨《こうがい》、器度有りて、賙給《しゅうきゅう》を喜ぶ。人頗る長老に推し、故に施氏以てこれに帰《とつ》ぐ。周の先、嘗て大舶を総《す》べて、海上に出づ。府君至孝にして、其の家を離るるを肯《がえん》ぜず、孺人を納むるの明年、其の父に侍して日本国に適《ゆ》く。去くこと三月にして少師を生む。後七年にして府君の哀訃至り、少師生まれ、既に府君を見るに及ばず。（下略）

周文裔の息子周良史は「官学に入学したわけではないが、文章が上手であった」とされ、宋でもそれなりに読書人としての教養を積んでいたようであるから、周文裔Ｉの来航以前の若年の段階で宋にわたって、彼の地で生育されたものと推定される（文裔は日本との往来に多忙なので、周氏一族が養育か)。そして、三五歳のときに明州の施氏《せし》(一四歳)と結婚、翌年には周弁が誕生しているが、この年に良史は父文裔とともに商客として日本に行き(周文裔Ⅱ・周良史Ⅰ)、周弁は「誕生してから父の顔を見たことがなかった」というから、日宋通交の多忙さのためか、良史はついに妻施氏・息子周弁と会うことはなかったのであろう。

なお、良史が明州の施氏と結婚したのは、明州には日本方面への交易・渡航を管理する市舶司が所在しており、この明州に拠点を築くために必要であったという事情が勘案される。

周良史の商客デビューというべき周文裔Ⅱ・周良史Ⅰは、「年紀幾ばくならざれば、須《すべか》らく廻却に従ふべし」との意見もあったが、「当今の徳化に感じて参来」の旨を述べたので、安置が認められている(『小右記』寛仁四年〔一〇二〇〕九月一四日条)。

これは宋商人の来航を「朝貢」と位置づけ、日本天皇の徳化が広く海外に及んでいるという日本中心主義的立場に基づく外交論理である。このときにはまた、大宰府に対して宋人の容貌や服装を彩色画で提出すべきことが令されており(万寿四年八月三〇日条も参照)、これは外国人の到来に際して、その所在地や風俗・慣習を尋問し、図像などの提出を規定した公式令遠方特俗条《くしきりょう》に依拠した措置で、帝国法である律令の論理に基づく通交形態を墨守しようとしていたことがうかがわれる。

周良史や章仁昶は日本人の母に会し、孝養を尽くすという名目でも入国許可を求めており、これも彼らの頻繁な来航を正当化する理由となった。彼らは日・宋両方に拠点を有する境界人（マージナルマン）であり、周文裔らの国際結婚は日本での人脈・拠点形成に有効であったといえよう。

念救の用務

長和四年（一〇一五）になると、念救《ねんきゅう》はふたたび宋に向かって師寂照《じゃくしょう》のもとに戻るべく、日本での用務を片付け、渡海の準備を進める。まず寂照・元燈・念救・覚因・明達ら五人の度縁《どえん》に請印がなされた（『日本紀略』長和四年五月七日条）。寂照一行は得度証明書である度縁を携行せずに入宋したらしく、これには公的な外交関係形成を回避するために、国家公認の僧という身分をあえて伏せたという事情も推定されている。

ただ、宋では僧尼身分を証明する度縁が重視されており、彼らの滞留には日本の度縁が不可欠になったようである。そこで、朝廷では能書の者を選び、白色紙に書き、朱砂《しゅしゃ》で捺印した美麗なものを作成し、宋に日本の美的レベルの高さを誇示しようとしている。藤原道長らが寂照に送った書状は、宋側の検閲下に置かれていたらしく、一五九ページで述べたように、その内容が『楊文公談苑』に掲載されていた。そこには、「中土の能書の者、また及ぶこと鮮《すくな》し」(中国の能書の人でもその技量が匹敵する者は少ない)とあり、日本の書道が評価されたことが知られる。

念救帰国の使命は、

①道長への報告、

②宋の天台山から日本の延暦寺への連絡を伝達、

③「大宋国智識使」(『小右記』長和四年六月一九日条)として、日本の諸貴族の結縁を募る、

といった事柄に整理できる。

①に関しては、帰朝時に道長に摺本の『白氏文集《はくしもんじゅう》』や『天台山図』などを献上しているが、一切経の入手は未達成である旨を伝えたと思われる。③とも関連して、道長は天台山大慈寺(国清寺と並ぶ戒壇が存し、国清寺戒壇は隋の煬帝《ようだい》、大慈寺のは南朝陳の宣帝の建立という)修造の料物として、諸々の物品を贈るとともに、寂照に対して砂金一〇〇両を送付して一切経論入手の資とすべきことを伝達している(『御堂関白記』長和四年七月一五日条)。

念救に付したる書様《かきよう》

日本国左大臣家、施送す。

木槵子《むくろじ》念珠陸連〈四連は琥珀《こはく》の装束、二連は水精《すいしょう》の装束〉。螺鈿蒔絵二蓋厨子壹双。蒔絵筥弐合。海図蒔絵衣箱壹双。屏風形軟障《ぜじょう》陸条。奥州貂裘《ちょうきゅう》参領〈長二領、一領〉。七尺鬘壹流。砂金佰両〈蒔絵の丸筥に入る〉。大真珠伍顆。橦華布《どうかふ》拾端〈印在り〉。

右、大宋国天台山大慈寺の伝疏《でんそ》に依りて、施送すること件《くだん》の如し。

長和四年七月七日知家事《ちけじ》右衛門府生従七位上秦忌寸貞澄《はたのいみきさだずみ》

令従五位下行修理少進良峯朝臣行政

従大主鈴正六位上語公貞世

別当

大書吏

知家事

この道長の結縁に追随して、諸貴族も念救に知識物を付託しており、藤原実資は倭織物を表敷にした大螺鈿鞍を提供したという。これらはすべて道長の下に集められ、全体の目録を作成して、宋に送られる手筈になっていた。

②については、以前に天台山から牒状や智者大師御影像、説法時の如意（孫の手）、御袈裟などの品々を受納した座主覚慶《かくけい》（長徳四年〔九九四〕一〇月二九日任）が長和三年一一月二三日に死去し、座主の交替があったことで問題が生じている。

新任の慶円《けいえん》（長和三年一二月二五日任～寛仁三年〔一〇一九〕七月二一日辞）はその存在を知らされておらず、覚慶の弟子でのちには天台座主になる院源《いんげん》（寛仁四年七月一七日任～万寿五年〔一〇二八〕五月二四日死）の下に留置されていたため、念救が返牒作成を要請しても、事情がわからないという齟齬が起きた。

道長は院源を叱責して、品々を座主慶円に引き渡すことや返牒送付にともなう答金一〇〇両は僧綱らが工面すべきことを指示しており、一応は宗教界同士の交流であるという立場をとっている。ただ、答金の額決定には道長が関与しており、答金が不足するときは朝廷からの補塡を考慮し、返牒作成にも文章博士を充てるなど、彼我通交を主導する熱意が看取されるところである（『小右記』長和四年七月二一日条）。

摂関家と商客

周文裔Ⅱ・周良史Ⅰの来航

念救《ねんきゅう》は、大宰府から上京していた府官（監・典《さかん》クラス。在地有勢者を登用）で肥前国神埼御庄司である豊島方人《としまのかたひと》に随伴して下向し、周文裔《しゅうぶんえい》Ⅰの帰船で再度入宋、以後は故国の地を踏むことなく、寂照《じゃくしょう》らとともに宋に留まったようである。

いっぽう、周文裔は息子良史をともなって、刀伊《とい》の入寇の翌年、寛仁四年（一〇二〇）八月に船二艘でふたたび日本に来航している（周文裔Ⅱ・周良史Ⅰ）。

一艘は綱首が周文裔、章承輔《しょうじんぽ》が副綱であった。章承輔と日本人妻との所生子章仁昶《じんえい》も同行したらしく（章仁昶Ⅰ）、彼は、今回老耄《ろうもう》ゆえに日本に留まった父、そして母に孝養を尽くすためと称して、帰国後すぐに福州商客陳文祐《ちんぶんゆう》の副綱として連年の参来を企図している。この陳文祐はやはり章仁昶とともに帰国していたことが知られるから（『小右記』万寿四年八月三〇日条、陳文祐Ⅱ・章仁昶Ⅱ）、今回のもう一艘の綱首は陳文祐であったと目されよう（陳文祐Ⅰ）。

一六三ページで述べたとおり、周文裔Ⅱ・周良史Ⅰは年紀制に違反していたが、後一条天皇即位後に来着した最初の宋商人であったため、安置が認められている。彼らはまた、公憑《こうひょう》（宋の渡航許可証）を所持していたが、大宰府がその正文《せいもん》ではなく、案文《あんもん》（写し）を進上したことは、厳密には規律違反であった。

商客解文《げぶみ》、つまり周文裔らが来由などを説明した上申文書は、冒頭には「大宋国」とあったが、年号は「唐天禧四年（一〇二〇）」と注記されており、これは首尾一貫しない表記ではあるものの、日本側の「唐」理解（王朝交替とは関係なく、中国一般を指す用法）に合わせたものなのかもしれない。

ともかくも、周文裔Ⅱ・周良史Ⅰは入国を許され、その後朝廷から唐物使《からものし》が派遣され、代金支払いのために返金使が下向したことが知られるので（田中勘兵衛旧蔵・中野重孝氏所蔵の大手鑑中の『後朱雀天皇日記』長元七年〔一〇三四〕正月一〇日条逸文、『小右記』治安三年〔一〇二三〕四月一〇日条）、大宰府で交易が進められたのであろう。

また藤原実資の下にも高田牧司《たかだのまきのつかさ》や大宰権帥源経房《つねふさ》・大宰大弐藤原惟憲《これのり》からの志送品が届いており、唐物の送付もあったと目される。

今回の彼らの来航では、周良史が関白藤原頼通《よりみち》に名籍《みょうじゃく》を捧呈し、五位叙爵を申請したことが注目される（『小右記』万寿三年〔一〇二六〕六月二〇日条、『左経記《さけいき》』同年七月一七日条、『宇槐《うかい》記抄《きしよう》』仁平元年〔一一五一〕九月二四日条など)。名籍(名簿《みようぶ》)捧呈は君臣関係の設定、臣従の証しであり、上述のような唐・宋商人の来航を「朝貢」と位置づけ、国家的使節に擬して大宰府鴻臚館《こうろかん》などで安置供給する仮想的関係を、本当の君臣関係に転化し、より緊密な関係を築くものである。

周良史の母は日本人だったから、良史には日本への帰属意識を正当化する論拠があり、さらに贖労解文《しよくろうげぶみ》、すなわち実際の官人としての勤務に代えて金銭納入などにより勤務評定にあずかることを求めた文書を提出し、桑糸三〇〇疋を献上して国用位記(国家の用務を資するために物資などを提供し、その見返りに位階を与えられた際に発給する位記)を得ようとしたという。

またもし今回の希望がかなえられなければ、明後年に再来して、錦・綾・香薬などを献上すると述べたとの報もあり、この宣言どおりに周文裔Ⅲ・周良史Ⅱは二年後の長元元年(一〇二八)に来航することになる。

頼通は贖労解文は返却したが、砂金三〇両を賜与し、大内記橘孝親《たかちか》作の書状を下付しており、名籍は受納してしまったらしい。藤原実資や源経頼《つねより》は、「遥かに聞くに、貪欲にして経略有るか、徳化と謂《い》ふべからず」と看破しており、「世以てこれを難ず」という非難の声を伝えている。周良史の名籍捧呈を取り次いだのは源俊賢で、彼は寛弘の四納言のひとり、藤原実資とも仲がよく、賢人と目されていたが、姉妹の明子《めいし》が道長の妻になっており、道長とも密接な関係を築いていた。今回の来着時の大宰権帥源経房が兄弟であったことも、周父子との仲介の要因であろう。

ともかくも、この名籍捧呈により権力中枢部の有力者との公然たる関係を確立し、頻繁な彼我往来や交易の便宜確保を図ったのであり、以後、さまざまな要枢者、あるいはその他の人びとと商客が交流する事例が散見することになる。周文裔Ⅲが右大臣藤原実資に書状（後掲一七六ページ）を付託しようとしたのも、同様の目的に基づく行為であろう。

日本国大宰府進奉使とその周辺

この名籍捧呈ののち、万寿三年八月一三日に周文裔Ⅱ・周良史Ⅰは帰国の途についた。周良史と摂関家との関係形成はさらなる波紋を広げる。

すなわち、周良史は、「日本国太宰府進奉使」を称して、明州をつうじて宋皇帝に日本の土産品を進奉することを企図したのである（『宋史』日本国伝、『続資治通鑑長編《ぞくしじつがんちょうへん》』天聖四年〔一〇二六〕一〇月庚辰条、『宋会要輯稿《そうかいようしゅうこう》』巻四四市舶司）。

彼は「本府都督の命」、つまり大宰大弐藤原惟憲《これのり》の意を受けたと述べたが、明州市舶司は、「本国表章」、上表文がないので皇帝に奏上できないと判断し、宋朝廷もこの措置を是としたので、

清明上河図(第13・14図)　アーチ状の橋と店舗のようす。人びとの賑わいや河川を上下する船を描く。伊原弘編『「清明上河図」をよむ』より

良史の計画は実現しなかった。

　おそらくは日本からの進奉使を名乗ることで交易に対する関税を免除されるという経済的利点とともに、宋側の返書を携えてすぐに日本に向かうという名分を得て、彼我往来の正当性を獲得することを狙ったものと思われる。

　周良史の計画はうまくいかなかったが、それでも進奉品を通常の交易品として買い上げてもらうことはできた。またこの計画には当然、大宰大弐藤原惟憲も関与しており、彼は大弐退任時に、「九国二島の物、底を掃いて奪取す、唐物もまた同じ」と非難されている（『小右記』長元二年七月一一日条）。

『古今著聞集《ここんちょもんじゅう》』巻三―八二「大江匡房《まさふさ》道非道物を各一艘の船に積む事」には、「大宰権帥になりて任におもむかれたりけるに、道理にてとりたる物をば、

清明上河図(第22・23図) 張擇瑞の作画。12世紀、中国北宋代末期の都市的情景を描いた名作で、全27図。この画面では、ラクダも行き交う都市の賑わいを描く。

舟一艘につみ、非道にてとりたる物をば、又一艘につみてのぼられけるに、道理の舟は入海してけり。非道の舟はたひらかにつきてければ」とあり、これは道理がとおらない世の中を悲嘆する話であるが、匡房の場合は非道の舟が軽く、道理の舟のほうが重かったので入海したと解釈すれば、大宰府官長には膨大な収益があったことを示すものといえよう。

惟憲はまた、藤原道長・頼通に奉仕する家司《けいし》受領《ずりょう》としてもよく知られており、上述の周良史の名籍捧呈と合わせて、ここには摂関家の意思が働いていたと目される。

時は道長の最晩年に近く(万寿四年一二月四日薨去)、頼通の主導かといえば、道長死後のことであるが、頼通は「殺人の上手」と評され、道長に重用された源頼親《よりちか》や、摂関家領島津荘の成立にかかわる大宰大監《だいげん》平季基《すえもと》の大隅国における濫行《らんぎょう》を隠蔽しようとした惟憲（『小右記』長元二年九月八日条）など、父の代から仕えてきた豪腕者を排除する傾向が看取され、やはり寂照《じゃくしょう》を介した一切経入手などを希求する道長の企図の方が強いのではないかと考えられる。

そして、「日本国太宰府進奉使」周良史には日本からの同行者がいたと目されることに注目したい。それは陳文祐Ⅱ・章仁昶Ⅱの来航に随伴して帰朝した者がいたことによって知られる（『小右記』万寿四年八月二七日条）

大外記頼隆《よりたか》云く、去年慮外に唐船に乗り入る者〈志賀《しが》社司と云々〉、此の度の船に乗りて帰去す、と。希有の事也。

志賀社は筑前国糟屋《かすや》郡に所在する延喜式内社志加海《しかうみ》神社で、志賀白水郎《あま》など海部《あまべ》の一大拠点にあって、古くから海上交通・交易に従事する人びとの信仰を集めていたと考えられる（『万葉集』巻七―一二三〇など）。

志賀社司が海外交易に携わっていた可能性はすでに指摘されているが、ここではさらに志賀社司が渡海した理由として、周文裔や章承輔の日本人妻、つまり周良史や章仁昶の母方の一族であった蓋然性を憶説として呈示してみたい。周文裔・周良史父子はこうした北部九州の在地勢力と宋商人との密接なつながりを知ることができる先駆的事例としても留意すべき存在である。

最後の来航

進奉使による通交企図が失敗したためか、陳文祐Ⅱ・章仁昶Ⅱには大宰大弐藤原惟憲と唐物をめぐる紛擾があり、その最中の長元元年（一〇二八）八月一五日に周文裔Ⅲ・周良史Ⅱは対馬に来着、ついで筑前国怡土《いと》郡北埼に到着したが、惟憲は商客到来をなかなか申上しようとしない。ここには進奉使計画をめぐる両者の思惑の齟齬がかいまみられ、惟憲は周良史らの責任を追求、予定されていた充分な唐物の供出を迫ったのではないかと思われる。

そこで、周良史らは旧知の盛算《せいさん》を介してこの状況を朝廷に伝えてもらい、ようやく来着を知らせることができた（『小右記』長元元年一〇月一〇日・一一月二三日条）。

盛算は奝然《ちょうねん》の入宋に同行した経歴を持ち（『平安遺文』題跋編一四七号大仏頂陀羅尼一巻）、長和五年（一〇一六）三月一六日に奝然が示寂《じじゃく》したあと、栖霞寺《せいかじ》の釈迦堂を清涼寺と号し、奝然が宋から将来した釈迦像をここに安置したといい、これが清涼寺のはじまりである（『清涼寺縁起』）。宋・五臺山にならった清涼寺の整備には時の権力者の助力が不可欠であり、奝然の遺弟、おそらくは盛算が中心になり、寛仁二年（一〇一八）正月一五日に藤原道長が熱望していた一切経が奉献され、二条殿の西廊に安置されている（『御堂関白記』）。

この一切経は最終的には法成寺《ほうじょうじ》に納められることになる（『日本紀略』『左経記』治安元年八月一日条、『参記』巻七熙寧六年三月二三日条）。盛算は寛仁三年三月五日に清涼寺阿闍梨《あじゃり》に任じられており（『伝法灌頂雑要鈔』三・裏書〔『大日本史料』第二編之十四、一七〇～一七一頁〕）、道長への接近の成果は大きかった。

今回、周文裔は上述した右大臣藤原実資への書状付託を行っており、実資宛の書状・献物とともに、「進上太政官、大宋国商客周文裔、謹封」と記された太政官宛の表文が届けられたという（『小右記』長元二年三月二日条）。

《文裔の書状》

大宋国台州商客周文裔誠惶誠恐頓首謹言。言上案内の事。

右、文裔、去る万寿三年七月を以て聖朝を辞し、本国に帰せり。復《ま》た今秋九月を以て参来す。是れ即ち徳化の涯《はて》無きを仰ぎ、忠節の有終を冀《ねが》わんがためなり。抑も弱冠より今の衰邁に及びて、伏して殿下の徳声・政誉を聞き、其の来ること久し。然れども貴賤は殊有り、名を達するに路無し。奉仕の願いを存ずと雖も、未だ犬馬の数を顕らかにせず。蓋《けだ》し声威の貴きを恐れ、徒《いたずら》に多廻の春秋を送るなり。已往《いおう》の咎、追って悔ゆるも何の益あらん、但し此の度は旧望を遂げんと欲す。仍《よ》りて特に寸誠を写し、恭みて高聴を聞かん、伏して恩遇を垂れ、愚裏《り》を明鑒《めいかん》せん。以て進む所の表章、乞うらくは関白相府に達し、次いで天聴に奏されんことを。然る後に早く勅使を申し下し、貨物を検納されん。是れ国家、久参《きゅうさん》の勤めを念《おも》い、異俗、老来の幸いに感ずるなり。不宣。

文裔誠惶誠恐頓首謹言。

万寿五年十二月十五日　　商客文裔儔且《ちゅうかつ》。

進上右相府殿下。

　件の書の奥に解文を巻き加う。

《文裔の進物目録》

進上す。

翠紋花錦壹疋。紋緑殊錦壹疋。大紋白綾参疋。麝香弐臍《さい》。丁香《ちょうこう》伍拾両。沈香佰両。薫陸香弐拾両。可梨勒《かりろく》拾両。石金青《せきこんじょう》参拾両。光明朱砂伍両。色色餞紙《いろいろのせんし》弐佰幅。糸鞋《いとぐつ》参足。

右、件の土宜、誠に陋尠《ろうしょう》と雖も、縁礼に備えんがため、進上する所件の如し。

万寿五年十二月十五日　宋人周文裔儔且。

進上右相府殿下。

実資は太政官宛のものは朝廷に提出し、自分宛の献物は返却したので、これに対して周良史は、「本意無きと雖も、亦近代希有の事也。亦盛んならずや。所謂《いわゆる》何代賢無からんとは、其れ斯れなり」と評したとあり、この書状は盛算の下に送付されている（同年八月二日条）。

盛算は長元四年以前に死去するようであるが、栖霞寺には大宋商客良史が附属《ふしょく》した文殊像が残っていたといい（長元四年三月三〇日条）、盛算と周良史の密接な関係がうかがわれる。おそらくは父文裔ともつながりがあり、若き日に奝然に随行して彼我往来した際に、若き文裔と知己になっており、父子二代にわたる人脈を構築していたのではないかと思われる。

さて、周文裔Ⅲ・周良史Ⅱは、上述の周良史の宣言・予告にもかかわらず、やはりこのような短い間隔での来航は問題であり、廻却（帰国）と定められたが、「聖化に感じて頻《しき》りに参来の間、已に土民の如し」との申し状に、哀憐すべき旨が伝えられ、「海安を待つの間」はしばらく滞在を許可し、貨物は返却しない、つまり交易活動も認めるという判断になった（『小右記』『左経記』長元元年一一月一九日条）。

その後、周文裔の右大臣藤原実資への書状捧呈、朝廷への勧賞《かんしょう》要求（『小記目録』第一六異朝事・長元二年四月二五日条）などがあり、長元四年には唐物進上記事が散見し（『左経記』同年五月一七日条、『小右記』九月六日条）、長元五年一〇月八日にも「宋人周文裔等申しし金少数の事」（『小記目録』第一六異朝事）と、交易代金の紛擾が知られるので、どうもその後安置に切り替わったのか、滞在が続いている。

長元五年一二月二三日に藤原道長宛の寂照書状に対する返事を、万寿四年一二月四日薨去の道長に代わって頼通が付託するという記事があり（『日本紀略』）、周文裔Ⅲ・周良史Ⅱは寂照との連絡を仲介するという名目で到来したことが知られるとともに、この頼通書状を受納して帰国の途についたものと思われる。

以上を要するに、周文裔・周良史父子は長期にわたる交易活動への従事、みずからの船としては三度の来航を果たし、摂関家を頂点とする朝廷諸方面や有力寺社、また大宰府周辺の有力者との関係を構築して、さらに世代を越えて交易を展開する基盤を整備しつつあった注目すべき存在と位置づけることができる。

彼らのその後は日記史料の欠如によって不詳とせねばならないが、上述の碑文の記載には周良史と妻施氏の所生子周弁《しゅうべん》が治安元年（一〇二一）に誕生してから、「後七年にして府君の哀訃至り」

とあるから、長元元年（一〇二八）に周良史の訃報が届いたことになる。

しかし、日本側の史料では、この年は周良史Ⅱの来航があり、日本での活動が知られる。この点に関しては、妻施氏の周弁懐妊後、周良史Ⅰの日本来航があり、周良史Ⅰの帰国時には進奉使問題もあって、周良史は周弁と対面することなく、周良史Ⅱとして日本に渡海、おそらくはこの帰路に漂没して死去したことを示しているものと解される。

したがって周文裔・周良史はせっかく築いた人脈をさらに活用することなく、生涯を終えてしまうのであり、これも彼我往来に付随する不測のひと齣《こま》であって、宋商人の来航と様態を構成する重要な要素として考慮しておくべきものである。

第五章

日本朝廷の対外政策

年紀制による統制

年紀制とは

前章では朱仁聰《しゅじんそう》、周文裔《しゅうぶんえい》・周良史《りょうし》父子など、ちょうど藤原道長執政期に活動する宋商人の来航の様態を整理した。では、こうした宋商人到来の本格化に対して、日本朝廷はどのような方策・対外姿勢で臨んだのであろうか。

日宋貿易に関するかつての有力説では、一〇世紀末〜一二世紀は「受動的貿易の展開」の時代と位置づけられ、一二世紀末の平氏政権にいたって「能動的貿易の展開」がはじまるという流れの前段階と目されていた。

当該期が「受動的」といわれる所以として、「年紀《ねんき》制」による宋商人の来日規制や、「渡海制」による日本人の海外渡航規制が存したことが挙げられる。しかし、前章で触れたように、藤原道長執政期にはある程度柔軟に商客に対応していたと目され、また宋との通交の企図もうかがわれる。そこで、ここではこうした日本側の法制とその実態、また対外政策のあり方を考察したい。

日本側では、宋商人来着時にその安置供給の可否を定めることが行われており（唐人来着定《とうじんらいちゃくさだめ》）、

その際に年紀制遵守の有無が話題になっている。この年紀制は『貞信公記《ていじんこうき》』天慶《てんぎょう》八年（九四五）七月二九日条に、

　中使好古《よしふる》朝臣来り、延喜十一年制の後、唐人来着度々の符案を見しむ。即ち奏せしめて云く、期限を過ぎたれば、早く安置すべき也。

とあり、「延喜の比《ころ》年記を定めらる」（『帥記《そちき》』治暦《じりやく》四年〔一〇六八〕一〇月二三日条）、「起請年記」「起請の期」（『朝野群載』巻五延久二年〔一〇七〇〕一二月七日陣定定文）などと認識されているので、延喜一一年（九一一）に宣旨・官符などの形で規定されたことがうかがわれる。ただし、その年限は不詳であり、前章でみたいくつかの事例には連年の来航が非難されているので（その他、上掲延久二年陣定定文、『中右記』元永元年〔一一一八〕二月二九日条など）、二～三年を空けてから来航すべしという内容ではなかったかと推定されてきた。

しかし、近年になって、一一世紀末の故実を伝えたと目される『参議要抄《さんぎようしょう》』下 陣役事・僉議《せんぎ》要事（『群書類従』七）におけるつぎの記載、

唐人来朝の年数、上古は三十年にして、粮料三百石を給ふと云々。中古は十余年にして、粮料百石を給ふと云々。

に着目して、「上古三十年」は措くとして、宋商人が実際には六・七年間日本に滞在して帰国、二〜三年を空けて来航するという形態をとっていたという新たな往来・滞在の実相が解明されたことをふまえて、来航時を起算とすれば、「十余年」はあながち理不尽なものではなく、年限を一〇年程度とする有力な見解が呈されている。

この説明では、宋商人は長期間日本に滞在すれば、次回の来航をすぐに行うことが可能になるという利点も指摘されており、長期間滞在の必要性、またこの長期滞在型から短期往来型への変遷に、後述の大宰府をめぐる交易環境の変化や一一世紀中葉以降の宋人居留地「唐房《とうぼう》（坊）」の形成（二四四ページ）などを展望している点でも興味深い。

商客の来航形態と年紀制

前章で検討した朱仁聰、周文裔・周良史父子らは、旧説ではそれぞれ七回、四回・三回の来航が数えられていたが、前章ではすでにこの新説に依拠して、来航形態を説明している。彼らの来航→滞在→帰国の状況を改めて整理すると、つぎのようになる（《〇年》は前回の来着時からの経年を示す）。

○永延元年（九八七）朱仁聰Ⅰ来着〔→永延二年（九八八）帰国〕―《八年》→長徳元年（九九五）朱仁聰Ⅱ来着…漂着を称し、年紀制の対象外たることを企図か（『百錬抄』長徳三年一一月一一日条、康平三年八月七日条）〔→長保四年（一〇〇二）帰国〕

○長和元年（一〇一二）周文裔Ⅰ来着…「商客参入等の事年紀有り、而して頻《しき》りに参来せば、穏便に非ずと雖も、須《すべから》く放却せらるべし」だが、三条天皇即位後の初来により安置（『御堂関白記』長和元年九月二二日条）〔→長和四年（一〇一五）帰国〕―《八年》→寛仁四年（一〇二〇）周文裔Ⅱ・周良史Ⅰ来着…年紀違反だが、後一条天皇即位後の初来により滞在を認める（『小右記』寛仁四年九月一四日条）〔→万寿三年（一〇二六）帰国〕―《八年》→長元元年（一〇二八）周文裔Ⅲ・周良史Ⅱ来着…年紀違反により廻却（『小右記』『左経記』長元元年一一月二九日条）、後日安置に変更か〔→長元五年（一〇三二）末頃帰国〕

後代の事例であるが、日明貿易では明側の日本船来航間隔は足かけ一〇年で、前回の遣明船の寧波《ニンポー》入港から次回の遣明船の寧波入港が一〇年間隔であることが明らかにされており、年紀の起算が前回の帰国時からではなく、来着時から数えられる点は通有の計算方式として支持したい。

　では、年紀制の年限はどうであろうか。朱仁聰らの事例では八年だと年紀違反と判定されているから、年紀制の年限は八年以上であることはまちがいなく、『参議要抄』には「中古十余年」とあるので、新見解では一〇年前後という数字が想定されているが、やや曖昧である。すでに簡単な指摘もなされているが、私はつぎのような点を勘案して、年紀制の年紀は一紀＝一二年と解すべきであると考える。

　ひとつには前々章（一一〇～一一三ページ）で検討した呉越商人蔣承勲＝蔣袞の来日形態である。

○承平五年（九三五）九月蔣承勲Ⅰ来着〔↓天慶三年（九四〇）七月頃帰国〕―《一〇年》
↓天慶八年（九四五）六月蔣袞Ⅰ（蔣承勲Ⅱ）来着…「期限を過ぎたれば、早く安置すべし」（『貞信公記』同年七月二九日条）〔↓天暦元年（九四七）閏七月末以降に帰国〕―《六年〔一六年〕》↓天暦五年（九五一）蔣承勲Ⅲ来着か〔↓天暦七年（九五三）七月以降に入呉越僧日延を随伴して帰国〕

上述のように、蒋袞Ⅰ＝蒋承勲Ⅱなのであるが、この蒋承勲Ⅱが蒋袞という名乗りで来航せねばならなかった理由として、蒋承勲Ⅰと今回の蒋承勲Ⅱの間隔では一〇年となり、これでは年紀を満たしていなかったことが挙げられる。蒋袞Ⅰ＝蒋承勲Ⅱと蒋承勲Ⅲの間隔は六年となるが、蒋承勲Ⅰからは一六年になるので、これは年紀を満たしており、蒋承勲の名前で来航したと説明することができる。

したがって一〇年の間隔では年紀違反、一六年では充分に満たされていたと解され、私は年紀制の年限は一紀＝一二年であったとみなしたい。

これはそもそも、渤海使に対する一紀一貢の年紀制を継承したものである。『日本紀略』天慶五年（九四二）五月一七日条に「殿上において遠客来朝の礼有り。是れ詩興を催さんが為め也」、一九日条に「遠客の餞を擬す」とあるのは、延長八年（九三〇）の最後の渤海使（東丹《とうたん》国使）来日・還却からちょうど一二年になり、すでに渤海は滅亡していたので、これはあくまでも宮廷内の「遊び」であるが、一紀＝一二年で外国使節、外国人が到来するという観念が貴族たちに存したことを示し、年紀制の年限を考える二つ目の手がかりになる。

延喜一一年（九一一）に中国商人に対して年紀制を制定する際にも、当然のごとくに一紀＝一二年が採用されたのであろう。

渡海制の存否

渡海制とは

年紀制の運用形態については後述することにし（二〇一ページ）、つぎに渡海制に考察を加える。渡海制とは、刀伊《とい》の入寇（高麗の北辺に居住する女真族《じょしん》〔のちに中国で金・清を建国。「刀伊」は野蛮人の意〕が高麗を襲撃し、さらに北部九州に侵入した事件）の際に、家族を拉致された対馬島の判官代長岑諸近《ながみねのもろちか》がその消息入手・救出のために高麗に越渡《おつと》して、何人かの日本人を引率して帰国した案件を審議した記事に登場するつぎのような評言から（『小右記』寛仁三年〔一〇一九〕八月三日条所引同年七月一三日大宰府解）、その存在が喧伝されたものである。

刀伊の入寇後の悲惨な状況や大宰府が判断に苦慮するようすがわかるので、長文ながら、掲げてみたい（別に拉致されて奪還を経て帰国した女性三人の申上書もあり、そこには高麗の軍備の状況や日本人被害者に対する手厚い庇護のようすが知られる）。

太宰府解《げ》し、申し請い申し請う。言上す、対馬島判官代長岑諸近、高麗国に越渡して刀伊の賊徒のために虜《りよ》さるる女拾人《じゆうにん》を随身して帰参せるの状。

（中略）件の諸近、去る六月十五日を以て跡を晦《くらま》して逃亡せり。仍《よ》りて其の由を言上することと先に了《おわ》んぬ。而して今月七日を以て諸近到来し、申して云く、（中略）老母を相尋ねて命を刀伊の地に委ぬるにしかず。事の由を島司に申さんと欲するも、渡海の制重し。仍りて竊《ひそか》に小船を取りて高麗国に罷《まか》り向ひ、将《まさ》に刀伊の境に近づき、老母の存亡を問わんと欲さんとす。爰《ここ》に彼の国の通事仁礼《じんれい》と罷り会えり。（中略）即ち申して云く、（中略）本土に罷らんと欲するの処、本朝、異国に向ふの制已に重し。故無《ゆえな》く罷り還らば定めて公譴《こうけん》に当たるべし。縦《たと》ひ書契《しよけい》を得ると雖も指したる證無ければ、更に信用さるべからず。（中略、諸近の帰国↓対馬島司の判断）若《も》し異国に投ぜば、朝制已に重し。何ぞ況《いわ》んや近日其の制弥々《いよいよ》重し。仍りて諸近の身を召し、件の女三人を相副え、島使前掾御室《とうしさきのじようみむろ》を差して親ら進上すること件《くだん》の如し、てへり。謹みて案内を検ずるに、（中略）抑も諸近の所為先後不当なり。異域に越渡するは、禁制素《もと》より重し。況んや賊徒来侵の後、誡めて云く、先行の者を以て異国とともにする者と為すと。而れども始めて制法を破りて渡海し、書牒無くして還る。若し虜者を将来するを以て優《ゆう》して其の罪に坐すること無くば、恐らくは後憲ならず、愚民偏《ひと》えに法の緩きを思いて輙《たやす》く渡海せん。傍輩を懲らしめんがために、其の身を禁候し、須らく高麗国使の案内を申上するを待つべし。然れども来不《らいふ》は知り難く、旬日移らんと欲す。下民の言、誠に信じ難きと雖も、境外云く、黙尒《もくじ》すべきに非ずと為せり。仍りて在状を注して言上すること件の如し。謹みて解す。

すなわち、史料には、対馬島司や大宰府の見解のなかに「渡海の制重し」「本朝、異国に向かうの制已に重し」「若し異国に投ぜば、朝制已に重し」「異域に越渡するは、禁制素より重し」「始めて制法を破りて渡海」「優して其の罪に坐すること無くば、恐らくは後憲ならず、愚民偏えに法の緩きを思ひて輙く渡海せん」などの文言がみえている。

この「渡海制」は、遣唐使事業終了にともなう消極的な外交姿勢への転換を裏付けるものと解され、年紀制と同様に一〇世紀初頭の延喜年間に新たに制定されたとみるのが有力説であった。しかし、近年では、延喜年間にこのような規定が定められた徴証はなく、「渡海制」とは律令の規定に淵源する観念であり、国境を有する主権国家として通有のもので、一〇世紀初頭を対外政策の画期とみなす必要はないという理解が支持を得るようになっている。

その依拠条文に関しては、唐・衛禁律越度縁辺関塞条《えごんりつおっとえんぺんげんさい》に相当する日本律の存在を想定し、それによるとみるか、あるいは名例律《めいれいりつ》八虐条の謀反罪のひとつである「圀《くに》に背《そむ》きて偽に従ふを謀る」

によるものを考えるかで意見の対立が残るが、ここでは渡海制が律令条文の規定に依拠した観念であり、律令体制成立以来の外交法規・方針であったことだけを確認しておきたい。

では、日本人の海外渡航はどのように規制されていたのであろうか。次ページの表には筑前国住人清原守武《きよはらのもりたけ》入唐事件（『百錬抄』寛徳二年〔一〇四五〕八月二九日・永承二年〔一〇四七〕一二月二四日条）や商人僧明範《めいはん》の契丹《きったん》渡航事件などがある。

前者は、「渡唐者」清原守武を佐渡に配流、同類五人を徒刑《とけい》に処したとあるが、経緯や量刑根拠が不明なので、措くことにしたい。

後者は、僧明範が宋商人劉琨《りゅうこん》とともに契丹に渡航し、多くの宝貨を得て帰朝したという出来事で、明範の契丹入国は『遼史』巻二五道宗三太安七年（一〇九一＝寛治五）九月己亥《きがい》条にも明記されている。ただし、この事件の審議では、明範を渡海させた首謀者である大宰権帥藤原伊房《これふさ》や対馬守藤原敦輔《あつすけ》の処断が中心になり、また明範の行為としては、「越へ立ちて契丹国に趣く」と指摘されるとともに、むしろ「多く兵具を以て売却」したことが問題とされているように思われる（『中右記《ちゅうゆうき》』寛治六年〔一〇九二〕九月一三日条）。

明範の背後には摂関家または院の存在が推定されており、これは渡海制云々よりも、きわめて政治性の高い案件であったと解される。

日宋の「通交」略年表

和暦	西暦	事項
天徳4	960	《宋〔北宋〕の成立》
永観1	983	奝然が渡海〔陳仁爽・徐仁満ら〕
寛和2	986	奝然、帰朝〔鄭仁徳〕
永延2	988	源信、『往生要集』を送付〔楊仁紹か〕 奝然の弟子嘉因ら、渡海〔鄭仁徳〕…表・貢物を捧呈
正暦1	990	嘉因ら、帰朝〔鄭仁徳か〕
長保4	1002	日本人滕木吉が渡海〔朱仁聰・周世昌ら〕
5	1003	寂照、渡海〔周銛か〕
寛弘4	1007	「野人若愚」(国王の弟、比定人物不詳)、在宋の寂照宛書状を宋商人に付託(『楊文公談苑』)
5	1008	藤原道長・源俊賢、在宋の寂照宛書状を宋商人に付託(『楊文公談苑』) ※一条朝(九八六～一〇一一)：「異国供物。其書状書主上御名〈但仁懐、書聞違歟〉。仍不及沙汰被返了」(『玉葉』承安二年九月二二日条)
長和1	1012	寂照の弟子念救が帰朝〔周文裔〕
2	1013	念救、入京して藤原道長を訪問し、宋・天台山から延暦寺に送る物、「在大宰唐人等書」を献覧 宋国より牒状が到来し、返牒を式部大輔高階積善に起草させる(『日本運上録』)
4	1015	念救、再度渡海〔周文裔〕…藤原道長施送状、道長書状を付託
万寿3	1026	志賀社司某、宋船に便乗して渡海〔周文裔〕 宋・明州市舶司、日本国大宰府進奉使周良史が到来し、大宰府都督(藤原惟憲)の命により土産を進奉しようとするが、日本国の表章を所持していないので、上京させずに留めている旨を報じ、合せてその処遇について、良史に対して、表章がないために朝廷に申奏できない旨を伝え、かつ進奉品を留める意志がなければ廻却させるべしとの案を具申。宋の朝廷は詔してこれに従う

4	1027	志賀社司が帰朝〔陳文祐〕…在宋の寂照より道長宛の書状を将来
寛徳2	1045	「筑前国住人清原守武入唐事」を議す
永承2	1047	「渡唐者」清原守武を佐渡に配流
4	1049	慶盛、官符を得て渡海〔陳詠か〕
延久4	1072	成尋、渡海〔曾聚ら〕
5	1073	成尋の五人の弟子が帰朝〔陳詠（悟本）／孫吉〕…「大宋皇帝志送日本御筆文書」／奉国軍牒
承暦1	1077	宋・明州、日本国が僧仲廻ら六人を遣して方物を貢することを言上〔孫吉〕
2	1078	仲廻ら、帰朝〔孫吉〕…「賜日本国大宰府令藤原経平」と題する明州牒状①（『玉葉』承安二年九月二二日条・「廻賜日本国」と見える）
4	1080	「大宋国明州牒日本国」（明州牒状②）が到来〔孫吉の水手黄逢〕
永保1	1081	「大宋国明州〈牒日本国〉」（明州牒状③）が到来〔王端（黄政）〕
2	1082	戒覚、渡海〔劉琨〕 大宋国返牒を大江匡房が書く→孫吉・王端の帰国に付託か
3	1083	成尋の弟子快宗ら、再度渡海
応徳2	1085	宋、明州の進言により、商人五人を募り、日本国に硫黄五〇万斤を市買せんとする／商客王端・柳忩・丁載・孫吉・林皐が到来するも、廻却
寛治5	1091	僧明範、宋商劉琨らと契丹に赴き、兵器を売却して多数の金銀宝貨を得る
6	1092	明範ら、帰朝→商人僧明範契丹渡航事
承徳1	1097	「大宋国明州牒」が到来〔柳裕〕→大宰府から返牒を出す
永久4	1116	大宋国牒のことを議す〔孫俊明・鄭清〕→廻却か
5	1117	大宋国明州牒と国書が到来〔孫俊明・鄭清〕→1118年：返牒せず
保安2	1121	大宋牒のことを議す→大宰府から返牒を出す

大治2	1127	《南宋の成立》
長承2	1133	宋人周新の船が到来するも、平忠盛が院宣と号して、神崎御庄領として、大宰府官人に存問させず
仁安2	1167	重源、渡海
3	1168	栄西、渡海（↓この年：重源とともに阿育王山舎利殿建立を請負い、帰朝）
承安1	1171	延暦寺僧覚阿、弟子金慶とともに渡海し、杭州に到着（↓1173年：帰朝）
2	1172	宋・明州が綱首荘大椿・張守中を派遣…牒状到来（「大宋国明州沿海制置司牒日本国太政大臣」、送太政大臣物色・賜日本国王物色あり）↓「日本国沙門静海牒大宋国明州沿海制置司使王」の返牒
3	1173	宋から再び牒状が到来
4	1174	平清盛が再び返牒
安元1	1175	倭船の火児滕太明、宋人鄭作を殴り殺す。宋、詔して、太明に械を着けて、その綱首に付して帰国させる 覚阿、僧を派遣して霊隠寺の仏海禅師慧遠に物を贈る
2	1176	日本船、宋・明州に漂着。このうち百余人、臨安府に到来。宋、詔して明州に帰し、毎日一人あたり銭五〇文・米二升を支給し、日本からの船が到来するのを待って帰国させる
寿永2	1183	日本人七三人、秀州華亭県に飄至。宋、常平義倉銭米を以て賑給する
文治3	1187	栄西、渡海（↓1191年：帰朝）
建久2	1191	これより先、綱首楊栄・陳七太、宋で狼藉を働き日本に逃亡する
4	1193	倭人、風を避けて泰州・秀州華亭県に泊す。詔して、其の貨を取ることなく、常平米を出して賑給する 栄西、日本より巨材を送り、宋・天童山景徳寺千仏閣再建の資とする
建久7	1196	重源、宋・明州の阿育王山舎利殿造営のために、周防国の材木を渡す
正治1	1199	俊芿、渡海（↓1211年：帰朝）
2	1200	日本人、平江府に至る
建仁2	1202	日本人、定海県に至る。宋、詔して銭米を給付し、帰国させる、

建保4	1216	源実朝、入宋を計画（→1207年：宋人陳和卿の造った唐船、浮かばず）
5	1217	日本国大宰府の民七二人の乗る大船、貿易のために中国に向かう途中、山東省即墨の移風砦に漂着
貞応2	1223	道元、渡海（→1227年：帰朝）
嘉禎1	1235	円爾、渡海し、径山の無準師範らに学ぶ（→1241年：帰朝） 《以後、宋の禅僧に師事するために渡海する僧が散見する》
仁治3	1242	円爾、無準師範より径山万寿禅寺火災の報を得て、博多綱首謝国明に勧めて材木などを送らせる
寛元1	1243	日本の渡宋船、琉球国漂着を経て、福州に来着（『漂到琉球国記』）
4	1246	蘭渓道隆、来日
文応1	1260	兀庵普寧、来日（→1265年：帰国）
文永3	1266	白雲慧暁、入宋して蒙古軍に捕らえられるが、釈放され、希叟に参ず
6	1269	大休正念、来日 《この頃から蒙古からの使者が到来／1274年：文永の役》
建治3	1277	日本商人、元に金を持ち来り、銅銭との交易を求める
弘安2	1279	《南宋、滅亡》／無学祖元、来日

（備考）〔　〕は関係した商客名。出典等の詳細は対外関係史総合年表編集委員会編『対外関係史総合年表』（吉川弘文館、1999年）、田島公『日本、中国・朝鮮対外関係交流史年表―大宝元年～文治元年―』（増補・改訂版）（2009年）など、また僧侶の往来に関しては、原美和子「日中・日朝僧侶往来年表（838～1126）」、榎本渉「日中・日朝僧侶往来年表（1127―1250）」（『8―17世紀の東アジア地域における人・物・情報の交流』上、科研報告書〈研究代表者・村井章介〉、2004年）、榎本渉『南宋・元代日中渡航僧伝記集成』（勉誠出版、2013年）などを参照。なお、私見を加味して訂正した部分もある。

渡海制の運用実態

そして、一五三ページで触れた朱仁聰IIの帰国に随伴した滕木吉や一七四ページの周文裔II・周良史Iの帰国にともなう志賀社司某の彼我往来である。

滕木吉の渡海は日本側の史料にはまったく知られず、また大宰府などからの文書をもたらした云々などの状況は不明なので、派遣主体の比定は保留しておく。志賀社司某の渡海は藤原道長・頼通《よりみち》―大宰大弐藤原惟憲―周文裔・周良史の関係によって実現したことは明白であり、藤原実資もそうした背景を熟知していた可能性が高いが、これを「慮外」と位置づけ、上述の対馬島判官代のような明確な越渡ではないとして、単に「希有の事也」という評言に留めたのではないかと思われる。

とすると、これは寂照《じゃくしょう》の渡海時と同じく、外交権の行使を主導する者の意向によっては、渡海制の適用は必ずしも厳密なものではなかったといえるかもしれない。渡海の行為のみを云々されたのは、対馬島判官代長岑諸近が唯一の例と目される。

もちろん、一二七ページで触れた奝然《ちょうねん》の弟子嘉因《かいん》の再度入宋の際には大宰府宛に太政官符が下達されており、円珍《えんちん》入唐時の例（『平安遺文』一〇三号）のように、大宰府が渡海を認める公験《くげん》を発給したうえで正規の渡航が実現するしくみであった。この点は一一世紀後半の入宋僧成尋《じょうじん》や戒覚《かいかく》などにも該当し、彼らはついに渡航許可を得ることができないままに、宋商人の船に乗り込んだため、みずからの行為を密航と認識しており、それゆえに海辺の人びとが宋船に物売りに近づくと、船底に身を潜めたり、船内でもできるだけ人目に触れないように、大小便をがまんしたりと、さまざまな辛苦に耐えねばならなかった（『参記』巻一延久四年〔一〇七二〕三月一五〜一七日条、『渡宋記』永保二年〔一〇八二〕九月五日条）。

ただ、成尋の弟子五人が渡航の翌年に帰朝した際には、これを越渡とするような議論はみられない。成尋の場合は藤原頼通・師実《もろざね》との関係があり、特例とも解されるものの、成尋の例にならって密航した戒覚は、播磨国綾部別所引摂寺《いんじょうじ》という地方寺院の僧で（俗姓は中原氏）、後援者もなく、成尋のように潤沢な渡航費用を準備することなどは不可能であったが、やはり翌年に弟子隆尊《りゅうそん》が帰朝する際に、越渡が云々されるような危惧を抱いていたようすは見て取れない。

とすると、国家への反逆などの悪意がなければ、律令に基づく渡海制を厳密に適用して海外渡航を規制するという状況にはなく、刀伊の入寇の際の事案は特殊な事件の渦中ゆえに過度な反応が示されたものであったと考えておきたい。

『朝野群載《ちょうやぐんさい》』巻二〇異国・承暦《じょうりゃく》四年（一〇八〇）三月五日大宰府解は、高麗から日本に医師派遣を要請する礼賓省牒《らいひんしょうちょう》を持参した日本側の商人王則貞《おうそくてい》の動向を教えてくれる史料であるが、大宰

『高麗史』に記された日本人の到来

西暦	高麗暦	事項
1073年7月	文宗27	王則貞・松永年ら四二人が螺鈿・鞍橋・刀・鏡匣・硯箱・櫛・書案・画屏・香爐・弓箭・水銀・螺・甲などを来献。壱岐島勾当官が藤井安国ら三三人を派遣し、方を献上物。
1074年2月		日本国船頭重利ら三九人が土物を来献
1075年閏4月		日本商人大江ら一八人が土物を来献
6月		日本人朝元・時経ら一二人が土物を来献
7月		日本商人五九人が到来
1076年10月		日本国僧俗二五人が霊光郡に到来し、国王の寿を祝し、仏像を雕成すと称す→上京を許可
1078年9月		日本国が耽羅飄風高礪ら一八人を帰送
1079年9月		日本国が飄風商人安光ら四四人を帰送
11月		日本商客藤原らが到来し、方物を進献
1080年閏9月		日本国薩摩州が遣使し方物を献ず
1082年11月		日本国対馬島が遣使し方物を献ず
1084年6月	宣宗2	日本国筑前州商客信通らが水銀を献ず
1085年2月		対馬島勾当官が遣使し柑橘を進上
1086年3月		対馬島勾当官が遣使し方物を献ず
1087年3月		日本商重元・親宗ら三二人が方物を来献
7月		日本国対馬島元平ら四〇人が来献
1089年8月		日本国大宰府商客が来献

1116年2月	睿宗11	日本国が柑子を進上
1147年8月	毅宗1	日本都綱黄仲文ら二一人が到来
1169年1月		群臣に「賜宋商及日本国所進玩物」

府は、「商人高麗国に往返するは、古今の例也」と言い放っており、高麗への渡航はとくに勅許を得るまでもないという状況を示唆している。

その他、宋商人を介した高麗からの経典入手も知られ（『平安遺文』題跋編六七五号阿弥陀経通賛疏巻下・奥書、『大宰府・太宰府天満宮史料』第六弘賛法華伝二冊・上巻本奥書）、医師要請事件以前に王則貞が渡航した記事には、松永年《しょうえいねん》（日本人の名前を高麗風に記したもので、氏姓比定は不詳）や「壱岐《いき》島勾当官《こうとうかん》、藤井安国等三十三人を遣す」など、日本人とおぼしき人びとの渡海が描かれている（『高麗史』巻九文宗二七年〔一〇七三＝延久五〕）。その後も高麗へは多くの日本人が渡航を続けている。

ただし、日本と朝鮮半島の関係ではこのような事例が存するものの、中国との通交、中国側の史料に登場する「日本」商人は、日本人の渡航を意味するわけではなく、単に日本から到来した商人の意で、「日本国太宰府進奉使」周良史のように、実際には宋人であった点にも留意しておきたい。

これは渡海制が存在したから、日本人の俗人の渡航例がほとんどないというわけではなく、日本人の商人の活動や日本側が船を仕立てて渡海する必要性などには至らない段階であったためと考えるべきであり、宋商人の活動によって需要が満たされていたことをうかがわせるものである。また年紀制に関しても、その立制目的はあくまでも鴻臚館での安置による優待と朝廷が交易相手とする商客を限定するためのものであって、廻却の場合でも民間との交易はまったく問題がなかったから、商客の来航数そのものの制限や貿易全体の量的規制を企図する制度ではなかったとする指摘がなされている。

日宋の通交形態

年紀制の適用方法

年紀制が定められた延喜一一年（九一一）前後は、藤原時平《ときひら》没後で、忠平《ただひら》の権力掌握は充分でない時期であるが、延喜三・七・八・九・一一年には中国商人の来航が知られ、九世紀後半の唐商人来航のあり方とくらべると、過度に頻繁化された事態が生じていた。その他、『革暦類《かくれきるい》』善相《ぜんしょうこう》公奏状（『大日本史料』第一編補遺・別冊二、八〜九頁）に記された延喜元年の唐人盧知遠《ろちえん》の到来など、史書に掲載されない来航者があったことも考慮しておきたい。

したがって年紀制は当初、『参議要抄』に「唐人来朝年数」とあるように、中国商人全体の来航を対象に定められたと解される。唐滅亡から五代十国の混乱期の段階では、商客来着は散発的で、呉越商人蒋承勲《しょうじょうくん》（蒋袞《しょうこん》）がある程度定期的に到来する史料が残っているくらいであり、このひとりの商客についての来航間隔、つまり同一人に関する規制として機能した側面がみられる。

ところが、北宋の成立により、宋商人の来航が頻繁化、複数化すると、年紀制は両様に発現され、とくに藤原道長執政期にはさまざまな問題に対処するなかで、年紀制の具体的な運用の先例を形成していくという課題に取り組まねばならなかったのである。

年紀制の運用実態は、「延喜の比、年記を定めらるるの後、或いは彼の年記を守りて廻却に従われ、或いは其の参来を優して安置を聴《ゆる》さる」（『帥記』治暦四年〔一〇六八〕一〇月二三日条）、「凡《およ》そ商客参来するは、年紀を相定むるの後、必ずしも起請の期に拠らず、安置を免さるるの時有り」（『朝野群載』巻五延久二年〔一〇七〇〕一二月七日陣定《じんのさだめ》定文）、「異客来朝、もと年紀を定むるの後、其の年限に依らずと雖も、或いは安置せられ、或いは放帰《ほうき》せらる」（応徳二年〔一〇八五〕一〇月二九日陣定定文）などと総括されるものにほかならなかったが、その適用原則を整理すると、つぎのようになる。

①連年の来航は不可…『権記』長保五年（一〇〇三）七月二〇日条「用銛《ようかつ》、去年廻却の後、幾程を経ずして、重ねて以て参来す」

②安置と廻却の差違が不明確…『小右記』寛弘二年（一〇〇五）八月二一日条「宋人若し便風を待ちて罷り帰るべきの由を申すこと有らば、安置に異ならず。若し然らば偏に安置せらるべきか」（→八月二四日条では内裏焼亡による唐物悉失を理由に安置）

③代始の来航者は安置する…『御堂関白記』長和元年（一〇一二）九月二二日条「此の度時代

新たに遷り、初めて以て参着せば、安置せらるるが宜しきか」

（参考）『後《ご》二条師通《にじょうもろみち》記』寛治二年（一〇八八）閏一〇月七日条には、「唐人幼主の代初めには安置され　らるるべしと云々」とある。

④宋人が日本天皇の徳化を慕って来航する…『小右記』万寿四年（一〇二七）九月一四日条「年紀未だ至らずと雖も、存問の詞の中に或いは仁化に感じ、或いは父母を訪ふてへれば、暫く優許せられ孝誠を遂げしめ、明春に巡風を待ちて廻却に随ふべきか」（陳文祐の副綱章仁昶の母は日本人であった）

⑤半年～一年程度の短期滞在を黙認し、実質的には交易を行わせる…『小右記』『左経記』長元元年（一〇二八）一一月二九日条「延喜の間・近代の定、廻却の定有りと雖も、貨物を返されず」「文裔等、返却すべきの由を定め申さば、須《すべから》く貨物を返却すべき也。然れども文裔等進む所の解文、聖化に感じて頻りに参来の間、已に土民の如し、てへれば、頗る哀憐有るべし。就中《なかんづく》海安を待つの間、暫く経廻すべしと云々。若し貨物を返されたらば、定めて思ふ所有らん。貨物においては収められ、彼の志を優すべきか」（↓周文裔Ⅲ・周良史Ⅱはのちに安置に変更か）

⑥漂着者は年紀を問わず安置する…『百錬抄』康平三年（一〇六〇）八月七日条「糧食を賜ひ

て廻却すべきの由定め畢《おわ》んぬ〈後日安置の符を賜ふ、長徳仁聰例と云々〉」（長徳元年〔九九五〕の朱仁聰Ⅱが先例であった）

藤原道長の外交姿勢

以上を要するに、藤原道長執政期こそ現実的な判断を検討するなかから外交案件に対する先例が構築された画期になるのである。

では、道長には宋と本格的に通交する意思があったのであろうか。まず宋側の姿勢としては、上述の「日本国太宰府進奉使」周良史に対して、表文の欠如が指摘されており、あくまでも朝貢が基本であった。『宋史』日本国伝でも奝然《ちょうねん》や寂照の来朝を記したあとに、成尋入宋までの間を「其の後また未だ朝貢を通ぜず」と評しており、僧侶などの到来を「朝貢」と認識していたらしい。

成尋入宋時にも、「日本自来なぜ甚だ中国に通じて入唐進奉せざるか」「本国（日本のこと）明州を相去ること至近、何に因りてか中国に通ぜざるか」などの質問がなされ、成尋は「滄波《そうは》万里、人皆な固辞す、これに因りて久しく絶ゆる也」「本国明州の海沿を相去ること幾里数なるを知らず、或いは云く七千余里、或いは云く五千里と。波高く泊無ければ、中国に通じ難し」と、物理的な困難さで言い逃れしようとしている（『参記』巻四熙寧五年〔一〇七二＝延久四〕一〇月一四・一五日条、一三四ページのコラム2を参照)。

それゆえに日本側では、上述の奝然の弟子嘉因《かいん》の再渡航、また寂照の入宋時に、公的通交の樹立への懸念がうかがわれるのである。『楊文公談苑《ようぶんこうだんえん》』に採録された日本の貴族が在宋の寂照に宛てた書状には、いずれも寂照の消息を尋ね私的な交流を述べるものや、寂照の俗家・墳墓のことを伝える内容になっている(国王の弟〔比定人物不詳〕、左大臣藤原道長、治部卿源従英〔俊賢か〕)。源従英の書状には、「諮《はか》る所は『唐暦』以后の史籍及び他の内外の経書、未だ本国に来らざれば、因りて便風に寄するを望みと為す。商人は利を重んじて、惟《ただ》軽貨を載せて来る。上国の風は絶へて聞くことなし。学者の恨は此の一事に在り」とあり、日本側が入宋者に期待した一端が看取される。

寂照の弟子念救《ねんきゅう》の再入宋時には寂照および天台山に宛てた道長書状が付託されているが(『平安遺文』補二六四号)、

念救来りて手札《しゅさつ》を授く。筆語面のあたりの如し、ともに生を感じるを喜び、珍重珍重せり。夏晩し、惟《おも》うや法体康若《ほったいこうじゃく》ならん。上人一たび去きて、西を望むこと幾廻、帰朝の約有りと雖も、顧土の懐を忘るるが如し。父母の郷、早く願わくは来紀《らいき》せん。念救、著岸の後、潜然なるを見る毎に、大師の信を重んずるに依るなり。□朝天仮余、思いを僧寶に託し、馳恋の至り、意馬繫ぎ難し、縦《たと》い漢家の風を楽しむも、なお周旋不返を恨めり。今廻使に勒《ろく》す。不具謹状。

長和四年六月　日　日本国左大臣藤原道長

圓通大師〈法前〉

謹空

と、やはり私的な通信で、もう一通も天台山大慈寺《だいじじ》修営への寄進を述べるもので（『平安遺文』補二六五号）、宋朝廷との通交云々の意図はみられない。

一条朝（九八六〜一〇一一年）には、「異国、物を供ず。其の牒状に主上の御名を書けり〈但し、仁懐（一条天皇の名前懐仁《やすひと》の誤記）なるは、聞き違ひを書くか〉。仍りて沙汰に及ばずして返され了《おわ》んぬ」という出来事があったというが（『玉葉《ぎょくよう》』承安二年〔一一七二〕九月二二日条）、詳細は不詳である。道長執政期中には僧侶以外の日本人の渡航が二例知られるものの、国家的通交の意思を体現したものではなかった。道長といえども、仏教的交流や唐物の入手（一切経を含む）が主目的なのである。

日本では中国商人の来航を「朝貢」と位置づけ、天皇の徳化の波及を示すものと見なしており、渤海使に対する一紀＝一二年一貢の原則から立制された年紀制に基づく商客の安置・供給や廻却を判断すること、これが対外政策の要諦にほかならなかった。

道長から頼通へ

道長執政期に続く一一世紀中葉〜後半の頼通執政期の様相は、史料的制約もあって、なお検討課題であるが、故実・儀式の面では道長の段階で模索された御堂流《みどうりゅう》を定着させるうえで重要であったと考えられてきている。

外交面に関して頼通が関白をやめる治暦四年（一〇六八）までの事例を通覧すると、⑥に示した康平三年（一〇六〇）の林養・俊政来着は、道長期の朱仁聰Ⅱのときの先例に依拠して判断が下されたことがわかる。また寛徳元年（一〇四四）に但馬国に漂着した張守隆《ちようしゆりゆう》は、いったん廻却になったが（『百錬抄』八月一一日条）、翌年八月一〇日には但馬守源章任《あきとう》による雑物押領をめぐる審議が行われており、なお滞留して国司との紛擾を起こしていたようである。結局、永承五年（一〇五〇）九月に「帰化」が認められ、安置官符を賜与されたといい、長期滞在型の一例を呈している。

頼通期には判断の過程・根拠がわかる例が少ないが、このような事例の存在は上述の年紀制の運用実態に関する総括的評言は頼通期までを含んだものであって、当該期もおおむね道長期に示されていた柔軟な対応が踏襲されたと考えることができる。その意味では道長執政期の対外方策は以後も基調として維持されていくものと目される。

以上の点から、藤原道長執政期は旧説のような渡海制・年紀制を墨守した「受動的貿易の展開」の時代という文脈よりは、宋商人来航が本格化する現実を見据えて、つぎの「能動的貿易の展開」の時代に接合する流れを形成した先駆的方策を探った時期として理解したい。

「日本国太宰府進奉使」の派遣は必ずしも大宰府を窓口とする通交の意思を示すものではなかったが、宋の官憲との交流という発想は、一一世紀末の成尋の渡海と弟子たちの帰朝時＝道長期の寂照以来の入宋僧の渡海を機に、一二世紀代にかけて宋・明州から大宰府宛の牒状が到来するという形で実現される。

そこには北宋から南宋への変転など国際情勢の変容を考慮しなければならないが、南宋が成立する一一二七年は時あたかも日本側で年紀制云々が史料にみえる最終事例であり（『中右記』大治四年一二月二六日条）、宋側からの接近に対する対応ともども、そこに至る諸相は章を改めて検討することにしたい。

幕間劇

なお、僧成尋請渡宋申文によると、寂照のつぎの入宋僧は約七〇年後の成尋となる。しかし、実際にはこの間にも彼我を往来した僧侶がいた。

『本朝高僧伝』巻一〇江州睿山沙門紹良《しょうりょう》伝の紹良の記述は、『仏祖統記』をもとにしたもので、そこには「日本国師紹良等を遣し、金字法華をもたらし贄となし、輪の下に学ばんことを請う。三年にして学成り、辞して日本に還り、斯道を大化す」とあり、知礼《ちれい》の弟子尚賢《しょうけん》（広智）に師事した紹良という日本僧がいたことが知られる。

「紹良等」とあるように、複数で渡宋したものと目され、これは上述の藤原頼通の寂照宛書状を持参して渡海したものではないかと推測されよう。

頼通期は道長期ほどには史料の残存状況がよくなく、なお不明の点も多いが、この間にも宋商人が頻繁に来航していたことはまちがいない。したがってさまざまな用務や巡礼・修行のために入宋を試みる者がいたとしてもおかしくないが、渡宋にはそれなりの準備・費用が必要であるから、やはり摂関家などの後援・用務によるものが想定されるところとなる。

つぎに『入唐記』（続群書類従二八下）に「永承四年（一〇四九）、官符を申し給いて入唐す。後冷泉院の御代なり」とある慶盛《けいせい》は、『尊卑分脈』には北家魚名公孫の山蔭《やまかげ》の五代孫で、「入唐聖人」と記されている（二―二九〇頁）。『野決血脈集《やけつけつみやくしゆう》』巻一では、小野僧正仁海《にんがい》より付法したことが知られ、真言僧であった。慶盛は朝廷から正規の許可を得て入宋したらしく、『百錬抄』永承三年八月一一日条には「大宋国の商客来朝す。議有りて廻却せしむ」とあり、この宋商人の帰国の便船などを利用して、渡海することができたのであろう。

成尋がこれらの事例に言及していないのは、紹良は天台山のみでの修学で、五臺山を巡礼していないこと、慶盛は天台宗ではなく、やはり五臺山巡礼の目的がなかったためとみなされる。また首都開封《かいほう》への到来もなかったと思われ、入宋僧の先達と位置づけがたいという認識であったのかもしれない。

第六章

日宋貿易の展開

成尋の入宋

成尋と『参天台五臺山記』

藤原道長執政期に渡宋した寂照《じゃくしょう》から七〇年ほどを隔てて、延久四年（一〇七二）に成尋《じょうじん》（長和二年〔一〇一三〕～永保元年〔一〇八一〕）が入宋を果たす。

成尋の父は興福寺僧貞叙《ていじょ》と目され、藤原忠平―師尹《もろただ》―定時―実方―貞叙という系譜であるが、その事績は不詳である。母は『成尋阿闍梨母集《あじゃりはは のしゅう》』という日記文学系統の著作を残しており、安和《あんな》の変（九六九年）で左降された醍醐源氏の源高明《たかあきら》の孫、父俊賢は一条朝の名臣のひとりで、道長や実資《さねすけ》とも親しい人物であった。

成尋は天台宗寺門派に属し、延暦寺阿闍梨の称号を取得、京都岩倉の大雲寺《だいうんじ》の寺主、藤原頼通の子で次代の摂関家をになう左大臣藤原師実《もろざね》の護持僧を勤め、後冷泉《ごれいぜい》天皇（在位一〇四五～六八年）の病気平癒の祈禱にも招かれる高位の僧になっている。

成尋は延久二年正月一一日に渡宋申文を朝廷に奉り、寛建《かんけん》・日延《にちえん》・奝然《ちょうねん》・寂照らの先達にならって、天台山・五臺山巡礼の許可を求めるが（『朝野群載《ちょうやぐんさい》』巻二〇）、勅許を得ることができないままに密航という形で渡海を敢行する。成尋は時に六〇歳で、これほどの高位の僧侶、教学的に完成された人物が中国に渡航するのは異例中の異例で、しかもついに帰国することなく彼の地の土になっているので、成尋の熱望・決断がうかがわれる。

成尋は杭州《こうしゅう》に上陸し、陳詠《ちんえい》という宋商人と「遭遇」、彼を通事とした。当初は天台山参詣後に日本に戻るという名目で宋の国内移動許可を得て天台山行きを実現し、その後五臺山参詣の希望を表明したところ、宋の神宗《しんそう》皇帝（在位一〇六七～八五年）から上京・面見の指示を得て、以降は皇帝の使臣とともに円滑に旅程を進めることができている。

この乗船から宋での諸活動、そして翌年（一〇七三）六月一二日に先行して帰国する五人の弟子を見送るところまでの計四七〇日間の渡海日記が『参天台五臺山記』全八巻である。

『参記』の内容の要点を、私なりの読み所も含めて、もう少しくわしく整理

成尋画像　座具の上に座した図像で、大雲寺の隆盛を支える祖師のひとりとして崇敬されたもの。現在の大雲寺は、岩倉の実相院のそばで法燈を伝える。（伊井春樹『成尋の入宋とその生涯』より）

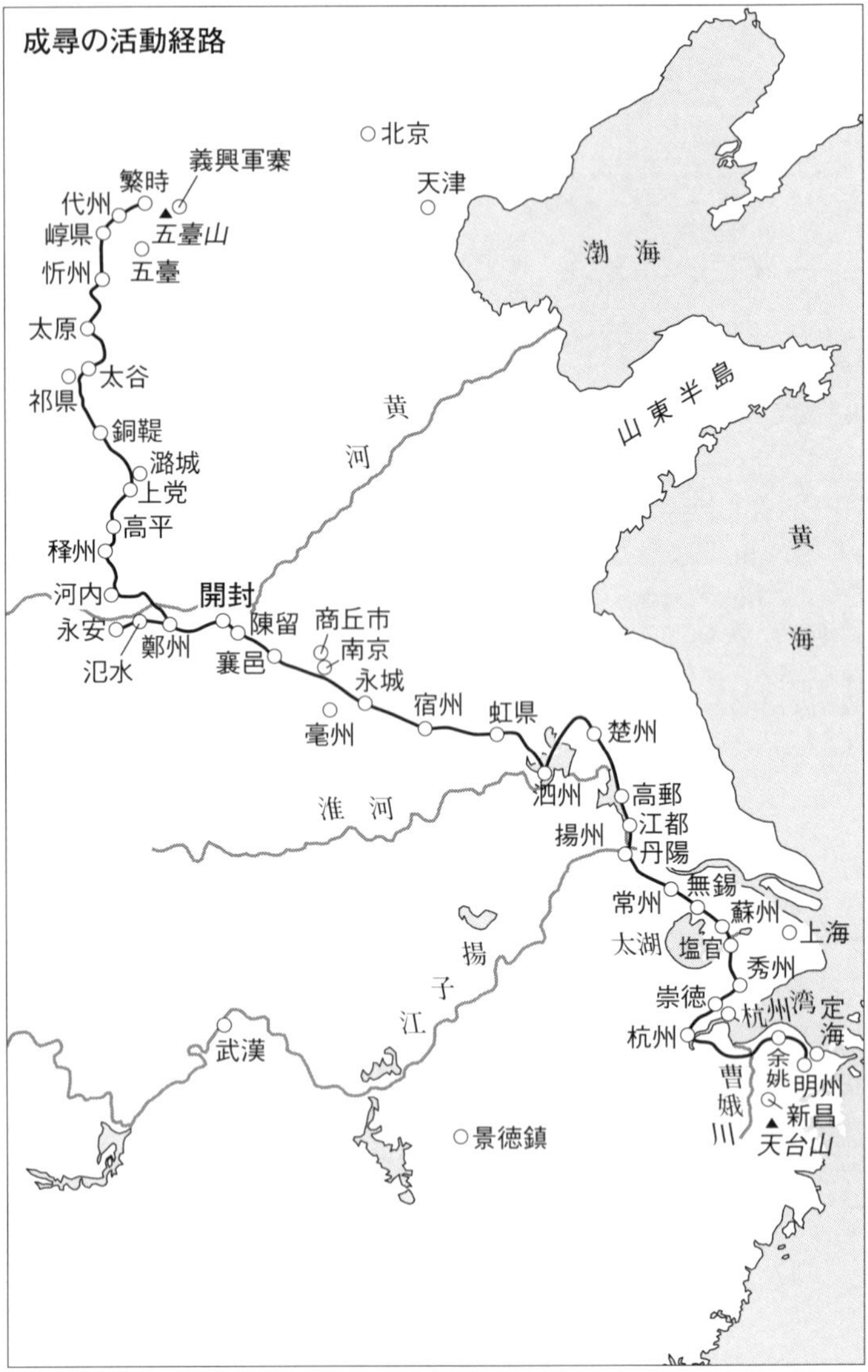

成尋の活動経路
北京
義興軍寨
繁時
代州
天津
五臺山
崞県
五臺
忻州
渤　海
太原
太谷
祁県
山東半島
黄
銅鞮
河
潞城
上党
高平
黄
釋州
河内
開封
海
永安
陳留
商丘市
鄭州
南京
汜水
襄邑
永城
宿州
虹県
亳州
楚州
泗州
淮　河
高郵
江都
揚州
丹陽
無錫
常州
蘇州
上海
太湖
塩官
揚
秀州
子
崇德
杭州湾
定海
江
杭州
武漢
余姚
明州
曹娥川
新昌
景徳鎮
天台山

国清寺弥勒殿　国清寺は日本の天台宗の源流となる天台山の中心寺院である。弥勒殿の東には、最澄を顕彰した日本天台祖堂が建つ。

すると、つぎのとおりである（旧暦には月の大小があり、大月は三〇日、小月は二九日である）。

巻一　延久四年（一〇七二＝宋・熙寧《きねい》五）**三月一五日～六月四日**

肥前国松浦郡壁島（現、佐賀県東松浦郡呼子町加部島）を出発し、入宋を果たす。一行は成尋と随行の弟子たち、頼縁《らいえん》供奉・快宗《かいそう》供奉・聖秀・惟観・心賢・善久・長明、の計八人であった。宋への入国後は杭州の繁盛のようす、天台山国清寺に赴く途次の運河交通の情景などが描かれ、また中国への入国、国内旅行のための手続きも知られる。国清寺到着（五月一三日）後は、諸伽藍を巡礼しており、天台山のようすがくわしく記されている。

巻二　同年六月五日〜閏七月二九日
五臺山巡礼申請のための交渉のようす、国清寺滞在中の諸僧との学問的交流、また天台県や台州の役人との教理上の問答（法門問答）と経典の貸与をつうじた交わりなどが描かれている。五臺山巡礼が許可され、しかも京師（首都開封《かいほう》）において皇帝との面謁も指示されたので、勅旨による上京ということで、以後の旅行に大いに便宜を得ることができた。

巻三　同年八月一日〜一〇月一〇日
国清寺を出発し、京師に赴く旅程を記す。運河の通行のようす、途次での人びととの交流の諸相が描かれている。途中で見た葬儀のようす、象の見物など、興味深い記事がある。

巻四　同年一〇月一一日〜一〇月三〇日
京師に到着し、太平興国寺《たいへいこうこくじ》伝法院を宿所とする。その後、皇帝に謁見し、五臺山参詣の許可を得ることができた。皇帝との面見の式次第・作法が細かく記されている点や日本の国情についての質問を受け、答弁している場面は重要な考察材料となる（一三四ページ、コラム2を参照）。

五臺山　文殊菩薩の聖地で、東臺・北臺・中臺・西臺・南臺の５峰に囲まれている。中央は、塔院寺の大舎利塔。

五臺山行きまでの間、京師の諸寺を巡覧し、院内の高名な僧侶と交流、諸文献の貸借を行っており、学問的研鑽にも努めているようすが知られる。

巻五　同年一一月一日〜一二月三〇日
厳寒の時期の五臺山巡礼は堪えがたいとして参詣延期を忠告されるが、早く登山したいと思い、待望の五臺山巡礼を成し遂げる。
当該期の五臺山のようすを知る貴重な記録となる部分であり、文殊菩薩への献納品には日本の諸貴族と成尋との関係をうかがわせる記述もある。

巻六　延久五年（一〇七三＝宋・熙寧六）正月一日〜二月二九日
五臺山巡礼を遂げ、京師帰還後の太平興国寺伝法院における人びととの交流が記されている。その当時新訳経の開板が進行しており、その翻訳に携わった僧侶の名前も登場する。いっぽうで、成尋とともに入宋した随行者のうちの五人の僧侶（頼縁供奉・快宗供奉・惟観・心賢・善久）が先行帰国する準備を進め、日本に送る求得品の選択作業も行われており、五人は二月八日に京師を出発した。

巻七　同年三月一日〜三月三〇日
宋の朝廷での祈雨への従事と、その成功、皇帝からの褒賞のようす（善慧大師号の賜与など）が描かれている。
また、訳経場を見学しており、訳経の手順を知る史料としても貴重である。成尋はこの新訳経を日本に将来しようとし、皇帝から許可を得ることができた。

巻八　同年四月一日〜六月一二日
京師を離れて、天台山に戻る準備のようす、下向の旅程が記されている。

新訳経の印刷の進捗・下賜を待って、明州に赴き、この新訳経を帰国する五人の弟子に託した。六月一二日に五人の出発を見送る（成尋と聖秀・長明は宋に残る）ところで『参記』は終わるが、正月二三日に預けた『入唐日記』八巻を整理・追加し、最終的に『参天台五臺山記』八巻に仕立てたものを、このときに付託したと考えられる。

なお、成尋はその後宋の元豊四年（一〇八一＝永保元）に開封の開宝寺で死去している（『本朝高僧伝』巻六七など）。

通事陳詠の活動

当初の天台山行きにともなうさまざまな手続きをはじめ、成尋の宋での行動は通事陳詠に依存するところが大きかった。『参記』巻一熙寧五年（一〇七二＝延久四）四月一九日条には、

陳一郎（中国人が一族のなかの兄弟・いとこなど同世代ごとの順序を示すために記す排（輩）行による表記で、陳詠のこと）、来り向かふ。五度日本に渡りし人也。善く日本語を知れり。申して云く、陳詠を以て通事と為し、天台に参るべしてへれば、悦び乍《なが》ら約束し了《おわ》んぬ。

とあり、このときが初対面のように記してあるので、二一三ページでは「遭遇」と書いたが、じつはこれ以前から既知の関係にあったようである。すなわち、『参記』の別の箇所には、

昨、慶暦八年の内、本州市舶司にて公牒を給い得て、日本に行きて興販すること前後五廻。

（巻八熙寧六年四月一二日条所引尚書祠部牒）

とあり、陳詠は慶暦八年（一〇四八＝永承三）以来五回も彼我往来を行っていたことが知られる。

また、

昨、治平二年の内、日本国に往きて買売し、本国の僧成尋等と相識して、熙寧二年に至りて彼の国より留黄《いおう》（硫黄）等を販載して、杭州にて抽解《ちゅうかい》貨売し、後来《こうらい》一向只《た》だ杭・蘇州に在りて買売せり。

（巻二熙寧五年六月五日条所引杭州公移）

とあり、直近では治平二年（一〇六五＝治暦元）～熙寧二年（一〇六九＝延久元）に日本に滞留して、硫黄などを入手しており、その際に成尋と知己になっていたことが判明する。

陳詠は一五八ページ以下で述べた周文裔《しゅうぶんえい》・周良史《りょうし》父子のつぎの世代の宋商人で、藤原頼通執政期をつうじて活動する存在であった。彼は二〇年間のうちに五回、四年に一度ほどの頻度で来日しており、直近では五年間日本に滞留しているから、帰国から再来日の間隔はかなり短かく、長期滞在型で彼我往来して交易に従事していたと目される。

ただし、この五回の来航は日本側の史料にはみえず、これは当該期の史料の制約によるのか、あるいは陳詠が船頭（綱首）クラスではなかったためかで、おそらくは後者の可能性が高い。

ちなみに永承三年（一〇四八）には大宋国商客の到来と廻却が知られ（『百錬抄』八月一一日条）、これが陳詠の第一回目の来航に関係するものと思われる。詳細は不明であるが、二〇九ページで述べたように、後冷泉朝の入宋僧として慶盛《けいせい》が永承四年に渡海したといい（『入唐記』）、これはこのときの廻却の便船を利用したものであろう。

宋の公憑

ここで写しではあるが、世界に唯一残存する宋の公憑《こうひょう》（渡航許可書、パスポート）を紹介し、陳詠ら商客が海外に渡航する際に携行していた書類の内容、また宋朝の海外渡航政策の推移などに触れたい。

これは日本の『朝野群載』巻二〇異国に掲載されているもので、長治二年（一一〇五）八月来日の宋商人李充を大宰府で存問《ぞんもん》した際の記録に関連して残っている（宋・崇寧《すうねい》四年〔一一〇五〕六月提挙《ていきょ》両浙路《りょうせつろ》市舶司公憑）。

国史大系本を含めて『朝野群載』の刊本は必ずしも善本に依拠しているわけではないことが指摘されており、ここでは、

①新訂増補国史大系本を柱に、
②『大日本史料』、
③森克己『日宋貿易の研究』（国書刊行会、一九七五年）、
④内閣文庫・甘露寺家旧蔵本、
⑤同・紅葉山文庫旧蔵本、
⑥同・紅葉山文庫旧蔵本（来暦志本）、
⑦宮崎文庫本（東京大学史料編纂所影写本による）、
⑧宮内庁書陵部蔵葉室本、
⑨東山御文庫本、
⑩内閣文庫・慶長御写本、

⑪国文学研究資料館所蔵三条西本
などの所見をもとに作成した校訂文（案）を掲げた（〈　〉は割書を示す。「勅条下項」は読み
下し文のみを示し、各条項にはアルファベットを付けた）。

公憑

提挙両浙路市舶司

拠泉州客人李充状《せんしゅうのきゃくじんりじゅうのじょうによるに》、今将自己船壱隻請集水手《いまじこのふねいっせきをいてすいしゅをこいあつめ》、欲往日本国博買《にほんこくにゆきてはくばいせんとす》。
廻貨経赴明州市舶務抽解《かをめぐらしてめいしゅうしはくむにへおもむきてちゅうかいす》。　乞出給公験前去者《こうらくはくげんをいだしたまいてゆかんてへり》。

一、人船貨物

　自己船貨物

綱首李充　梢工林養　雑事荘権　部領呉弟

第一甲　梁富　蔡依　唐祐　陳富　林若　郡勝　阮祐　煬元　注珠　顧再　王進　郭宜　阮
　　　昌　林旺　黄生　強寄　関従　呉満　陳祐　潘祚　毛京　阮聡

第二甲　尤直　呉添　陳貴　李成　翁生　陳珠　陳徳　陳新　蔡原　陳志　顧章　張太　呉
　　　太　何来　朱有　陳先　林弟　李添　楊小　彭事　陳鉄　張五　小陳　珠　陳海

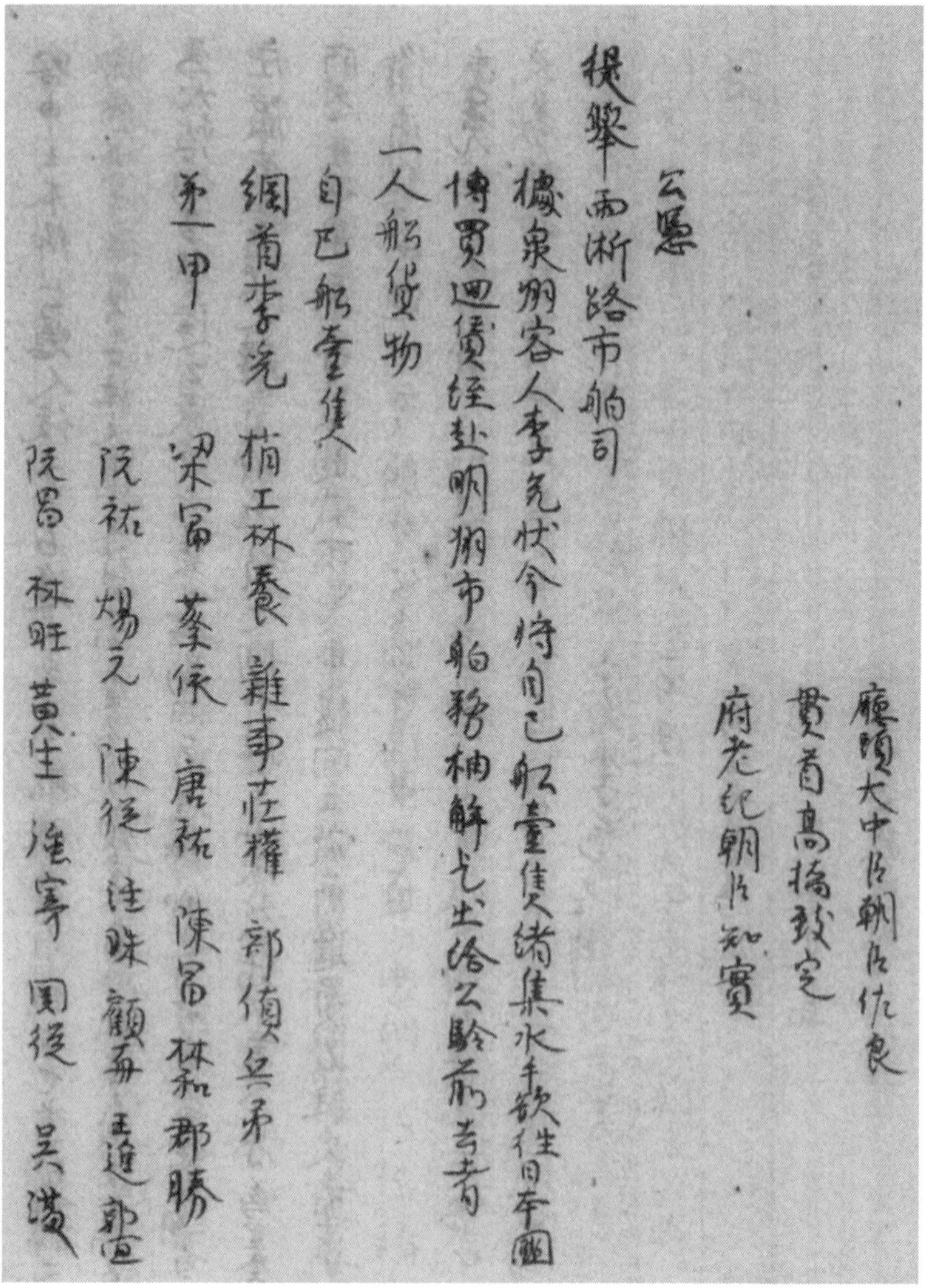

廳頭大中臣朝臣佐良
貫首高橋致定
府老紀朝臣知實

公憑

提舉兩浙路市舶司
據泉州客人李充狀今將自己船壹隻請集水手欲往日本國
博買廻貨經赴明州市舶務抽解乞出給公驗前去者
一人船貨物
自己船壹隻
綱首李充　梢工林養　雜事莊權　部領呉弟
第一甲　梁富　蔡依　唐祐　陳富　林和　郡勝
阮祐　楊元　陳從　住珠　顧再　王進　郭宜
阮昌　林旺　黄生　強寄　関從　呉滿

部分から公憑の冒頭部分を示す。来由や乗員名簿、船物のリストなどが記されている。

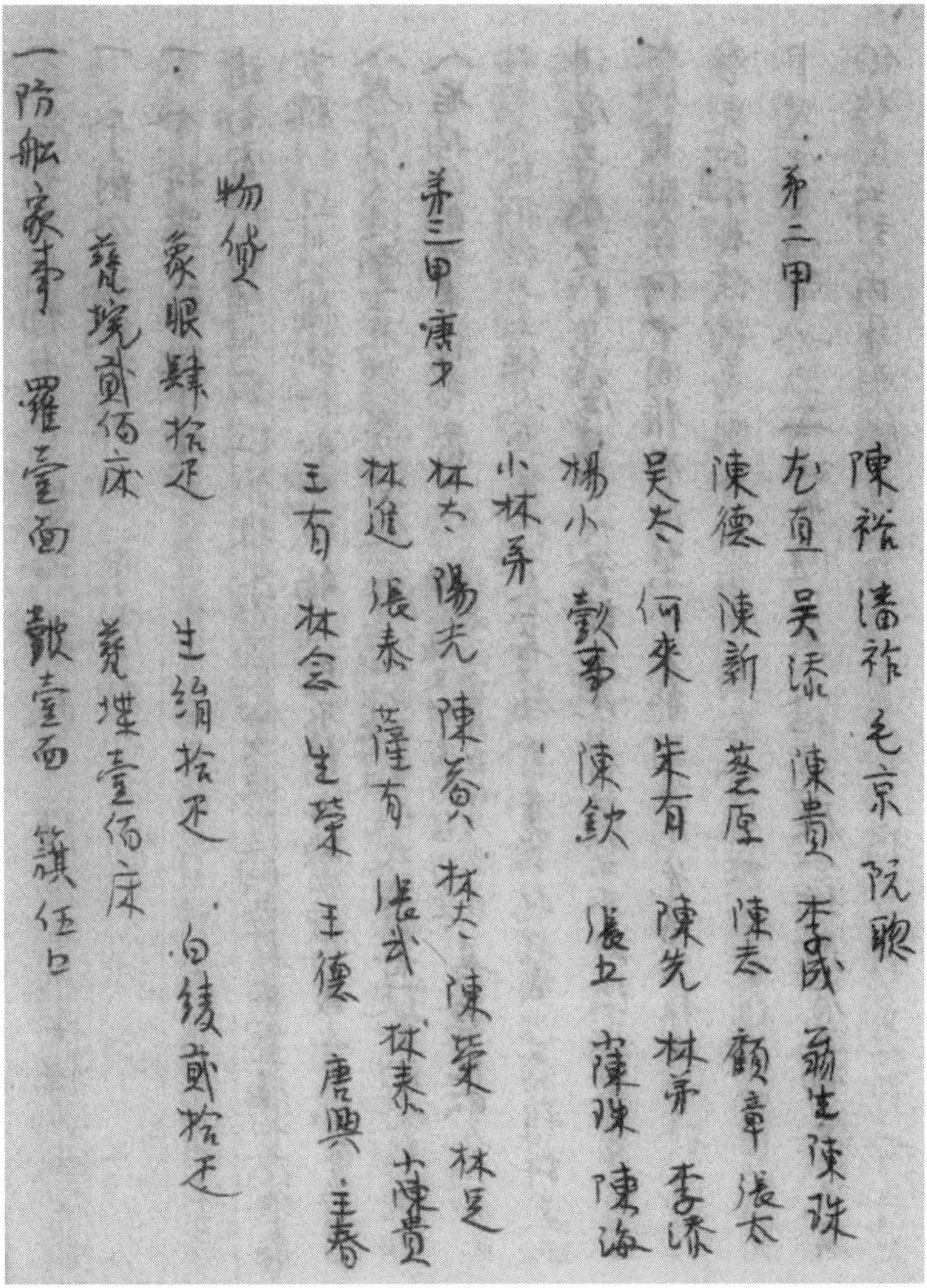

第二甲

陳裕　潘祚　毛京　阮聰
危直　吳添　陳貴　李成　翁生　陳珠
陳德　陳新　蔡原　陳恭　顏章　張太
吳太　何來　朱有　陳先　林弟　李添
楊小　歡事　陳欽　張五　陳珠　陳海
小林弟

第三甲　康才

林太　陽先　陳蒼　林太　陳榮　林足
林進　張泰　薩有　張武　林泰　小陳貴
王有　林念　生榮　王德　唐興　王春

物貨

象眼肆拾疋　生絹拾疋　白綾貳拾疋
甆垸貳佰床　甆堞壹佰床

一　防船家事　羅壹面　鼓壹面　旗伍口

『朝野群載』巻20掲載の「宋の公憑」　国文学研究資料館蔵の三条西本。諸写本の中では最善本とされるが、なお文字の校訂が必要である。写真は大宰府の存問の末尾の署名

小林弟

第三甲　唐才　林太　陽光　陳養　林太　陳栄　林足　林進　張泰　薩有　張武　林泰　小陳貴　王有　林念　生栄　王徳　唐興　王春

物貨

象眼肆拾疋　生絹拾疋　白綾貳拾疋

甕垸貳拾床　甕《よう》喋《ちょう》壹佰口

一、防船家事　鑼壹面　鼓壹面　旛伍口

一、石刻本州物力戸《ぶつりきこ》　鄭裕　鄭敦仁　陳佑参人委保

一、本州今給杖壱条　印壱顆

一、今検坐　勅条下項（以下、略）

「勅条下項」の読み下し文

公憑発給の申請には、まず目的地と乗組員の氏名・搭載物品のリストを示し、連帯保証人として「物力戸《ぶつりきこ》」と称される財力のある有力戸三名を挙げることが求められた。

そして、渡航の際に遵守すべき事項（「勅条下項」）が示され、これに従うべきことや、帰国後

に税としての抽解《ちゅうかい》、官側による先買いである博買を行う義務が明記されている。商客は公憑の発給を受けた場所の市舶司、この場合は明州に戻り、抽解・博買を経たあとに、公憑を市舶司に返納するというしくみであった。

ここでは「勅条下項」の読み下し文を掲げ、若干の解説を加えておく。

A諸《およ》そ商賈《しょうこ》、海道において興販《こうはん》せば、州を経て状を投ぜよ〈商人の所属する州に申請書を出せ〉。州ために実を験し（その州は実情を審査して）、舶を発せんことを願ふ州に牒送《ちょうそう》し、簿を置きて抄上《しょうじょう》せよ。仍りて公據《こうきょ》（公憑）を給ひ、はじめて行くを聴《ゆる》せ。廻日に公據は舶在る州の市舶司に納めよ。もし公據を請はずして擅《ほしいまま》に行き、或ひは船に乗りて海道より界河に入り、及び登・莱州界に往《ゆ》かば、徒《と》二年〈公據を請はずして未だ行かざれば、貳等を減ぜよ〉。大遼国に往かば、徒参年。仍りて奏裁せよ。並びに人の告げ捕ふるを許し、船物の半價を給ひて賞に充てよ〈内、公據を請はずして未だ行かざれば、擅行の半を減ぜよ。其の已に行くは、賞を給ふの外の船物は、なお没官せよ〉。其の餘の船に在る人、船物の主に非ずと雖も、各々杖捌拾《はちじゅう》已上とせよ。保人《ほにん》（保証人）は並びに犯人より参等を減ぜよ。

B旧市舶法を勘会《かんかい》するに、商客前に三佛齊《シュリビジャヤ》等の処に至るを許すと雖も、高麗・日本・大食《タージー》の諸蕃に至りては、皆な法禁有りて、許さず。諸蕃国は遠く大海を隔つるに縁りて、豈《あ》に能く中国を窺伺《きし》せんや。法禁有りと雖も、亦《ま》た断絶すること能はず。法を冒して私に去《ゆ》くことを免れず。今、欲すらくは、北界・交趾《こうち》を除くの外、其《そ》の餘《よ》の諸蕃国、未だ嘗《かつ》て中国に害を為さざるは、並に前去《ぜんきょ》することを許さん。惟《た》だ兵甲器仗を興販し、及び女口《じょこう》・姦細《かんさい》（心がねじけて嘘をつく人。スパイ）并《なら》びに逃亡軍人を将帯することを許さず。如《も》し違はば、一行有るところの物は並に没官すべし。仍《よ》りて出すところの引《いん》を検《しら》べて内外に明に声説す。

C勘会するに、諸蕃・舶州の商客、諸国に往かんと願はば、官、検校《けんぎょう》を為せ。去くところの物、及び一行の人口の数、詣るところの諸国を引牒《いんちょう》に給与し、次《ついで》を付して捺印せよ。其の船に随ふ盗を防ぐの具、兵器の数は並びに暦を量りて抄上し（航海の日数を勘案して記録し）、回《かい》日《じつ》（帰還の日）を候《ま》ちて照点《しょうてん》し、少欠《しょうけつ》するを得ず。如し損壊散失有らば、亦た須く一船人の保明を照験《しょうけん》する文状を具有して、方《まさ》に罪を免すことを得べし。

D勘会するに、商販人、諸国に前去するに、並に妄《みだり》に奉使の名目を称作し、及び妄に表章を作り、妄に称呼有ることを得ず。並に共に商販を以て名と為せ。如《も》しまさに文字を行移《こうい》すべくは、只だ州縣に陳訴する體例《たいれい》に依りて、状を具《つぶさ》にして陳述せよ。如し蕃商、船に隨ひて宋国に来るを願ふことあらば、便に従ふを聴せ。

E諸そ商賈、諸蕃に販して回《かえ》り〈海南州に販し、及び海南州の販人販到するも同じ〉、抽買すべくして、輙《たやす》く隠避せば〈謂ふこころは、曲避詐匿《きょくひさとく》し（意図的に逃げ隠匿する）、故《ことさら》に託して名を易《か》へ、前期伝送し、私に自ら貨易《かえき》するの類なり〉、綱首・雑事・部領・梢工は〈親戚をして管押《かんおう》せしむるも同じ〉、各々徒貳年とし、本城に配す。即ち人を雇ひ募りて管押し、而して雇ひ募るところの人と倩人《せいじん》（雇い人）と避免せば、及び倩《せい》するところの人は、此に准へて隣州に編管《へんかん》す。若《も》し引領停蔵《ていぞう》、負載交易し、并びに販客《へんきゃく》せば壱等を減ぜよ。餘人は又た貳等を減ぜよ。蕃国の人は坐《つみ》せず。即ち船に在る人、私に自ら犯さば、綱法に准へてこれを坐せよ。綱首・部領・梢工の同保人、覚へざれば、杖壱佰以上。船物は〈綱首・餘人及び蕃国の人を分たず、壱人犯有らば、同往の人、情を知らずと雖も、餘人、情を知るに及ばば、並びに此に准へよ〉、賞を給ふの外、並びに没官せよ〈情を知らざれば、己の物の参分を以て没官せよ〉。

F諸そ海商の舶貨、抽買を避くれば、船物はまさに没官すべし。而して已に貨易伝買せば、直《ちょく》（価格）を計《かぞ》へ、犯人者の名下において追理《ついり》（処罰）す。足らざれば、同保人備償せよ。即ち船物を以て賞を給ふべし。而して内、まさに同じく博買すべきものにおいては、博買すること法の如し。

G諸そ商賈、海道に由りて諸蕃に販せし者〈海南の州縣も同じ〉、もと船を発せし州の船にあらざる者、抽買し訖《おわ》らば、もと発せし州に報じ、実を験《しら》べて籍を銷《けず》れ。

H諸そ海商、冒越して禁ずるところの国に至らば、徒三年とし、仟里に配す。もし冒して禁ずるところの州に至らば、徒貳年とし、伍佰里に配す。若し公験《くげん》・物籍を請はざれば、行く者に准へて徒壱年とし、隣州に編管《へんかん》せよ。もし物貨を買易し、而して輙く籍を注さざれば、杖壱佰。同保人は壱等を減ぜよ。

「勅条下項」の内容

まずAは公憑の発給方法、および公憑の交付を受けずに渡航した場合の罰則規定、告言人《ごうごんにん》（告発者）への給賞規定を記す。

Bは市舶法を勘会した上での確認事項であり、渡航禁止先の国々が示され、また武器販売の禁止や帯同してはならない者に関する規定が掲げられている。ここでは「旧市船法」では高麗・日本・大食が法禁の国になっていたが、この時点では北界（大遼国＝契丹か）と交趾以外は中国に害にならないので、渡航が許可されているとある点が注目されよう。

C・Dも市舶法の確認で、Cは船物・乗組員、またBに見える武器販売禁止に関連して、対海賊などのために携行した防衛用の武器を販売しなかったことをチェックするために、帰国時の検査実施とその規定を記したものである。

上掲のように、公憑の冒頭には船数、綱首・梢工・雑事・部領と称される役者名と乗組員名、「物貨」の項で積載物名、そして「防船家事」として防具名などが掲げられており、Cの遵守が図られたことが知られる。

Dは商人が相手国に文書を出す際の規定で、商売以外の目的、たとえば勝手に外交使節を名乗ったりすることを戒めている。この点に関しては、後述のように、来日宋商人が明州の牒状をもたらす事例が存し、また成尋の弟子たちの帰国に際して、一行の通事をつとめた陳詠とこの時期にしばしば日本に来航していた孫吉との間で、どちらが皇帝の文書や新訳経・仏像などもっとも名分のあるものを運んで渡航するかが議論になっており（『参記』巻八煕寧六年六月一一・一二日条）、商人にとってはこうしたものを携えることが渡航先での活動を円滑にするためにいかに必要であったかがうかがわれよう。

なお、D末尾には外国商人で宋商人の帰国に随伴して宋に来ることを希望する者があれば、それを聴すという規定が示されており、注目される。

E～Hは抽買、すなわち貨船幾分の収買を忌避する行為や禁国・禁州への冒至《ぼうし》（禁令をおかして渡航すること）に対する罰則を掲げたものである。複数箇所に記されたEの割書部分には、抽買忌避のためのいくつかの手法が記されており、こうした行為が頻発していたことをうかがわせる。また本来の船主ではなく、「雇募人」が渡航して交易した場合、その他船物の扱いなど、想定される事態が細かく規定されているのも、抽買忌避が横行していたことを示していよう。

Fは、抽買忌避の罪により没官となるべき船物を転売するという罪を重ねた者に対する処罰、ないしは備償を規定したものである。

Gは、Aに公憑は「舶を発せんことを願う州」が発給し、帰国後は「舶在る州の市舶司に（抽解を）納む」べきである（日本への渡航の場合は、明州の市舶司が管轄した）と記されていることに関連した違法行為、Hは、Bの禁国、Aの禁州などへの渡航の際の罰則を述べたものである。

蘇軾の奏状

Bには「旧市舶法」がみえ、宋代には何度か海外渡航政策の変更があったようである。この点を、詩人としても著名な文人政治家である蘇軾《そしょく》（蘇《そ》東坡《とうば》）が、元祐五年（寛治四＝一〇九〇）八月一五日に呈した「乞禁商客過外国状（商客、外国に過ぎるを禁ぜんことを乞うの状）」（『全宋文』巻一八七六所収）に探ってみたい。

蘇軾奏状は宋商人の高麗通交にともなう不正行為を指摘し、表題の如くに「禁商客過外国」ことを規定しようとしたもので、関連して慶暦（慶暦年間＝一〇四一～四八）編勅、嘉祐（嘉祐年間＝一〇五六～六三）編勅、熙寧（熙寧年間＝一〇六八～七七）編勅、元豊三年（一〇八〇＝承暦四）八月二三日剳子《とうし》節文《せつぶん》（通達書。「節文」は要旨・簡略文のこと）、元豊八年（一〇八五＝応徳二）九月一七日勅節文、元祐（元祐年間＝一〇八六～九三）編勅といった関連法令が引用されており、宋代の海外渡航規定の変遷を知るうえで貴重な材料を呈している。

蘇軾奏状が上奏されるにいたった契機には、つぎの三つの事件があった。

①元祐四年（一〇八九＝寛治三）に杭州が泉州百姓徐戩《じょせん》公案を奏し、徐戩が経板二九〇〇余片を雕造し、これを高麗に売って銀三〇〇〇両を得るとともに、高麗僧壽介《じゅかい》を宋に入国させたので、「千里外州軍編管」（千里外の州軍に編籍させること）の処罰を求めた。

②元祐五年七月一七日に杭州市舶司は泉州綱首徐成《じょせい》の告言により、高麗への渡航を目的とした公憑を利用して遼に渡航しようとした商人王応昇《おうおうしょう》らを未然に取り押さえた旨の高麗国礼賓院牒《らいひんいんちょう》を報告した。

③元祐五年八月一〇日転運司牒《てんうんし》によると、高麗に行き厚利を得た商人李球《りきゅう》の交易内容と高麗人使李資義《りしぎ》ら二六九人の明州への到来が報告されている。

以上はいずれも高麗がらみの出来事であるが、「況《いわ》んや高麗は契丹に臣属し、情偽測り難し」と警戒されており、宋にとってはその先にある契丹（遼）との関係が大きな問題であった。

そこで、蘇軾奏状では、熙寧四年（一〇七一）以前は高麗への航行が禁止されていたのに、熙寧四年に高麗の招来がはじまり、「諸蕃、船に附きて入貢するを願うを許し、或いは商販の者も聴す」となり、「奸民猾商《かんみんかつしょう》、争いて公憑を請い、往来すること織《お》るが如く、公然として外国人使を乗載し、附搭《ふとう》して入貢し、所在を掻擾《そうじょう》す」という事態が生じたことを批判し、対策を求めているのである。

宋朝の海外渡航政策

この蘇軾奏状の骨子をふまえて、以下宋代の海外渡航規定変遷の要点を見ていきたい。まず熙

寧四年（一〇七一＝延久三）以前の編勅では、

客旅商販、高麗・新羅及び登・莱州の界に往くことを得ず、違わば、並びに徒二年、船物は皆な官に没入す。

というのが主旨で、これは「祖宗立法の意」＝「姦細の因縁、契丹と交通するを防がんがため」であるという。蘇軾奏状には四代仁宗（在位一〇四一～六三年）のときの慶暦編勅・嘉祐編勅も掲げられているが、これらは公憑交付の条件や法禁を犯したときの処罰を規定したもので、「祖宗立法の意」の改変はなかった。

五代英宗（在位一〇六三～六七年）のつぎに即位した六代神宗《しんそう》（在位一〇六七～八五年）のとき、熙寧四年につぎのような改変が行われたのである。

発運使羅拯《らじよう》、始めて人を遣して高麗を招来するは、一生の厲階《れいかい》にして、今に至りて梗《うれい》と為れり。《熙寧編勅》、稍稍《やや》、慶暦・嘉祐の法を改更す。

この点に関連して、『高麗史』をひもとくと、これ以前から宋の商人が高麗に赴き、「宋商○○来献土物」と記された記事が散見していることが知られる（文宗一九年〔一〇六五〕九月癸未《きび》条など）。

しかし、宋が正式に高麗の招聘を企図したのは、神宗即位後の熙寧元年（一〇六八）のことであり（『高麗史』巻八文宗二二年七月辛巳条）、発運使《はつうんし》羅拯に命じて黄慎《おうしん》なる者を高麗に派遣しており、その際に宋の商人村寧《そんねい》も同行したものと考えられる。高麗側から宋に正式に朝貢を行ったのが熙寧四年三月の金悌《きんてい》派遣（文宗二五年三月庚寅条）であり、蘇軾奏状はこれを以て熙寧四年を画期とする見解を示しているのである。

このようにして宋と高麗の正式の通交関係がはじまったが、熙寧編勅には、「即ち船に乗りて海道より界河に入り、及び北界・高麗・新羅幷びに登・莱の界に往きて商販する者は、各々徒二年」と規定されており、高麗は渡航禁止地のままであった。ただし、実際には高麗の宋への入貢が行われていたので、元豊三年（一〇八〇＝承暦四）八月二三日中書劄子節文において、

諸そ廣州市舶司に非ずして、輒《たやす》く南蕃綱舶船を発過し、明州市舶司に非ずして、日本・高麗に発過する者は、違制を以て論じ、赦降《しゃこう》を以て官を去るを原減せず。〈其の高麗に発する船は、

仍りて別條に依れ。〉

と規定され、日本・高麗への渡航は明州市舶司の認可の下に許容されていたことが知られる。また高麗から来航した船は別条により処理することも記されている。

そして、元豊八年（一〇八五＝応徳二）九月一七日勅節文では、

諸そ杭・明・廣州に非ずして輒く海商の舶船を発する者は、違制を以て論じ、以て官を去るも赦降原減せず。諸商賈、海道に由りて諸蕃と販すは、惟だ大遼国及び登・莱州に至ることを得ざれ。即ち諸蕃、船に附きて入貢し、或いは商販することを願う者は、聴せ。

と令せられ、ついに高麗は渡航禁止地から削除されている。この年三月に神宗は死去しており、この勅はつぎの哲宗《てつそう》（在位一〇八五〜一一〇〇年）が発したものであった。

哲宗代の元祐編勅では、「或いは船に乗りて海道より界河に入し、及び新羅、登・莱州の界に往く者は、徒二年、五百里編管」とあり、新羅は残っているが、高麗はやはり削除されていることがわかる。

蘇軾奏状は、元豊八年勅による改変で「祖宗以来、人、高麗・新羅に往くを禁ずるの條貫《じょうかん》（条項）、一時に削去し、又商賈、擅《ほしいまま》に諸蕃を帯して船に附して入貢するを得ることを許せり」となった点を批判し、「高麗をして因縁の猾商、時來朝貢し、中国を掻擾するを免ずるを惟《い》とせず、実に中国の姦細《かんさい》、因りて高麗に往きて、遂には契丹に通ずるの患を免ずる」ことが急務であり、慶暦・嘉祐編勅の規定の施行を要望するものになっている。

成尋入宋のタイミング

以上が蘇軾奏状の概要と海外渡航規定変遷の要諦である。これを『朝野群載』に残る公憑と比較すると、公憑は八代徽《き》宗《そう》（在位一一〇〇〜二五年）の崇寧四年（一一〇五＝長治二）のものであるが、つぎのような対照ができる。

A…渡航禁止地は「登・莱州界」と還であり、元豊八年勅や元祐編勅による変更の規定に則っている。

B…「旧市舶法」では高麗・日本・大食も法禁の対象であったが、現行では許されているとあるので、やはり元豊八年勅やまた元豊三年劄子節文などをふまえた元祐編勅での変更に則った規定になっている。

D…蕃商で宋に入国を求める者の同行を許すという規定は、元豊八年勅の「即ち諸蕃、船に附きて入貢し、或いは商販することを願う者は、聴せ」に依拠したものである。

こうした特徴を勘案すると、公憑は元豊八年勅による改変をふまえた規定内容になっていることが明白で、蘇軾奏状は結局のところ採用されなかったことがうかがわれる。

成尋入宋のタイミングとしては、後冷泉天皇の崩御、後三条天皇の即位という代替わりとともに、北宋と対立する契丹（遼）に服属していたことで通交が途絶していた高麗と宋の関係が回復するのが神宗即位後の熙寧元年（一〇六八）で、同四年三月には高麗側から宋に正式に朝貢を行っている点にも留意したい（『高麗史』巻八文宗二二年七月辛己条、二五年三月庚寅条）。

神宗期にはこうした国際関係の画期があり、勅許を待つ間に大宰府に下向していた成尋は宋商人などからの情報でそのような情勢を知り、陳詠との事前の連絡をふまえたうえで、渡海を決行したのであって、陳詠はその頃合いを計算して杭州で邂逅することができたものと思われる。

敦賀津と宋人の来航

成尋の弟子たちの帰朝時の様相や陳詠のその後については後述することにし、宋商人の来航のあり方として、大宰府以外の地、北陸道・山陰道方面での様態をみておきたい（一四七ページの表）。

北陸道の越前国敦賀津《つるがのつ》に商客が来航した初例は朱仁聰《しゅじんそう》であったが、その後しばらくは来航者がみられない（朱仁聰Ⅱが惹起した諸問題によるか）。

一一世紀中葉以降にふたたび来航例が出現し、再開初例の林養《りんよう》・俊政《しゅんせい》のうち、林養は但馬国に居住したことが知られる。すなわち、成尋が利用した船中では林皐《りんこう》という者から日本語で航海の状況を教えられているのであるが、彼は字を林廿郎《りんにじゅうろう》と称し、「但馬唐人林養」の子であるという（『参記』巻一延久四年三月二二日条）。

林養の来日時と船員としての就労可能年齢から考えて、林皐は日本で誕生したのではなく、父とともに来日・居留するなかで日本語に通暁していったと思われる。

但馬国には天日槍《アメノヒボコ》到来の伝承があり、天長四年（八二七）に渤海使が当地に来着したとき、国博士林遠雄《はやしのとおお》が応対にあたっており（『類聚三代格』巻一八天長五年正月二日官符）、但馬には外国人応接可能な環境があったのかもしれない。その他、「伯耆唐人」の楊忠《ようちゅう》らが陸路から大宰府管内に来着したという事例も知られ（『為房卿記《ためふさ》』応徳二年〔一〇八五〕七月四日条）、「北海」（『出雲国風土記』）と称された日本海を介して、筑紫あるいは越方面への結節点としての山陰道の便宜が考慮されたうえでの居留ではなかったかと思われる。

山陰道諸国と敦賀津との関係を示す例として、少し時期が下るが、元永二年（一一一九）ごろの某書状（『平安遺文』四六七三・七四号、東寺本東征伝裏文書）に注目したい。これは丹後目代《もくだい》宛のものと見られ、丹後国から白鑞《はくろう》入手の依頼を受けた若狭側の人物が、国司の苛政によってここ一・二年は唐人が着岸していないことを述べるとともに、「敦賀唐人」のところには求める物品があるかもしれないので、尋ねてみる旨を伝える内容である。

時の丹後守は藤原顕頼《あきより》で、彼は白河院近臣として著名な為房《ためふさ》の孫、父はこれまた「夜関白」と称された院近臣の葉室顕隆《はむろのあきたか》であり、若狭守は高階宗章《たかしなのむねあき》、越前守は北家魚名末茂《すえしげ》孫の藤原顕盛《あきもり》（『尊卑分脈』二―三六〇頁。祖父は健季《たけすえ》、父は長実《ながざね》で、長実の弟家保《いえやす》は善勝寺流の祖）と、いずれも院近臣であった。したがってそうしたつながりも背景にしつつ、山陰道の国司が唐人来着地である敦賀津との連絡回路を有し、唐物の入手を企図していたようすが見受けられる。

では、敦賀津への商客来航の様相はどうであったか。寛治五年（一〇九一）、加賀守藤原為房は京上の途中、敦賀官舎で休息した際に、宋人陳苛《ちんか》という者から「進籍」を受け、これに資粮を賜与している（『為房卿記』七月二一日条）。「進籍」は名簿《みょうぶ》捧呈による臣従を示す行為で、上述の周良史Ⅰの関白藤原頼通に対する捧呈例を嚆矢《こうし》とし、この段階では為房クラスの有力者にも及んでいたことがわかる。

この敦賀津での交流の余慶なのか、為房は入京後に堀河天皇に唐紙を献上しており（『為房卿記』八月一七日条）、また修理大夫橘　俊綱《たちばなのとしつな》（じつは藤原頼通の子）という者からは唐菓物を送られている（『為房卿記』一〇月二五日条）。この年には宋人堯忠《ぎょうちゅう》が敦賀津に来着したという情報に接し、国行《くにゆき》という者に託して方物《ほうもつ》を送るという交流も知られる（『為房卿記』閏七月二一日条）。為房は摂関家の家司《けいし》も務めており、天皇・院や摂関家などとの結節を可能にできる人物として、宋商人とのつながり、あるいは唐物が到来する回路が構築されていたと目される。

ちなみに、『平家物語』巻四「南都牒状」には「祖父正盛、蔵人五位の家に仕へて、諸国受領の鞭をとる。大蔵卿為房、賀州刺史のいにしへ、検非所《けんびしょ》に補し、修理大夫顕季、播磨太守たッし昔、厩別当職に任ず」とあり、伊勢平氏台頭の嚢祖《のうそ》となる平正盛はこの加賀守為房の受領郎等から出発し、院近臣として地歩を上昇していく。あるいは為房の宋人との接触を最前線で体験したことが、後代の平氏と日宋貿易のつながりに発展していくのかもしれないが、その実相はのちに検討したい。

その他、『金剛頂瑜伽《ゆが》経《きよう》十八會指揮』一帖の奥書には、康和二年（一一〇〇）に白山への参詣途次に、敦賀津で唐人黄昭《おうしよう》という者を雇って書写させたとあり（『平安遺文』題跋編六四五号）、能書の唐人が居留していた。天永元年（一一一〇）には若狭国唐人楊誦《ようしよう》が越前国司を訴えた解状を進上し、その文中には「若《も》し裁定無くば、近く王城に参りて鴨の河原の狗《いぬ》と為り、骸骨を屠《ほふ》られん」云々の句があったので、人びとは恠《あや》しんだという（『永昌記』六月一一日条）。

時の越前守藤原仲実《なかざね》は、公季《きんすえ》公孫の実季《さねすえ》の子、兄公実《きんざね》は三条の祖で、自身は顕季の女を室にしており、やはり院近臣層に属する。じつはこのころ以降に敦賀津では宋人の来航例がみえなくなっており、上述の某書状と合せて、院近臣の国司の苛政といった阻害要因が顕著になったこと、また一一二六年の北宋滅亡なども考慮してみたい。

交流の拡大

唐房の成立

では、最大の商客来着地である大宰府周辺の様相はどうであろうか。大宰府の管轄下には鴻臚《こうろ》館《かん》が存在し、ここで外国使節や商客の安置・供給を行っていたが、発掘調査の成果によると、鴻臚館の遺構は一一世紀前半には終焉を迎え、いっぽう、一一世紀後半からは博多地区で大量の貿易陶磁器が出土しており、この間に交易の拠点が鴻臚館から博多に移動していくと目される。

ここに登場するのが商客らが滞在する唐房《とうぼう》（坊）であり、「唐房」の初見史料は永久四年（一一一六）五月の日付を持つ『観音玄義疏』一冊奥書（『大日本史料』第三編之十八―一七三〜一七四頁）の「筑前薄多津唐房」であるが、一一世紀中葉には商客の「宿房」が散見しており、鴻臚館とは別の場所、おそらくはそれに近接する博多地区に居留地が形成されはじめていたと考えられる。

永承二年（一〇四七）一一月九日には大宰府が「大宋国商客宿房」の放火犯人四人を捕獲し、禁獄したといい（『扶桑略記』）、康平五年（一〇六二）には王満《おうまん》の宿房で香気があり、これは茅《ぼう》

大宰府の外交機関・施設の変遷

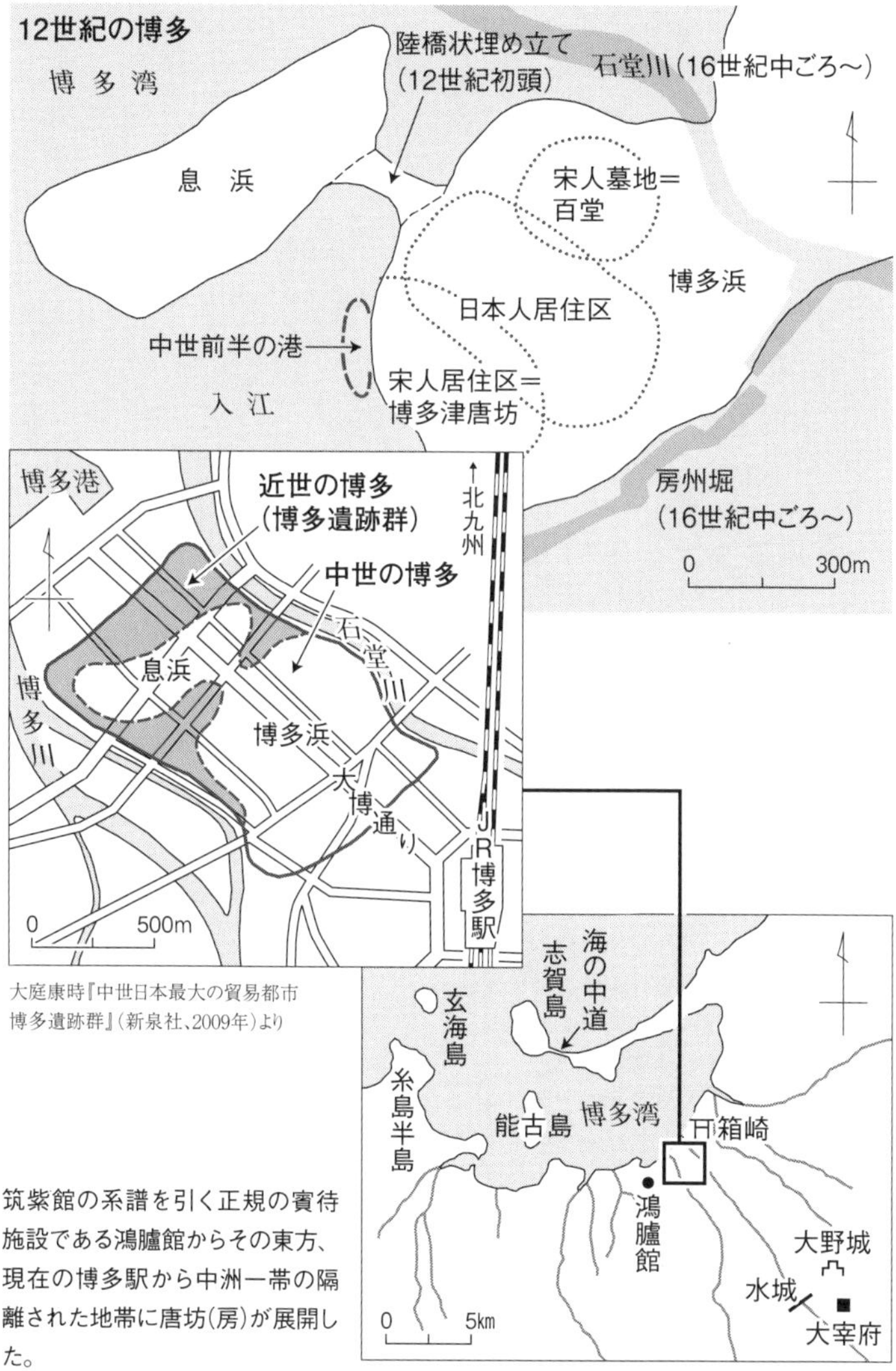

大庭康時『中世日本最大の貿易都市 博多遺跡群』（新泉社、2009年）より

筑紫館の系譜を引く正規の賓待施設である鴻臚館からその東方、現在の博多駅から中洲一帯の隔離された地帯に唐坊（房）が展開した。

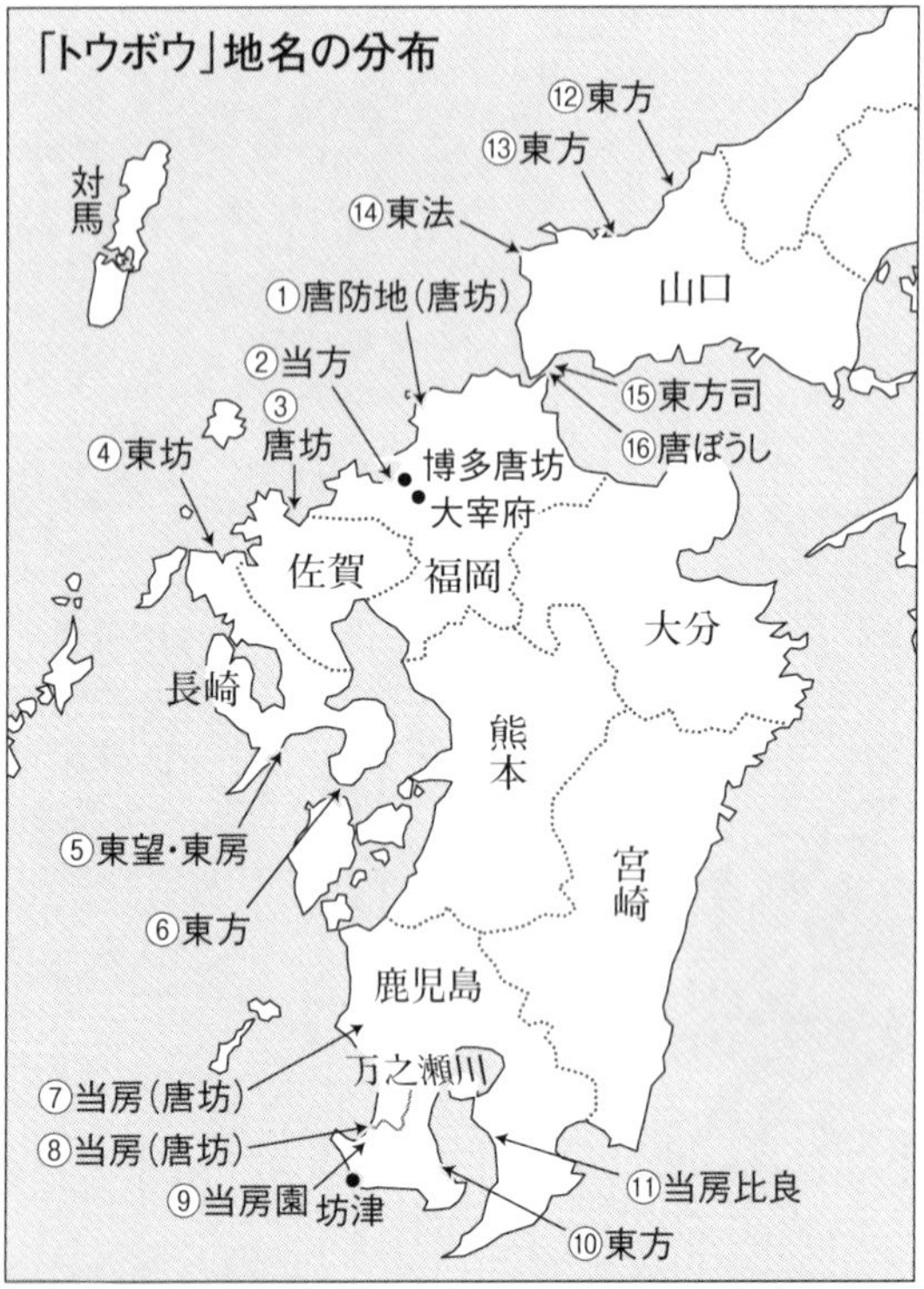

番号	所在地	番号	所在地
①	福岡県福津市津屋崎在自	⑨	鹿児島県南さつま市加世田益山
②	福岡県福岡市西区姪浜	⑩	鹿児島県鹿児島市喜入生見町
③	佐賀県唐津市佐志	⑪	鹿児島県垂水市
④	長崎県松浦市御厨町免	⑫	山口県阿仁郡阿武町奈古
⑤	長崎県長崎市矢上町	⑬	山口県長門市三隅町中
⑥	長崎県南島原市口之津町甲	⑭	山口県下関市豊北町神田
⑦	鹿児島県薩摩川内市五代町	⑮	山口県下関市大坪
⑧	鹿児島県南さつま市加世田小湊	⑯	山口県下関市赤間関後地

柳原敏昭「唐坊と唐人町」『日本の対外関係4』を改変

中国人の来航・居留に関係する地名「トウボウ」の広がりを示す。

香《こう》であったらしいが、その成分を秘するためか、ついに所見することができなかったという事例も知られる（『香要抄』末・茅香）。

王満の件については、「異州之通事」呉里卿《ごりきょう》、すなわち中国人である大唐通事が報告しており、商客らは大唐通事の管轄下に滞在・居留していたと推測される。

商客が滞在する宿房には綾錦や能言（人間の言葉をしゃべることができる）鸚鵡など珍宝・珍禽獣があふれていたらしく、垂涎《すいぜん》の的《まと》になっていた（『雲州消息』巻下末・鎮守都督書状）。後代のことになるが、入宋前の栄西《えいさい》は博多唐房で唐船の解纜《かいらん》を待つとともに、大唐通事から禅宗の隆盛など宋仏教に関する情報を入手している（『栄西入唐縁起』仁平二年〔一一六七〕条、『興禅護国論』中・下）。

こうした物資を狙ってか、上掲の放火犯人以外にも、唐房や宋人への襲撃事件が知られる。長承元年（一一三二）には大宰府に参着した商客が殺害され、唐房を焼かれるという事件があり、大宰大弐に申問することや官使の派遣が検討されている（『中右記』七月二八日条）。

仁平元年（一一五一）には、大宰府の目代や府官で検非違所《けびいどころ》の武力を掌握する大蔵氏流の人びとが、五〇〇余騎の軍兵を率いて、筥崎《はこざき》・博多を一括して大追捕（大索《おおあなぐり》。犯罪者などを大規模に捜索すること。ぬすびとあさり）を行い、宋人王昇《おうしょう》の後家からはじめて一六〇〇家の資財を運び取るという出来事があり、これは「唐坊在家之資財」を運び取るとも表現されるものであった（『宮寺縁事抄』「筥崎宮造宮事」文治二年〔一一八六〕八月一五日中原師尚《もろなお》勘申）。

なお、地名の「トウボウ」（東方〔防・法〕・当方などとも表記）は山口県の日本海側から九州島の西岸一帯、薩南地域にまで広く点在しており、これらをすべて中国人居留地に結びつける理解もあるが、貿易陶磁器の出土量なども考えあわせて、時期が下った段階での偏差を考慮しても、やはり平安末・鎌倉前期においては唐房は博多津のみに存したとみるのがよいだろう。

指呼の間にある筥崎や今津（『源平盛衰記』第一一「大臣所労事」に治承三年〔一一七九〕に宋人医師が来着したとある）を含めて、そのように理解しておきたい。

とすると、『教訓抄』巻八・琵琶に、「太宰ノ帥経信《つねのぶ》ノ卿ノ申され侍ケルハ、ハナカタノ唐防ニテ引キ聞カバ」とある「ハナカタノ唐防」は「ムナカタノ唐防」（宗像唐坊）と解する説もあるが、やはり端潟《はかた》＝博多唐坊と解すべきであろう。

大宰府での交流

つぎに大宰府における宋人との交流のようすをみてみよう。『教訓抄』に登場する経信は宇多源氏の源経信のことで、嘉保元年（一〇九四）に大宰権帥に任命、翌年七月に赴任し、永長二年

（一〇九七）閏正月六日に死去した。

そのとき、『散木奇歌集《さんぼくきかしゅう》』（源俊頼《としより》撰）には、「はかたにはべりける唐人ともあまたもうてきてとふらひけるによめる」として、

たらちねに別ぬる身は　唐人のこととふさへも此世にはにぬ

の歌がみえており、経信の葬儀に宋人が参列したこと、つまりは府官長である経信が宋人とつながりを構築していたことを示唆している。経信の二男基綱《もとつな》は、天仁三年（一一一〇）に李侁《りせん》という者と書状を往復しており（『朝野群載』巻二〇異国「宋人書状 副返事」）、父子二代にわたる関係形成が看取される。

宋朝李侁、稽首再拝謹言。

言上す。

右、先年、宰府の御館、見参の日、拙詩数首を進献し、一覧して答有り、和有りて、以て面目と為し、又家宝と為せり。侁、往歳、強盗に遭い、竟《つい》に裁報《さいほう》無し。中文一通、大府を経て、

施行せらるるや否や。唐牌《とうはい》、簇子《ぞくし》二損《そん》を以て進上す。幸ひに率易《そつい》を恕《ゆる》されん。惶恐惶恐、侁、頓首再拝謹言。

天仁三年四月二十六日。　宋朝李侁申文。

進上治部卿殿下〈政所〉。

返報。

盗賊の訴、若し僉議《せんぎ》に及ばば、専一の詞を加うべきの由、存じ思う所なり、てへり。礼部納言の御教旨を奉るに偁《いわ》く、夏月の書札、秋風に到来せり。千里の蒙、一時にこれを撃てり。感欣、感欣す。抑《そもそ》も先年洛を辞して、累日《るいじつ》府に在り。拾謁《しゅうえつ》の間、六義《りくぎ》言を形《あらわ》し、以て贈り以て答う、昨の如く今の如く、彼の露膽《ろたん》を忘れず。今風聞を警《いまし》むるは、藺蕙《いけい》の気より芳しく、膠漆《こうしつ》の義よりも堅し。贈る所の図状二損、時の一物と謂うべし。朝に見て暮に披《ひら》き、眼を貴び心を養へり。古賢の行い、宜しく庶機《しょき》すべき者なり。珍重、珍重。予、早く九卿に列し、已に二品に登れば、都督の任、其の運は自然なるか。本意淦《およ》ばず、中心にこれ存す。聊《いささ》か此の草を摘み、返簡に報ずる者なり。厳旨斯《かく》の如し。宜しく以てこれを悉くすべし。以て状す。

閏七月　日　令。

李侁は先年に大宰府の御館で漢詩の交歓に与った旨を述べており、これは基綱が父経信の赴任に随行して府下に滞在していたことを示すものである。

こうした漢詩の交歓は東アジア世界に通有の教養と友好の証しであり、府官長の任務の一端をうかがわせる。

李侁は前回の来航時にこうむった強盗事件の裁決の通達がないことに不審を抱き、審議進捗状況を尋ねており、時に治部卿であった基綱は今回の贈物に謝意を述べるとともに、審議があれば発言する（李侁の有利になるようにの意か）旨や、自分も二位に昇叙したので、いずれは府官長に任用され、大宰府で再会するだろうという展望を伝えている（永久四年〔一一一六〕正月権帥になり、一二月三〇日死去）。

ちなみに、返報の文中の「礼部」は治部卿の唐名《とうみょう》で、源基綱をさし、この返状は基綱の意を体して、家司が書いたものである。

上掲の宋朝の公憑に記載されている商客であるが、長治二年（一一〇五）に来着した李充《りじゅう》という者は、康和四年（一一〇二）に荘厳の人徒として来航した際の交易代金回収未了があり、そのために参来したと述べている（『朝野群載』巻二〇同年八月二二日存問大宋国客記）。李侁の前回の来航時というのも、経信の死去、基綱の帰京後のこと、今回の来航に近接する時期のものと目される。

ここには来航間隔の短縮と頻繁な到来の短期往来型への変遷が見て取れ、その背景として唐房のような拠点の存在、日本側の有力者とのつながりやさまざまな人びととの交易関係の形成などが考えられる。

寛治五年（一〇九一）に「大宋国前代帝号唐李氏王孫」の李允《りいん》は、交易活動において民部大夫の高誼を得たので、秘匿の『霊棋経《れいききよう》』を書写し進上したといい（東京大学図書館蔵「霊棋経」奥書）、これはさらに府目代の大江通国《おおえのみちくに》が大宰府で伝学して中央にもたらしたことが知られるので（『長秋記《ちようしゆうき》』大治四年〔一一二九〕五月二〇日条）、大宰府周辺に存したものと目される。

「唐房」の初見史料では、大宰府下の大山寺《だいせんじ》が委託した船の船頭が宋人龔三郎《きようさぶろう》という者であることがわかり、延暦寺の末寺である大山寺にはまた、叡山大衆《だいしゆ》の悪僧が下向して、宋人の物を借り求めるなどして交易に携わっていたようすが示されている（『三十五文集』長治二年正月検非違使移）。

また、観世音寺《かんぜおんじ》別当暹宴《せんえん》は「腰引禅師」と称され、交易を生業としており、その財力で観世音寺を修理し、さらに法橋に任じられたという（『中右記』天承二年〔一一三二〕五月五日条）。

その他、大宰府下での行為か否か不明であるが、寛治七年（一〇九三）に多峰妙楽寺《とおのみねみょうらくじ》の済厳《さいごん》は大宋国福州商客林通《りんつう》と相会して、般若心経の宋音での読経を伝授されている（『異訳心経』奥書）。また大宰府下の宋人に対して高麗王子で入宋も果たした学僧として著名な義天《ぎてん》との通交、経典章疏の入手を依頼する例が知られ、これは興福寺に到来し、薬師寺でも書写されているので（『平安遺文』題跋篇六七五号阿彌陀経通賛疏巻下一帖奥書）、南都諸寺も宋人とのつながりを有していたことがうかがわれる。

宋人を介した高麗からの経典入手はほかにも事例があり（『大宰府・太宰府天満宮史料』巻六弘賛法華伝二冊奥書）、こちらは大宰府において多くの写本が作成されたようすが見受けられる。

府官の活動

以上のように、一一世紀中葉以降には、大宰府また敦賀津のような到着地でも宋人とのさまざまな交流が形成、顕在化するのであるが、大宰府の機構を支える府官クラスの在地有力者の動向はどうであろうか。

まずは『今昔物語集』巻二六第一六話「鎮西貞重《さだしげ》従者、於淀買得玉語」を糸口に検討してみたい（『宇治拾遺物語』下―一八〇〔巻一四ノ六〕「珠ノ価、無量事」も参照）。

今昔、鎮西ノ筑前ノ国、［　］ノ貞重ト云、勢徳《せいとく》ノ者有ケリ。字ヲバ京大夫トゾ云ケル。近来有ル筥崎ノ大夫則重ガ祖父也。其貞重ガ、［　］ノ輔ノ任畢《おわり》テ上《のぼり》ケルニ、送リテ京上ストテ、宇治殿ニ参ラセム料、亦、私ニ知タル人ニモ志サント、唐人ノ物ヲ六七千疋許《ばかり》借テケリ。其質ニ、貞重、吉キ大刀十腰ヲゾ置タリケル。（中略、舎人男が淀で玉を買う）貞重、船ヨリ下ルママニ、物借《かり》タリシ唐人ノ許《もと》ニ行テ、質ハ少クシテ物ヲ多ク借《か》シタリシ喜ビ［　］（中略、舎人男所持の玉をめぐる下衆《げす》唐人とのやりとり）貞重ガ郎等取リ伝ヘテ、取セタレバ、船頭、玉ヲ受取テ、打振テ見マヽニ立走テ、内ヘ入ヌ。貞重、何シニ入ニカ有ント思フ程ニ、彼質ニ置タリシ大刀ヲ掻抱《かきいだき》テ出来テ、十腰乍《なが》ラ、貞重ニ返シ取セテ、「玉ノ直《あたい》高シ、短也」ト云事モ不云、何ニモ云事無シテ止《やみ》ニケリ。貞重モ□テゾ有ケル。水干《すいかん》一領ニ買タリケル玉ヲ、十疋ニ売ンダニ高シト思ケルニ、若干ノ物ニ補シテ止ニキ。現ニ奇異《おかし》キ事也カシ。（下略）

ここに登場する貞重は、宇佐八幡宮と紛擾を起こした大宰帥平惟仲《これなか》がその宅で死去し、そのつぎの大宰大弐藤原高遠《たかとお》が筑後守菅野文信《すがののふみのぶ》と対立した際に府官長を支える府官の筆頭者（貫主《かんじゅ》）としてみえる秦定重《はたのさだしげ》に比定される（『小右記』寛弘二年（一〇〇五）四月七日条、『御堂関白記』同

宋船模型　全長30メートル、幅10メートル弱、300トン相当の木造船で、外洋航海に耐えられる強いキール(竜骨)を船底に備えている。

六年九月一九日条)。

この一族は定(貞)重―時重《ときしげ》―則重《のりしげ》の系譜で、子時重は府官から少弐になった稀有の事例として知られ(『吉記《きっき》』養和元年〔一一八一〕四月一〇日条)、孫則重は筥崎宮の神官(『散木奇歌集』に「箱崎の神主しげのり」とある)かつ府官の有力者として、後述の孫忠《そんちゅう》らの来航をめぐる案件にも現れている(『水左記《すいさき》』永保元年〔一〇八一〕一〇月二五日条)。

この話は「輔」(大弐か)の任終を送って京上した貞重に随従した舎人男が、淀で水干と交換に玉を入手し、大宰府管内、おそらくは博多に戻ってきたときに、「下衆《げす》唐人」にその玉を見せたところ、大変な価値のあるものであることが判明し、ついには「船頭」（綱首）の宋人がこの玉を得るという内容である。

貞重は京上の際に藤原頼通や知己の人びと（公卿クラスか）に志を贈呈するための資金として宋商人から借財を行っており、こうした信用借りが可能なほどに府官層の人びとが商客と密接な関係を築いていたことが看取される。貞重は朝廷の枢要者への献上品だけでなく、唐物の京上・交易で巨利を得ることが見込まれており、宋人も確実な利益を予見して、質物の評価額よりも多くの借財を融通したようである。

こうした府官層と中央顕紳《けんしん》とのつながりは、小野宮家の高田牧司《たかだのまきのつかさ》にもなっていた藤原蔵規《まさのり》（菊池氏の祖）や宗像妙忠《みようちゆう》などの事例が知られ、彼らは年貢送付とともに、藤原実資に唐物を志送していた。

平安末・鎌倉期の宗像大宮司家には博多綱首と称される僑住《きようじゆう》宋人（後代の華僑のようにその地に居住した宋人）と通婚し、その所生子が大宮司になる事例があり（『訂正宗像大宮司系譜』の氏忠《うじただ》、氏仲《うじなか》）、交易をつうじてより緊密な関係が構築されていくのである。上述の筥崎における宋人居住例も、その一端を示している。

貞重は大刀を質にしているが、刀剣は日宋・日元・日明貿易をつうじて、日本側の輸出品のひとつとして知られる。玉については、大宰大弐から伊勢守宛の書状文例に、勢州蚌胎《ぼうたい》の名月之珠、つまり真珠と麝臍《じゃせい》之香（麝香）・鳳文之《ほうもんの》鏤《ろう》（鳳凰などの文様が彫られた工芸品）や紺青《こんじょう》・蘇芳《すおう》などの唐物との交易を求める字句が見え（『雲州消息』巻下末）、日本側でも玉の価値は認識されていたと思われる。

ただ、日本側の想像以上に価値の差は大きく、貞重の話では宋人は価値を秘匿したまま、ともかくも貞重の質物をすべて返却してくれるほどで、奇異な逸話として伝えられたしだいである。こうした需要と供給、彼我の価値の差があってこそ、交易関係が成立するところではある。

府官ではないが、『今昔物語集』巻二四第二二話「俊平入道弟、習算術語」（『宇治拾遺物語』下―一八五〔巻一四ノ一一〕「高階俊平が弟入道、算術事」）には、大宰権帥藤原実成《さねなり》（公季《きんすえ》の子、長元六年〔一〇三三〕一二月～長暦元年〔一〇三七〕八月任）の下向に随従した者が、宋人に算術を習う話がある。

これは一一世紀前半の話で、このころはまだ長期滞在型の時代であり、いちど渡宋すると、容易には日本に戻ってくることができない状況であったためか、実成が安楽寺《あんらくじ》の訴えにより除名になり、この人物もいったん都に戻り、そのときに親族の反対もあって、宋に行くのを拒否したので、算術の伝授は完璧ではなくなったという（それでも格段の技量であった）。

大宰府ではこうした府官長の随従者も含めて、府官層の在地有力者、府下の有力寺社、また本末関係にある中央諸寺社からの到来者も加わり、多種多様な交流、複雑な人脈が形成され、構造的に日宋貿易を支えるしくみが確立していくのである。

第七章

外交案件への対処と外交感覚

宋からの文書到来

孫吉の来航

前章で大宰府や到着地での商客との様態を整理したが、宋から公的な通交が求められた案件ではどのような対応がとられたのであろうか。成尋《じょうじん》の入宋と弟子五人の帰朝には宋皇帝からの文書や送付品がもたらされており、ここではその応対ぶりや来航商人の活動をみてみたい。

延久五年（一〇七三）の成尋の弟子たちの帰朝に随行して到来したのは、成尋の通事を務めるなかで仏道修行を志し、成尋の弟子として宋朝廷から出家が許され、「悟本《ごほん》」の法名を得た陳詠《ちんえい》（『参記』巻八熙寧六年四月一二日条）、そして孫吉《そんきつ》という者であった。陳詠（悟本）は俗気がなくなったかというと、明州で日本行きをめぐって孫吉と争っており、必ずしも交易活動を退いたわけではなかったようである。

陳詠は都で聖旨を蒙ったと主張、孫吉は明州奉国軍牒を賜っているとして相論になり、結局のところ、もっとも名分がある新訳経・仏像や「大宋皇帝志送日本御筆文書」はこれから船を買って陳詠が、その他の物実《ぶつじつ》と五人の弟子たちはすでに船の準備ができている孫吉が送り届ける、いわば利権を分け合う形で決着している（『参記』巻八熙寧六年六月一一・一二日条）。ちなみに、成尋の「密航」が処断されることはなかった。それどころか、後述の弟子たちの帰国が惹起した外交案件の対応中の承暦《しょうりゃく》四年（一〇八〇）には、その審議に追われる源俊房《としふさ》や源経信《つねのぶ》らが岩倉の大雲寺《だいうんじ》を訪れることがあったらしく（『水左記』承暦四年一〇月二一日条）、この時点で成尋の住房は保存されており、影像が存していたという。

この影像とは『参記』巻八熙寧六年四月一九日条で日本に送付したことが記されている、宋で製作した成尋真影（巻七熙寧六年三月二三日・二七日条、巻八四月一日・一一日条なども参照）のことであり、大雲寺で成尋の事蹟を顕彰していたことがわかる。

また成尋の死後約二〇年を経過した時点のことであるが、成尋の入宋は非常に有名であったらしく、「入唐の間の路次、日域より唐朝に及ぶ図絵」が屛風一二面に仕立てられており、それを白河院が所持していたことが知られる（『中右記』康和四年〔一一〇二〕六月一九日条）。これによって成尋や弟子たちの入宋のようすが目に見える形でくり返し説明され、彼らの声望や大雲寺の寺勢を高めたものと思われる。

さらに成尋真影は、五〇余年後においても、大雲寺の「文化財」として重要であったことが看取される（長承三年〔一一三四〕二月二八日条）。この真影に宋僧の文慧大師智普《ちしん》が述した画賛は『元亨釈書《げんこうしゃくしょ》』巻一六成尋条に伝えられており、著名であったようである。成尋の母方の血筋である源能俊《よしとし》が大雲寺で出家して生を終えようとした際に、能俊を見舞った藤原宗忠《むねただ》が成尋真影を見て「心中随喜」したとあり、大雲寺を訪れる人びとに感銘を与えつづけていたのである。

成尋の弟子たちの帰朝のようすは不詳であるが、宋側からの公的文書・物実の到来は、日本側にその受納の可否、受領するとすれば答信物・返信の送付をどうするかなどの外交課題をつきつけることになった。この外交案件審議は難航したらしく、ときには孫吉・悟本にも対問した上で(『水左記』『百錬抄』承保三年〔一〇七六〕六月二日条)、承暦元年(一〇七七)にいたってようやく「大宋国返信官符」と答信物(六丈織絹二〇〇疋《ひき》・水銀五〇〇〇両)の送付が決定している(『百錬抄』承暦元年五月五日条)。

悟本(陳詠)のその後は不明だが、このときに日本側は孫吉の帰国に随伴して通事僧仲廻《ちゆうかい》を派遣しており、仲廻は宋から慕化懐徳大師《ぼかかいとくだいし》の号を賜与されたという(『宋史』日本国伝、『続資治通《しじつ》鑑《がん》長編』巻二八八元豊元年〔一〇七八＝承暦二〕二月辛亥条)。ちなみに、仲廻が明州に進上したのは大宰府牒であり、以下、明州牒が何度か到来することになるので、「大宋国返信官符」とは大宰府に答信物を送付するように命じた太政官符のことで、明州牒とのバランスから考えても、大宰府名義の返牒、すなわち大宰府牒が発給されたものと解される。

日宋間の通交はこれで終わりとはならなかった。宋側は仲廻の帰朝、孫吉の日本行きに際して、「賜日本国大宰府令藤原経平《つねひら》」の牒（明州牒①）を付託しており（『善隣国宝記』元永元年条所引諸家勘文）、日本朝廷では、

唐朝と日本と、和親久しく絶へ、朝物を貢せず。近日頻《しき》りに此の事有り。人、以て狐疑と成す。

と（『百錬抄』承暦二年一〇月二五日条）、その対応に頭を悩ませることになる。孫吉は孫忠・孫吉忠《きっちゅう》・孫思文《しぶん》などの名前でも登場し、この前後に彼我往来をくり返す商客であった。日本側は孫吉を宋の「使人」と見ていたのに対して、宋側は単なる商客であって、今回の日本側の返信・答信物送付のあり方は「貢礼」とは異なると考えていた。孫吉はこの認識の齟齬をうまく利用して、仲廻を日本に送り届けるという名目もあり、宋側から「回賜品」と大宰府官長宛の明州牒を入手し、ふたたび日本に来航する方途を企てたようである。

いま、孫吉、また同時期にしばしば来航し、上述の僧明範契丹渡航事件にかかわり、この後の孫吉の活動にも登場する劉琨《りゅうこん》の動向を整理すると、つぎのようになる（両人ともに史料上の初回時以前に来航が推定され、Ⅰ＋αという表記にしておいた）。

○治暦四年（一〇六八）孫吉Ⅰ＋α来着（『帥記』一〇月二三日条「年紀相違し、頻りに参来を企つれば、放却せらる」「先の求案為るに依り、また、王化を慕ひて、重ねて参来を企つ」）〔↓延久元年（一〇六九）「起請の年記に相違するに依りて、廻却の符を蒙る」により帰国〕―《五年》↓延久五年（一〇七三）孫吉Ⅱ来着（成尋の弟子五人の帰朝）〔↓承暦元年（一〇七七）使通事僧仲廻とともに帰国〕―《五年》↓承暦二年（一〇七八）孫吉Ⅲ来着（仲廻の帰朝／明州牒を齎す）〔↓永保二年（一〇八二）帰国／成尋の弟子快宗の再入宋も同行か〕―《七年》↓応徳二年（一〇八五）孫吉Ⅳ来着（宋朝の硫黄購入の使命）〔↓同年に廻却指示〕

○？劉琨Ⅰ＋α来着〔↓延久五年（一〇七三）一乗房（永智）をともない帰国〈『参記』巻八熙寧六年五月二一日条〉〕―《？年》↓承保四年（一〇七七）劉琨Ⅱ滞在（『水左記』永保元年一〇月二五日条に承保四年官符により大宰府管内諸国返金米を給付されるが、未済のまま帰国したとある）〔↓帰国時？〕―《？年》↓永保元年（一〇八一）劉琨Ⅲ来着〔↓永保二年（一〇八二）廻却を命じられ、戒覚をともない帰国（『渡宋記』）〕―《二年》↓永保三年（一〇八三）劉琨Ⅳ来着ヵ（戒覚の弟子隆尊の帰朝か）〔↓帰国時？〕―《？年》↓？

劉琨Ⅴ来着ヵ〔↓寛治五年（一〇九一）「日本国使」僧明範とともに契丹へ〕—《?年》↓
寛治六年（一〇九二）劉琨Ⅵ来着（明範の帰朝）〔↓契丹渡航事件／帰国時?〕

対外政策のあり方

今回の孫吉Ⅲの来航をめぐっては、史料の欠如もあって対応状況がしばらく不明であり、承暦四年（一〇八〇）になってようやく対応が議題にのぼったようすが知られる（『師記』承暦四年五月二七日・九月二〇日条）。

そこでは、明州牒①に「廻賜」の文字があること、「大宰府令藤原経平」宛になっていること、日本側の答信物の領否が明記されていないことなどが不審とされ、さらに経平が私的に物品を送付し、送託した貨物には弓・刀などが含まれていたことも問題になっている。大宰大弐藤原経平（承保二〔一〇七五〕～承暦三年〔一〇七九〕任）は、小野宮流、実資の兄懐平《かねひら》の孫にあたる（父は経通《つねみち》）。承暦四年正月に権中納言藤原資仲《すけなか》が権帥になっており（応徳元年〔一〇八四〕四月辞任）、彼も小野宮流、実資の養子資平《すけひら》（懐平の子）の子であったが、この交替により経平在任中の行事が問題になったものと目される。

来着した孫吉Ⅲとの間には、経平による唐物の押取、府目代による唐物の責取《せめとり》など、交易品入手をめぐる紛擾が起きており、経平の行為には府官長みずからが唐物の獲得、交易の巨利に手を染める姿が看取される。経平の女で典侍《ないしのすけ》の経子《けいし》は白河天皇との間に仁和寺御室《おむろ》覚念（最初の法親《ほっしん》王《のう》である覚行《かくぎょう》法親王）を生んでおり、経平の背後には白河天皇がいたことも考慮しておきたい。

経平への追求は「勅定」によって封殺されたようであり、その後の展開は不明になっていく。ただ、明州牒①への対応はさらに討議され、錦受領の可否、答信物の送付と返牒の作成など相変わらずの論点が議題になる（『帥記』閏八月一四日条）。そうしたなか、孫吉配下の水手黄逢《おうほう》が宋に戻り、明州牒②を携行して到来するという新たな事態が加わる（『水左記』閏八月二六日条）。明州牒②（『善隣国宝記』元永元年条所収諸家勘文中の元豊三年〔一〇八〇＝承暦四〕牒か）の内容は、明州牒①を携えて日本に赴いた孫吉Ⅲの帰国が遅いことを問い合わせたものであった（『帥記』『水左記』九月一〇日条）。

ただし、黄縫は大宰府に来着しながら、さらに牒状捧呈の確実性を模索したのか、都に近い敦賀津に移動しており、これが問題になったものと目され、追却される仕儀になっている。

そこで、宋側は王端《おうたん》という者に元豊四年六月二日付の明州牒③を付託し、重ねて孫吉の速やかなる帰国を促す（『帥記』永保元年一〇月二五日条）。王端は前年に黄縫とともに追却された黄政《おうせい》が変名した人物で（『水左記』同日条）、明州牒の将来を名目に、連年の来航を企図しようとしたのであろう。

明州牒③には、詳細は不明であるが、孫吉の帰国遅延には劉琨父子とのなんらかの問題があったことが読み取られる。このような問題もあったが、さすがに今回は答信物・返牒の送付に関する審議が進み、大江匡房起草の返牒が付託され（『百錬抄』永保二年一一月二一日条）、孫吉Ⅲはようやくにして帰国の途に就くことができた。

なお、この一連の通交に関連して、日本側からは上述の戒覚以外にも、厳円《げんえん》・永暹《えいせん》、そして日円《にちえん》などの僧侶が入宋したことが知られている。彼らはいずれも著名な入宋僧ではないが、成尋の渡海を機に彼我の交流が頻繁になる状況がうかがわれる。

ちなみに、成尋はすでに死去していたが、帰国していた弟子のうち快宗は再度入宋し、延和殿《えんわでん》で神宗に謁見しており（『続資治通鑑長編』巻三三四・元豊六年三月己卯条）、その日時から考えて、孫吉Ⅲの帰国に随伴したものと思われる。僧侶たちにとっては、入宋巡礼はそれだけ魅力があったということなのであろう。

このとき、一行の一三人と面見し、快宗が前回の辞見の際に賜与された紫衣（『参記』巻六熙寧六年正月二七日条）を着しているのを見た神宗は、周囲の者にいつ賜与したのかを尋ねており、皇帝にとっての紫衣賜与の意味合い（軽さ）や忘却ぶりを読み取ることができ、興味深い。神宗はまた、「国人の入貢に非ず」、つまり正式な朝貢使ではないと看破しており、僧侶の通交の位置づけも知られる。

以上の日宋間の通交では、日本側は対応協議にとにかく時間がかかり、その間にも宋側の文書が何回か到来することがあり、ようやくにして返牒・答信物を送るという状況で、積極的な交流の意欲には乏しい。

では、宋側は使者を派遣して、日本からの朝貢を得ることに固執したのかといえば、明確な国書は後述の一例のみであり、日本との通交の窓口となる明州からの牒状送付を基本とし、しかもそれは来日宋商人に付託されていることに留意したい。

『朝野群載』巻二〇に掲載された宋・崇寧四年(一一〇五＝長治二)六月提挙両浙路市舶司公憑には、「如し蕃商、船に随ひて宋国に来るを願ふこと有らば、便《びん》に従ふを聴《ゆる》せ」とあり(二二九ページ)、宋商人の帰国に随伴して外国商人(外国人)が宋に来ることを希望する者があれば、それを許すという規定が示されており、宋側も商人の活動に期待するところが大きかったと考えられる。

さらなる通交

硫黄の道

そうした事例として、孫吉Ⅳの来航状況をみてみたい（『朝野群載』巻五応徳二年〔一〇八五〕一〇月二九日陣定定文）。

これは王端・柳忩《りゅうそう》・丁載《ていさい》と孫忠・林皐《りんこう》に対する唐人来着定の内容を伝えるもので、王端・孫忠（孫吉）・林皐は既出の面々で、当該期に日本と深いつながりを持つ商客である。陣定《じんのさだめ》では前三者は風待ち含みでの留滞を認めるような見解が示され、後二者、とくに孫忠（孫吉）については孫吉Ⅲの対応に辟易していたためか、廻却という意見が優勢であった。

ところで、彼らの来日は宋朝廷の使命を体したものであったことが知られる。すなわち、宋では西夏の侵寇に備えた火薬兵器の大量配備を計画しており、その方策の一環として、明州の知州（州の長官）馬琉《ばじゅう》は商人を募って日本国に行かせ、硫黄五〇万斤《きん》を入手すること、五人の綱首に一〇万斤ずつを割り当てることなどを提言し、それが裁可されていた（『続資治通鑑長編』巻三四三・元豊七年〔一〇八四＝応徳元〕二月丁丑条）。

中国側の史料ではその顚末が不詳であるが、今回来航の五人がまさしくそれに対応し、この計画は実行に移されていたことが判明する。

成尋《じょうじん》の通事陳詠《ちんえい》も日本から硫黄を販載し、杭州・蘇州で売りさばいていたといい（『参記』巻二熙寧五年六月五日条所引杭州公移）、硫黄は日宋貿易において日本からの主要な輸出品としてつとに知られている。

商人の理想像を描いた『新猿楽記《しんさるがくき》』八郎真人《はちろうまひと》条では、「東は俘囚《ふしゅう》の地に臻《いた》り、西は貴賀《きかい》が嶋に渡る。交易の物、売買の種、称《あ》げて数ふべからず」とあり、取り扱う唐物や本朝の物の品々が列挙されている。本朝の物のなかにみえる「流黄」（硫黄）の産地が貴賀島であった。

『延慶本平家物語』には、治承元年（一一七七）の「鹿ヶ谷《ししがたに》事件」で貴賀島（油黄島）に配流になった俊寛《しゅんかん》らのくらしぶり・連絡回路について、「それども少将（藤原成親《なりちか》の子成経《なりつね》）の舅、平宰相（清盛の弟教盛《のりもり》）の領、肥前国加世庄と云所あり、彼《そ》こより折節に付《つき》て如形《かたのごとく》の衣食を被訪《とぶらひ》ければ、康《やす》頼《より》も俊寛もそれにかかりてそ日を送りける」（第一末「廿八 成経康頼俊寛等油黄嶋被流事」）、「山の峯に上て硫黄を取て商人の舟のよりたるに是をあきなひとかくはくゝみてあかしくらしける程に」（第二本「十八 有王丸油黄島へ尋行事」）などと記されている。

すなわち、貴賀島には肥前などを起点に硫黄商人が往来しており、彼らを介して大宰府に硫黄

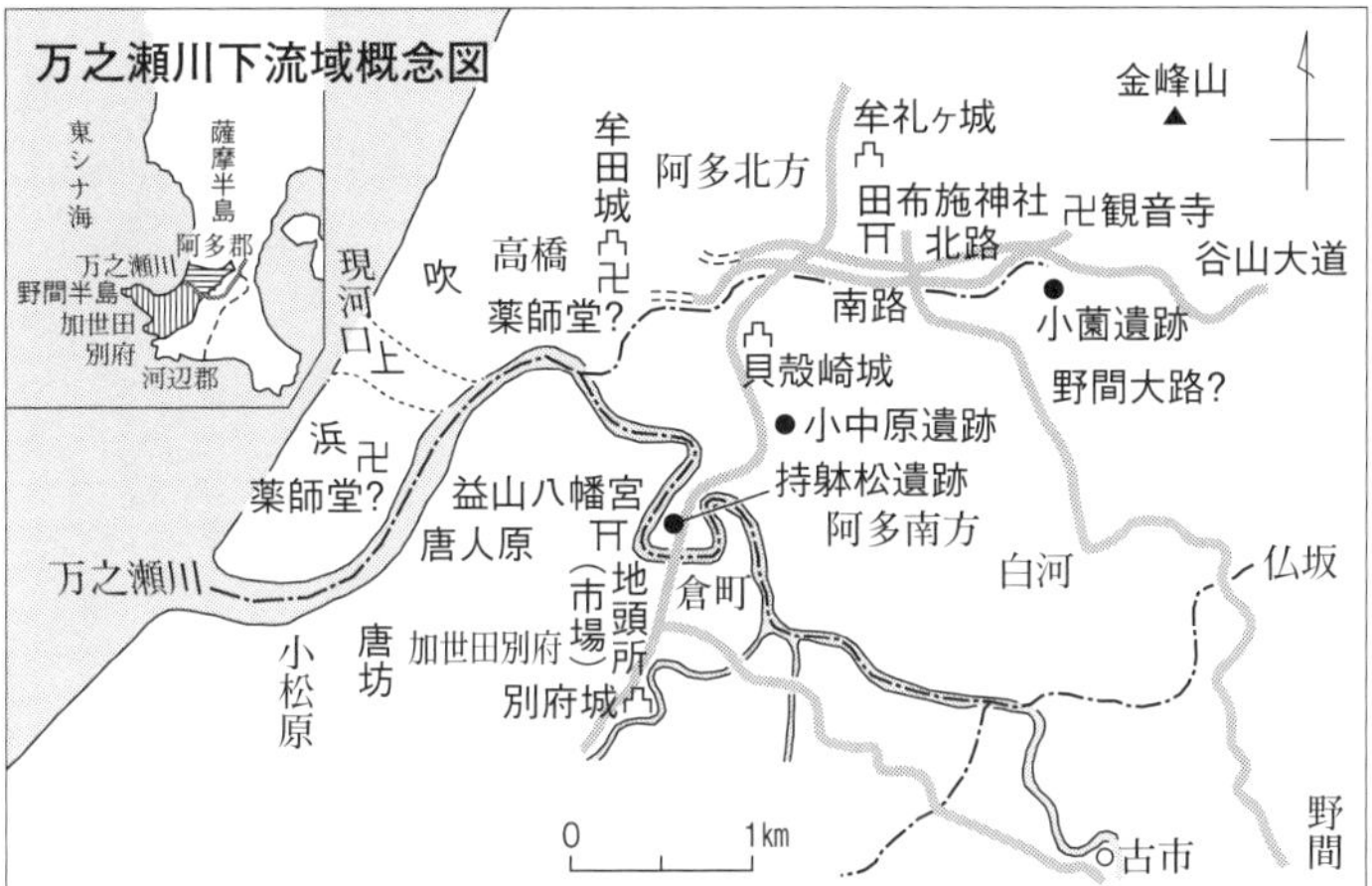

は道。―・―・は阿多北方、阿多南方、加世田別府、河辺郡の境界。ただし、検討の余地が残されている。万之瀬川の旧河道については『加世田市史』（加世田、昭和61年）224頁以下を参考にした。

柳原敏昭「平安末～鎌倉期の万之瀬川下流地域」『古代文化』55の2より

持躰松遺跡とその周辺の景観を示す。西南方の加世田別府（別符）には「唐坊」「唐人原」の地名が残る。

が集積、博多において交易品として輸出されるという構造になっていたことがわかる。これは「硫黄の道」（サルファー・ロード）と称すべきもので、遠く中国大陸での紛擾解決の武力を支えるシステムの一翼をになう形になっていたのである。

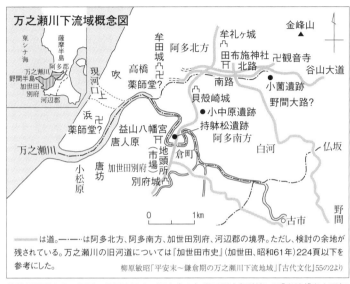

貴賀島はまた、夜久貝《やくがい》など南島産品入手のうえでも、大宰府から延伸する交易の道の拠点になっており、重要視されていた。

貴賀島には、平氏政権と対立して追討の対象になった薩摩平氏の阿多《あた》権守平忠景《たいらのただかげ》や、その女婿源為朝の子で源義経与党の豊後冠者《ぶんごのかじゃ》源義実《よしざね》が逃げ込ん

薩摩平氏の略系図

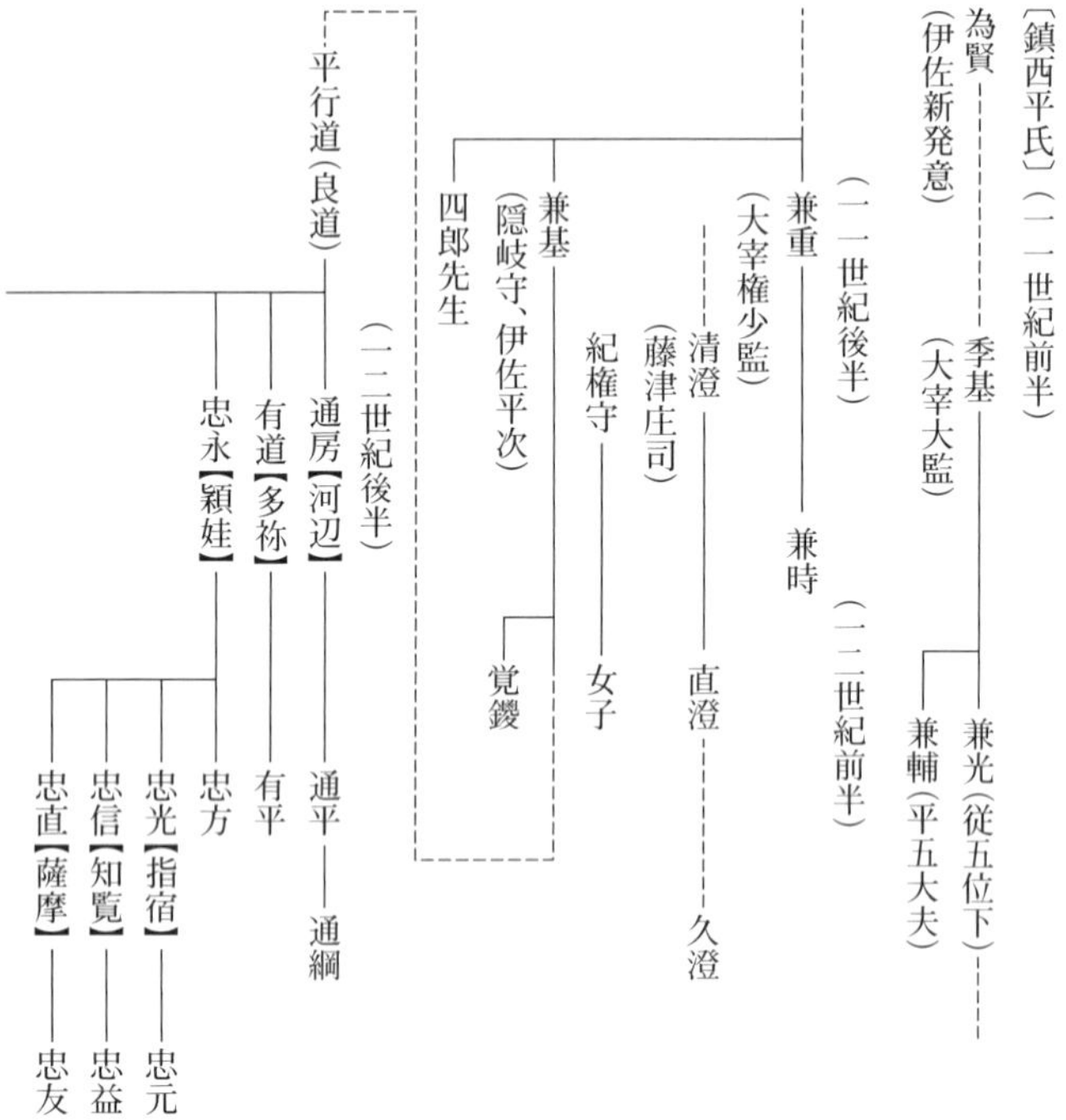

〔鎮西平氏〕（一一世紀前半）
為賢（伊佐新発意）
季基（大宰大監）
兼光（従五位下）
兼輔（平五大夫）
（一一世紀後半）
兼重（大宰権少監）
兼時
（一二世紀前半）
清澄（藤津庄司）
直澄
久澄
兼基（隠岐守、伊佐平次）
紀権守
女子
覚鑁
四郎先生
平行道（良道）
（一二世紀後半）
通房【河辺】
通平
通綱
有道【多祢】
有平
忠永【頴娃】
忠方
忠光【指宿】
忠元
忠信【知覧】
忠益
忠直【薩摩】
忠友

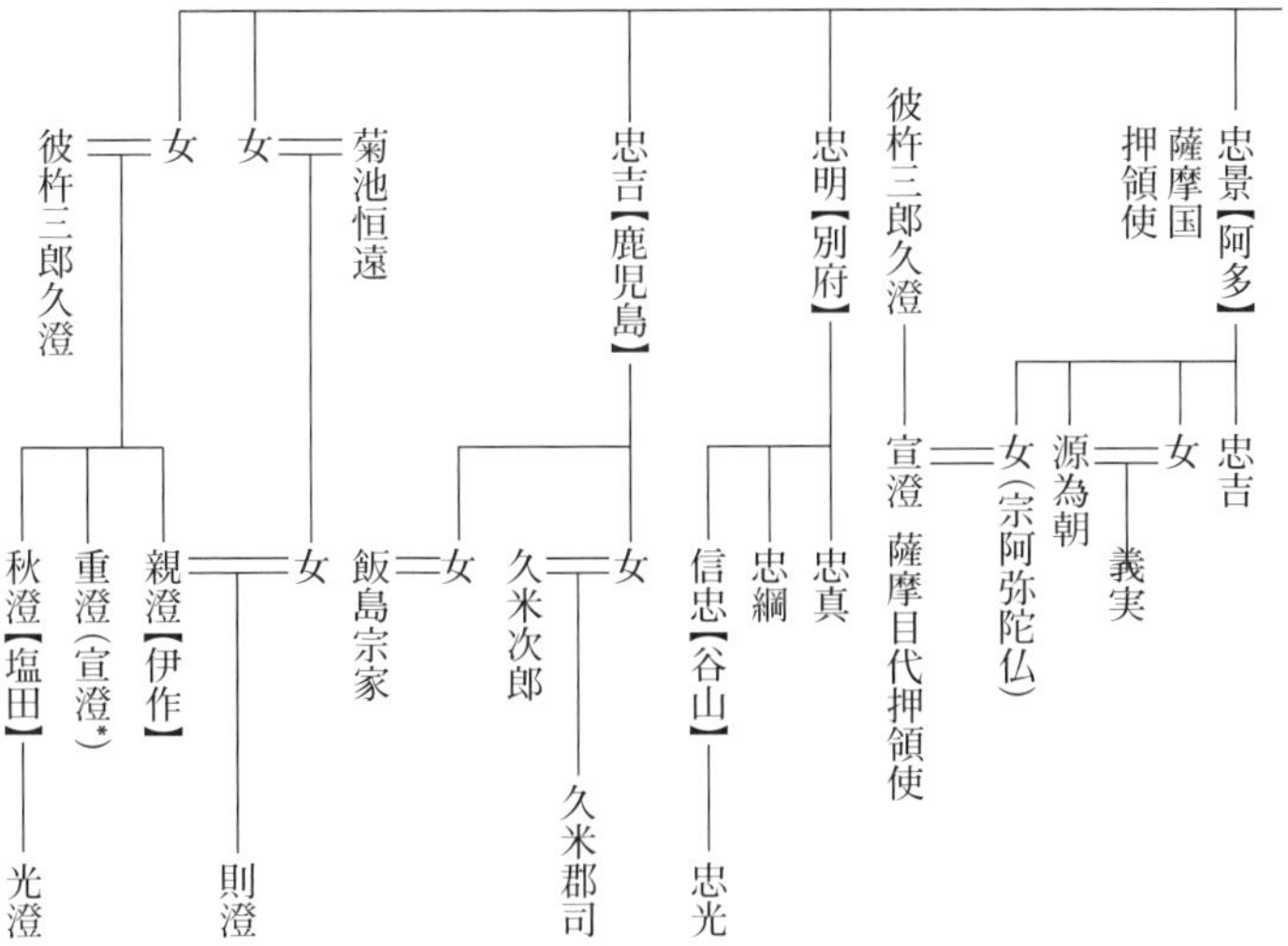

忠景【阿多】
薩摩国押領使
彼杵三郎久澄
忠明【別府】
忠吉【鹿児島】
女
菊池恒遠
女
彼杵三郎久澄
忠吉
女
源為朝
女（宗阿弥陀仏）
宣澄　薩摩目代押領使
義実
忠真
忠綱
信忠【谷山】
女
久米次郎
女
飯島宗家
女
親澄【伊作】
重澄（宣澄*）
秋澄【塩田】
忠光
久米郡司
則澄
光澄

だことがあり(『吾妻鏡』文治三年〔一一八七〕九月二二日条)、薩南の地とのつながりも深かった。

その阿多権守平忠景が拠点とした薩摩国阿多郡と加世田別符《かせだべっぷ》(忠景の弟忠明《ただあき》が別府氏の祖)との境界付近の万之瀬川《まのせがわ》下流域には、一一世紀後半~一五世紀前半に持躰松《もったいまつ》遺跡が出現しており、とくに一二世紀後半~一三世紀前半、つまり忠景らが活躍する時期に貿易陶磁器が集中して出土し、摂関家との関係を示す畿内産の瓦器《がき》である楠葉《くずは》型・和泉型がまとまって検出されていることが注目される。

当地にはまた、「唐人原《とうじんばる》」「唐坊」の地名が存するが、その貿易拠点としての性格に関しては、いまのところ綱首を示す「綱」銘墨書陶磁器が出土するのは博多のみであり、貿易陶磁器の出土量や出土状況から考えて、当地は物資集積地ではあるものの、博多のような宋人居留地、営業の拠点ではなく、当初から万之瀬川河口をめざした船が時々に到来して、「寄船《よりぶね》」を口実に交易が行われたとみるのがよいとされている。

なお、薩摩平氏は肥前平氏から出ており、鎮西における平氏系武士団のルーツは寛仁三年(一〇一九)刀伊《とい》の入寇時の大宰府周辺での平姓者の活動にあるので、大宰府―肥前―薩南のルートには、そうした歴史的背景が反映されている点にも留意しておきたい。

論を孫吉Ⅳに戻すと、日本側は火薬兵器を所持しておらず、宋における硫黄の使途を正確に認識していなかったと思われるので、宋朝廷の意図はまったく忖度されることなく、従前からの年紀制に依拠した判断を下している。

上述の劉琨Ⅴ・Ⅵに関連した僧明範契丹渡航事件も、当該期の宋―高麗―契丹の複雑な関係によるものであるが、そうした国際情勢云々を顧慮することなく、あくまで国内の問題として処理されているようである。

その意味では、外交案件への対応に時間がかかる傾向とともに、国際情勢と向き合うことなく、自国の論理で交易を主とし、「硫黄の道」の一角を占めていたことも、日本外交の特色を示す事象として注意したい。

院をめぐる人びと

一九二ページの表によると、白河上皇による院政が本格化する一一世紀末〜一二世紀初にも何度か宋からの文書が届いていたことが知られる。そのうち、元永元年（一一一八）のものには、

矧《いわん》や爾《なんじ》東夷《とうい》の長。実に惟《こ》れ日本の邦、人は謙遜の風を崇び、地は珍奇の産に富む。曩《さき》に方貢を修めて、明時に帰順す。隔濶年《かくかつねん》を彌《わた》り、久しく来王の義を缺《か》く。熙旦《きたん》に遭逢《そうほう》す。宜しく

事大の誠を敦くすべし。

とあり（『善隣国宝記』鳥羽院・同年条）、これは文体が四六文で、牒状とは明らかに異なるので、国書と目されるという。内容としては、前半部分で日本が中国にきちんと朝貢してきた歴史を指摘したうえで、後半部分では朝貢の空白期間が長いことを述べ、平和な時代にめぐりあっているのであるから、宋に朝貢すべきことを促す形になっている。

これには明州牒も付随していたようであり（『異国牒状記』「代々異国より礼節の事」）、当時の明州の知州樓异《ろうい》は明州に高麗館を設置したり、百舟を建造したりと（『宋史』巻三五四）、対外政策に意を払っていたから、徽宗《きそう》皇帝（在位一一〇〇〜二五年）の積極的外交策と相俟って、日本の来貢が期待されたのであろう。

しかしながら、徽宗は欽宗《きんそう》（在位一一二五〜二六年）に譲位したあと、大治元年（一一二六）に前年に契丹（遼）を滅ぼした金が開封を攻略、徽宗・欽宗を捕え、傀儡政権を樹立する事件が起こり（靖康《せいこう》の変）、北宋は滅亡してしまう。

翌年には南宋が成立し、日宋貿易は新たな段階を迎えるのであるが、奇しくもこの年に来着した商客に関する案件が、年紀制に基づく対応が云々された最後の事例になる（『中右記』大治二年一二月二六日条)。

このとき、曾周意《そうしゅうい》という者に対して、白河院の養女(実父は藤原公実)で鳥羽天皇の皇后として知られる待賢門院璋子《しょうし》の実兄である僧正仁実《にんじつ》は、贈物への返礼として砂金を付与しており(『本朝文粋』巻七)、対外交流の中心は摂関家から院周辺の人びとへと移っていくようすが見受けられる。

とはいうものの、治天の君である院の院政を支える権門としての摂関家の役割と勢威はなお大きく、対外関係でも独自の位置を保持していた。

久安三(一一四七)・四年の孔雀・鸚鵡《おうむ》などの到来には、当該期の諸勢力の錯綜がうかがわれる。久安三年にはまず摂政藤原忠通《ただみち》が西海庄(島津庄か)から貢上された孔雀・鸚鵡を鳥羽法皇に献じており、鸚鵡は鳥羽法皇から禅閤《ぜんこう》藤原忠実《ただざね》に借給され、忠通の弟頼長《よりなが》は鸚鵡が人語を話すようすを観察して、「但し其の鳴くを聞くに言語無し。疑ふらくは、是れ漢語に依れば、日域の人は聞知せざるか」と記している(『台記』久安三年一一月一〇・二八日条)。

この鸚鵡は仁和寺の覚法《かくほう》法親王(白河の子)にも回覧されたようであるが、久安四年になると、仁和寺領肥前国杵島《きしま》庄から孔雀が貢上され、覚法はこれを新院(崇徳上皇)に献じている。頼長は上皇のところで孔雀を見ており、「其の躰貌は去年の孔雀よりも美なり」と、忠通献上のものより優美であったと評した（『御室相承記《おむろそうしようき》』四高野御室、『台記《たいき》』久安四年四月五日条）。

久安六年には藤原忠実が忠通を義絶し、頼長に氏長者《うじのちようじや》の地位を与える紛擾が起こっており、保元の乱（一一五六年）に帰結する対立が顕在化するが、ここには乱にかかわる人びとの微妙な関係が潜行していたことが見受けられる。

このほかに、博多津の宋朝商客が孔雀・鸚鵡を宇治入道相国、つまり藤原忠実に献じ、それをさらに鳥羽法皇に伝献するということもあったようである（『本朝世紀』久安四年閏六月五日条）。忠実はまた、「宋国当時天子手跡」、宋の高宗の書を所持しており、これを頼長に賜与したという（『台記』久安四年四月一八日条）。

ここには摂関家、あるいは仁和寺のような権門寺社など、複数のルートで唐物や珍しい禽獣が入手され、それが院に収束する様相が知られる。

また信西《しんぜい》（藤原通憲《みちのり》）が久寿二年（一一五五）の鳥羽院の熊野御幸の際に那智山で唐僧に会い、唐語で会話をし、「唐使にもや渡らせ給ふとて、吾朝のみならず天竺・震旦・新羅・百済をはじめて五六ヶ国の間に、上一人より下萬人に申かへたる詞づかひを学したるなり」と述べて、研鑽ぶりを示したエピソード（『平治物語』上「唐僧来朝の事」）や、張良の末胤と称する宋人（張修理《しゆり》）が源資綱《すけつな》の家僕となっていたこと（『玉葉』治承五年〔一一八一〕二月二三日条）などは、都の周辺にも宋人が出没していた状況を看取させる。

したがって、院政が展開する一二世紀は、基本的には藤原道長執政期に模索・構築された外交方策と大宰府周辺の状況変化（唐房の成立、短期往来型の出現など）、また、さまざまな人びとの参画・交錯状況をふまえた日宋間のさらなる交流が進展していく時期と位置づけることができよう。

［コラム3］対外政策決定のようす――世代間の相違と「派閥」の存否

外交案件は天皇からの課題諮問と関係資料（対外関係では、大宰府から到来した文書など）の提示をふまえて、陣定《じんのさだめ》という太政官における公卿（官職では参議以上、位階では三位以上のどちらかの条件を満たす者）の会議で議論された。陣定では下位の者から全員が意見を述べ、結論を出すのではなく、出された意見を定文《さだめぶみ》にまとめて、天皇に上奏し、決定は天皇や摂関が行うというしくみであった。

陣定の詳細や各人の意見内容は貴族の日記などに残されている事例も多いが、ここではまず一〇一九年の刀伊の入寇後に高麗使が対馬に来航したとき、これを対馬から退帰させるか、それとも博多まで呼び寄せて対応するかという事案を取り上げ、具体的な論争の様相を示してみたい。ここからは当時政務を運営していた頼通《よりみち》らと旧世代というべき道長らの判断の相違を知ることができる。

右大臣藤原公季《きんすえ》を筆頭とする会議では、対馬に来着した高麗使を大宰府に召して諸事疑問点を尋ねることが決定された。しかし、当日に不参であった実資《さねすけ》や前年末に大納言辞任の辞表を出していた源俊賢《としかた》、また藤原公任《きんとう》らはこの決定に必ずしも賛成してはいなかった。とくに俊賢は高麗使には対馬で応対し、返牒と賜物を与えて、できるだけ速やかに帰国させるのが上策であると述べている。

その論拠として、

①高麗使は対馬島宛の牒をもたらしていること、

②刀伊と高麗の関係はなお不審もあるが、それは返還される日本人虜民たちに尋ねればよいこと、

③高麗使が大宰府まで来ると、刀伊の入寇後の混乱、「国の強弱を量りて衣食の乏しきを知るべし」と、日本側の情勢が判明するので不都合であること、

④対馬から大宰府に来る間に高麗使が漂没する恐れがあること、

などが指摘されている（『小右記』寛仁三年〔一〇一九〕九月二三・二四日条）。

その後、案の定、高麗使は大宰府への途次で漂没しており、これをいちはやく知った俊賢は、大雨のなか、実資に書状を送り（一二月三〇日条）、自分の考えが正しかったことを強調し、実資もそれに同感を示している。公任は会議に参加しており、自分は反対したのに容れられなかったと弁解している。

この件では道長も俊賢と同意見であったことが知られ（九月二二日条）、ここには新旧世代での外交感覚の違いが看取されよう。こうした視点でさまざまな政策判断の様相を細かく検討していくことも必要であると思われる。

刀伊の入寇をめぐる陣定に関与した公卿の略系図　太字が当日の出席者

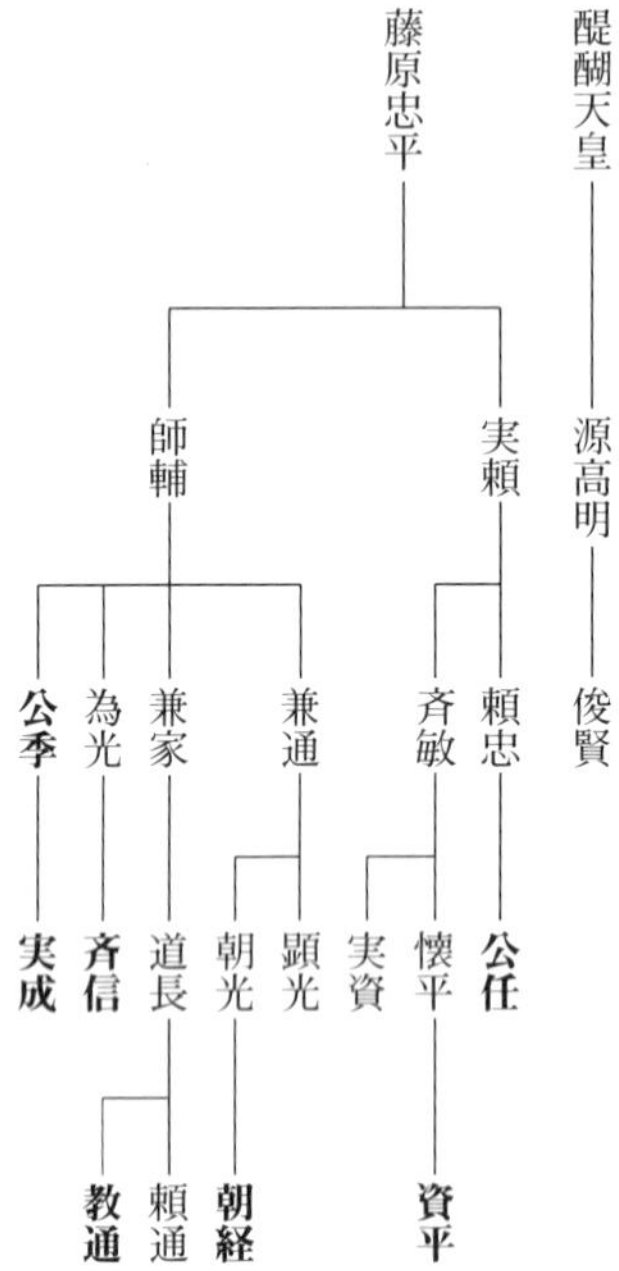

つぎに本文中でも検討した孫吉と仲廻の帰朝、大宰大弐藤原経平が企図した通交にともなう案件である。

一連の議論のなかでは、「賜日本国大宰府令藤原経平」の牒（明州牒①）に対して、返信すべきとする意見と、追却すべしとする見解に分かれているが、意見を述べた公卿の家系を調べてみると、各家で見解がまとまっている様相を読み取ることができ、「派閥」の存否とまではいえな

承暦四年の対宋関係をめぐる陣定への参加者の意見分布　○＝返信、×＝追却

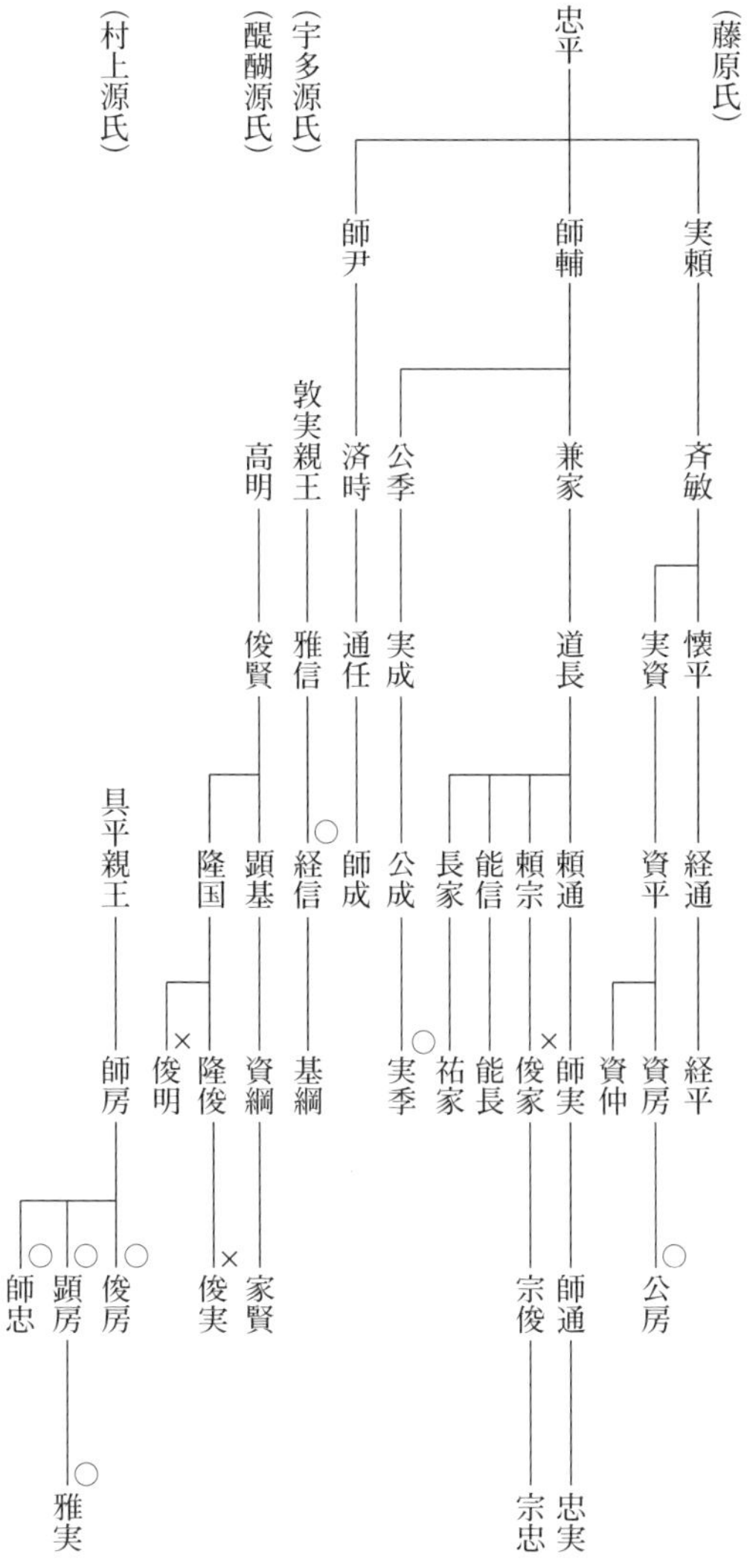

いまでも、朝廷の公論形成のあり方を考える事例として興味深い（『師記』承暦四年〔一〇八〇〕五月二七日条、『水左記』閏八月一四・二六日条など）。こうした視点で他の事案をめぐる議論も整理していくと、新たな発見を得ることができるかもしれない。

ちなみに、今回の議論では、返信を支持する論拠として、宋が「大国」であるという認識、事大主義的な見地が示されており、一方では我が国の独自性を重視すべきであるという日本中心主義的な視点との対立をうかがうこともできる。

詳細な史料が残る外交案件を検討する面白さの一端を知っていただければと思う。

終章

古代対外関係の行方

伊勢平氏と日宋貿易

平忠盛と神崎庄事件

長承二年（一一三三）八月一三日早朝、権中納言皇后宮大夫源師時《みなもとのもろとき》のもとに権中納言大宰権帥藤原長実《ふじわらのながざね》から書状が届き、大切な相談ごとがあるから来てほしい旨が伝えられた。

正午ごろに参向すると、鎮西に唐人船が来着し、府官が存問《ぞんもん》して、和市物《わしもつ》（「和市」という双方の価格希望の調整を経て交易される一般の交易品）を出させたところで、備前守平忠盛《たいらのただもり》朝臣が下文《くだしぶみ》を作成、院宣《いんぜん》と号して、宋人周新《しゅうしん》の船は「神崎御庄領《かんざき》」であるから、府官の存問を経る必要はないと言っているという情報が示された。これでは府官長の面目丸つぶれなので、鳥羽上皇に訴えようと思うから、師時にその上書案を書いて欲しいというのである（『長秋記』同日条）。

晴・陰、定らざるなり。早朝に師中納言、書を送りて云く、大切に示し合すべきの事出来せば、来向すべし、輦車《れんしゃ》を下すべきなり、てへり。仍《よ》りて午《うま》の時許《ばかり》に行き向う。云く、鎮西、唐人船来着し、府官等例に任せて存問し、随いて和市物を出し畢《おわ》んぬ。其の後、備前守忠盛朝臣、自ら下文を成し、院宣と号して、宋人周新船、神崎御庄領として問官を経ざるべからざるの由、下知する所なり。此の事極めて面目無ければ、院に訴え申さんと欲すなり。其の上書の案を書き給うべし。筆を振るうべからず、唯だ和名の書にて作るべきなり、てへり。仍りて書案を書く。此の次で、家中の雑事を談ず。（中略）抑《そもそ》も宋人来着の時、府官存問し、早く上奏を経て、安堵・廻却は宣旨に従う所なり。而《しか》るに庄領為《た》るべきの由を仰せ下さるるの条、言語道断なり。日本弊亡、論ずるに足らず、外朝の恥は更に顧みること無し。是れ他に非ず、近臣猿犬の如く為す所なり。

師時の見解でも、宋人来着時には府官が存問し、大宰府から上奏の上、朝廷で安置か廻却かを判断するのが通例であって、「庄領」という院宣は言語道断であり、外交案件での恥辱を顧慮することがなければ、日本の滅亡は近い、このような状況になったのは、猿や犬のような院近臣の勝手なふるまいのせいであると述べられている。

日宋貿易に関する旧来の有力説では、一二世紀には大宰府による交易統括は不充分になり、貴族は荘園内密貿易で唐物を入手し、こうした唐物への憧憬が一二世紀後半の平氏政権に至って「能動的貿易の展開」に開花する内的必然性を熟成させていたとされてきた。その荘園内密貿易説の論拠や、武士である平氏の開明性、日宋貿易を経済基盤とする権力構築などを示すのが、今回の事案である。

しかしながら、本書で述べてきたように、近年の研究では「遣唐使」以後の一〇〜一一世紀を「受動的貿易の展開」と位置づけ、そこから「能動的貿易の展開」への画期的変化があるとするのは疑問とし、大宰府による統括も一二世紀まで機能していることが明らかになっている。博多を中心とする交易、宋商人の来航が続き、荘園内密貿易説もおおむね否定されているのである。

荘園内密貿易説では、今回の事案を院領肥前国神崎庄に来着した周新船との交易を、預所《あずかりどころ》と目される平忠盛が独占しようとしたものと説明されてきた。

しかし、精緻な考察に基づき、

①周新船は大宰府官人の存問を経て、交易品である和市物を供出しているので、これは博多津での行為と目される、

②「庄領」は「庄家領掌」の意で、周新船の支配権・管理権が神崎庄にあることを主張するものであって、場所の問題として神崎庄の領域内、あるいは博多における神崎庄の倉敷地の存在を想定する必要はない、

③忠盛は大宰府の存問後、中央での安置・廻却の決定の間に介入しており、そこには周新との

間になんらかの唐物入手の契約が存したのではないかと考えられることは認めてもよい、という理解が呈されており、これを支持すべきであると思う。

平忠盛は平氏政権を築く清盛の父、伊勢平氏隆盛の曩祖《のうそ》である正盛の子で、正盛が築いた白河院への接近、河内源氏の後継者源義親《よしちか》追討による武威などを受け継ぎ、やはり備前守を務めた父の代からの在庁官人との関係形成をふまえて、瀬戸内海の海賊平定に活躍する。

忠盛はまた、越前・備前・美作《みまさか》・尾張・播磨など、生涯をつうじてほとんど切れ目なく、大国《たいこく》受領《ずりょう》を歴任し、その死去時には「数国の吏を経て、富巨万を累《かさ》ね、奴僕《どぼく》国に満ち、武威人に軼《す》ぐ」と評されている（『宇槐記抄《うかいきしょう》』仁平三年〔一一五三〕正月一五日条）。この神崎庄事件の際には預所であるとともに、院の武力掌握や国内各地の通交・交易にかかわる院御厩別当《みまやのべっとう》を務めており（西園寺家所蔵「院厩司次第」）、あくまで院近臣の上首者として院領の権益擁護のために尽力していたのである。

ただし、この案件以外に忠盛が交易に積極的に関与した徴証はなく、忠盛の活動は院の意を体したものと解さねばならない。

ちなみに、長実は、長承三年に非公式に入内し、のちに鳥羽院皇后になる美福門院得子《びふくもんいんとくし》の父で、時に五九歳、弟家保は家保―家成―成親と続く善勝寺流の祖になり、鳥羽・後白河院の有力近臣の地位を保つ。ただ、長実は神崎庄事件から六日後の八月一九日に薨去しており、それもあってか、この事案の顚末は不詳になっている。これもこの出来事を過大に評価すべきではないと考える所以である。

では、平氏政権を構築する清盛と日宋貿易との関係はどうであろうか。

清盛・頼盛と大宰府

忠盛没後に家督を継いだ清盛は、保元の乱（一一五六年）で平氏の存在感を高め、保元三年八月に大宰大弐に就任する。府官長は宋商人との交流など、唐物入手の上で有利な存在であり（『雲州消息』巻下末・鎮守都督書状も参照）、清盛自身は下向しなかったが、実務官人として手腕を発揮する藤原能盛《よしもり》を府目代とし、宇佐大宮司宇佐公通《うさのきみみち》や府官としても勢威を有する大蔵氏流武士団、とくに原田種直《たねなお》などと関係を深め、在庁官人や有力武士の家人化を推進している。

これは、「日本秋津島は、纔《わずか》に六十六箇国、平家知行の国卅余国、既に半国を超えたり。其外庄園・田畠いくらといふ数を知らず」（『平家物語』巻一「我身栄花」）という平氏の栄華を支える、知行国主としての在庁官人の統制、荘園領主または院・摂関家領の預所として在地有力武士を預所や下司《げし》・地頭に登用する手法と同じもので、貿易の統括・管理云々の目的はうかがえない。

後白河院（右）と平清盛（左）　「治天の君」として院政を行った後白河院と最初の武家政権を築く平清盛は、協業と対立を繰り返す間柄であった（『天子摂関御影』）。

清盛は平治の乱（一一五九年）後の永暦元年（一一六〇）一二月三〇日に大弐を辞任し、その後は女婿の藤原成範《しげのり》、清盛の姉妹を室とする藤原顕時《あきとき》などの府官長歴任を経て、仁安元年（一一六六）七月一五日に清盛の異母弟頼盛《よりもり》が大弐に任じられた。この間には特段の外交上の事案もなく、清盛を含めて、府官長が交易に意を注いだようすは看取されない。

府官長は神崎庄事件以前の保安年間（一一二〇～二三年）以来四〇余年間も現地赴任しないのが慣例になっていたが、頼盛は異例の下向を行っており、これも平氏と日宋貿易の関係を強調する論拠になっている。ただ、頼盛が実際に大宰府にいたのは半年ほどの間で、仁安二年四月には召により上京、仁安三年一一月には後白河法皇の逆鱗《げきりん》に触れて、頼盛・保盛父子が所帯の諸官を解却される仕儀になってしまう。

このとき、清盛に指示して、頼盛に対する「大嘗会《だいじょうえ》の間、宰府の所課一切対捍《たいかん》し、九国支配非法の訴の条々」という批判に善処させようとしたが、頼盛は従わなかったという（『兵範記』同年一一月二八日条）。後代の頼盛の家領目録にはいくつかの大宰府官内の所領が知られるから（『吾妻鏡』元暦元年〔一一八四〕四月六日条）、ここに「九国支配非法の訴の条々」が反映されているのかもしれない。

頼盛の池家は平治の乱の際に母池禅尼《いけのぜんに》が源頼朝助命に尽力しており、八条院を介して院勢力と密接な関係をもつなど、清盛の統制に従わないこともあり、伊勢平氏は必ずしも一枚岩ではなかった。原田種直は、頼盛の女婿であるとする史料もあり（『改正原田記』）、頼盛は彼なりに独自の勢威扶植《ふしょく》に努めたのであろう。

この頼盛の任中に、仁安二年に日本が僧を明州に派遣して仏法の大意を問うという事案が知られる（『仏祖統記』巻四七孝宗・乾道三年）。これは重源《ちょうげん》の入宋のことで、翌年には栄西の第一回目の渡海が実現しており、栄西は重源とともに天台山に参詣、また明州の阿《あ》育王山《いくおうざん》広利禅寺に詣でて、舎利殿修造を請負って、同年に帰朝したという（『栄西入唐縁起』）。

これに継起するのが後白河法皇・平清盛による阿育王山舎利殿の建立であり、『平家物語』諸本では「安元の比《ころ》ほひ（一一七五）」「去《いんぬる》治承二年（一一七八）の春比」に平重盛の事績として、博多に到来した船頭妙典《みようてん》という者を介して、金の送付と供米田《くまいでん》五〇〇町の施入の話として語られ(『平家物語』巻三「金渡」、『延慶本平家物語』第二末「廿三　小松殿大国にて善を修し給事」、『源平盛衰記』第一一「育王山送金事」)、平氏と日宋貿易の関係を象徴するものと目されている。

しかしながら、舎利殿建立事業は嘉応元年(一一六九)～安元元年(一一七五)で、安元元年には完成していたと見るのがよく、重源の渡海は村上源氏や後白河の後援によるもの、栄西ものちには頼盛との関係が知られるものの、今回の帰朝時には天台新章疏三〇余部六〇巻を村上源氏出身の天台座主明雲《みよううん》に奉献しているので(『元亨釈書』巻二釈栄西)、やはりそうした筋の援助があったと考えられる。重盛は承安元(一一七一)～二年、ちょうど舎利殿建立事業の際に院御厩別当を務めており、ここにも後白河の意が体現されていたのである。

なお、「勧進入唐三度聖人」「渡唐三箇度」と称する重源に関しては(高野山延寿院梵鐘、『玉葉』寿永二年〔一一八三〕正月二四日条)、実際には自身は渡航しておらず、博多付近での勧進活動や博多綱首、また帰朝した栄西との交流などによる情報に基づく虚構としての「入宋」であったとする指摘もあり、さらに検討すべき課題が存することを付言しておきたい。

後白河・清盛政権の外交

後白河・清盛と日宋「通交」

以上を要するに、頼盛の下向を含めて、平氏による大宰府掌握は日宋貿易云々とは直接に結びつかず、阿《あ》育《いく》王《おう》山《ざん》舎利殿建立事業はあくまでも後白河法皇の仏教信仰にかかわるものと位置づけるべきであり、そこに執政の実力者たる清盛の関与が不可欠であったと目される。

嘉応二年（一一七〇）には清盛の福原山庄で宋人が後白河法皇と面見したといい、藤原（九条）兼実《かねざね》は「天魔の所為か」と評している（『玉葉』同年九月二〇日条）。これは建立事業にかかわる接触と思われ、このときに覚阿《かくあ》が入宋、霊隠寺《れいいんじ》仏海禅師慧遠《えおん》に師事しているが（『善隣国宝記』高倉院承安元年条）、覚阿は後白河の出家戒師である園城寺《おんじょうじ》長吏覚忠《かくちゅう》の弟子であり、承安三年の覚阿帰朝後、安元元年には覚阿と覚忠が僧を派遣して慧遠に物を届け、また寿永元年（一一八二）に後白河法皇は慧遠を招聘して天台座主にしようとしたといい（ときには慧遠はすでに死去）、一連の通交は後白河の意思によるものであったことがわかる（『嘉《か》泰《たい》普《ふ》燈《とう》録《ろく》』巻二〇。「阿育王山妙智禅師塔銘」も参照）。

一二世紀中葉以降には良質の古記録・年代記が欠如するところもあってか、神崎庄事件の周新以後には、国内史料では商客の個人名、来日の様態がわかる事例がみえなくなっているが、承安元年七月に清盛は後白河法皇に羊五頭・麝《じゃ》一頭を進献したといい、唐物の獲得には清盛の介在が必要であった。

清盛はまた、治承三年（一一七九）一二月一六日に外孫の東宮言仁《ときひと》親王（安徳天皇）が西八条邸に行啓したとき、摺本の『太平御覧』を贈っている（『山槐記』）。これは万寿のころに藤原道長が外孫敦良《あつなが》親王（後朱雀天皇）に摺本の『文選』『白氏文集』を贈った先例にならったものといい、『太平御覧』は宋から清盛に送られてきたもので、当時日本では流布しておらず、垂涎の的であった。では、清盛は日宋通交を主導しようとしたのであろうか。

一九二ページの表に整理したように、承安二年（一一七二）からしばらく日宋の交流が活発になる。承安二年には後白河法皇には「賜日本国王物色」、清盛には「送太政大臣物色」という形で、宋側から文書と貢進物が届いている（『玉葉』同年九月一七・二二日条、『師守記』貞治六年〔一三六七〕五月九日条）。　これは宋皇帝からの進物ではなく、明州刺史からの供物であって、藤原兼実や朝廷の先例を知る実務官人たちの反対にもかかわらず、後白河・清盛はこれを受領し、清盛は「日本国沙門静海《じょうかい》牒大宋国明州沿海制置使王」の返牒を送付したという。

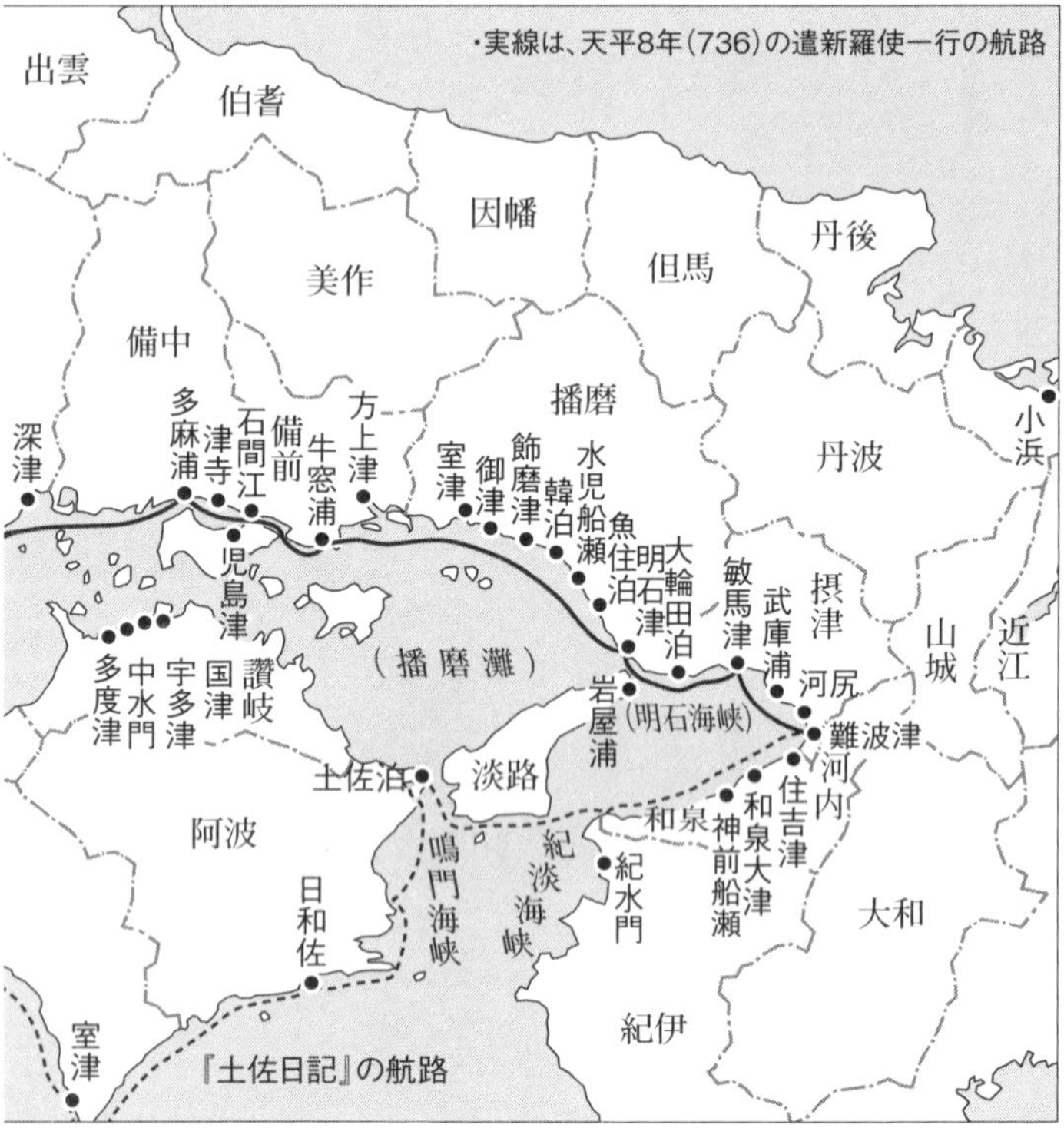
・実線は、天平8年(736)の遣新羅使一行の航路
出雲
伯耆
因幡
丹後
美作
但馬
備中
播磨
丹波
小浜
深津
多麻浦
津寺
石間江
備前
牛窓浦
方上津
室津
御津
飾磨津
韓泊
水児船瀬
魚住泊
明石津
大輪田泊
敏馬津
武庫浦
摂津
山城
近江
児島津
多度津
中水門
宇多津
国津
讃岐
(播磨灘)
岩屋浦
(明石海峡)
河尻
難波津
河内
住吉津
和泉大津
神前船瀬
和泉
淡路
土佐泊
阿波
鳴門海峡
紀淡海峡
紀水門
日和佐
大和
紀伊
室津
『土佐日記』の航路

ていたようすがわかる。

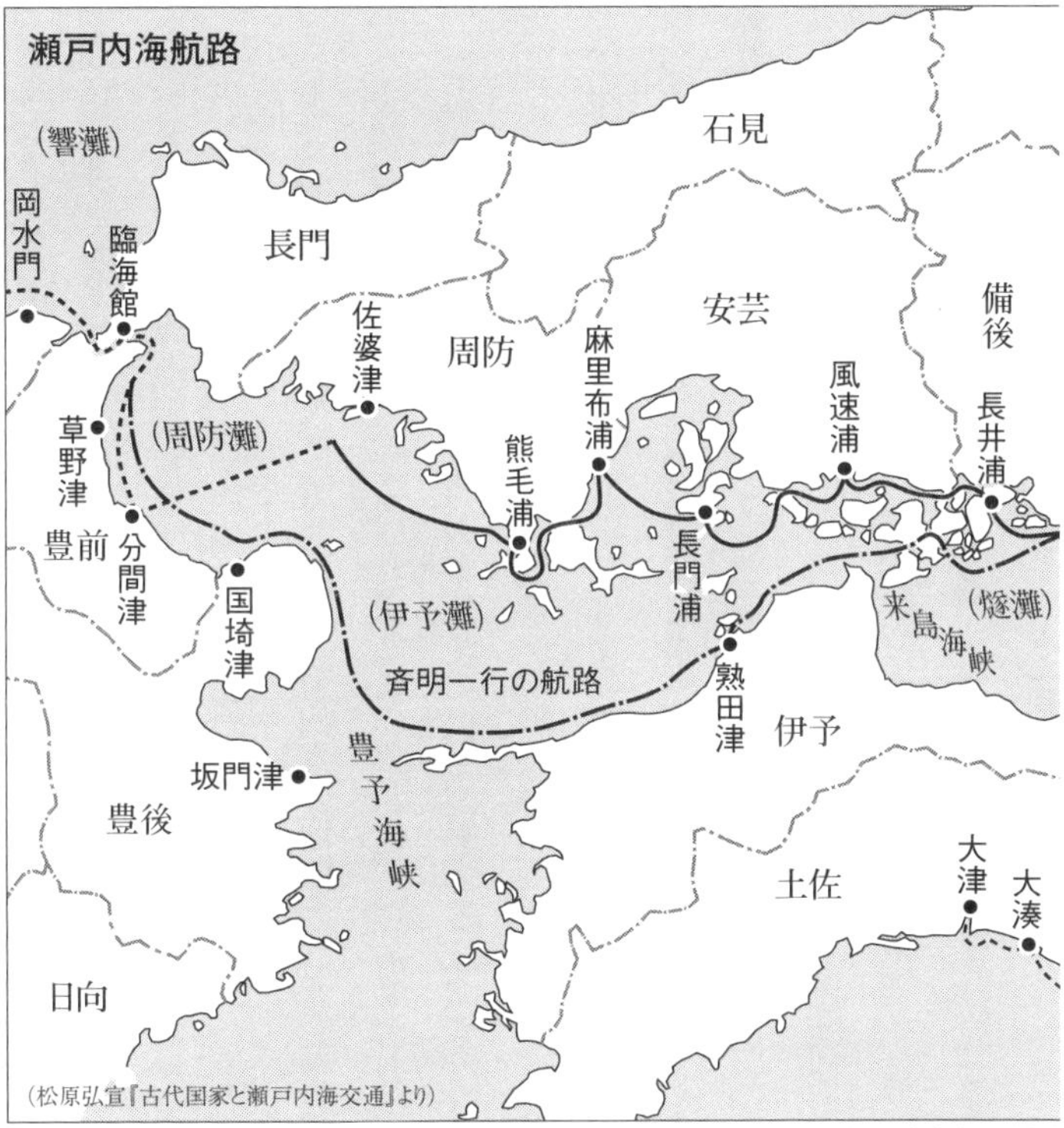

瀬戸内海を中心に九州・中国・四国地方と畿内を結ぶ航路を示した。中国地方側の航路が古来の瀬戸内海航路で、奈良時代には、大輪田泊など沿岸部に多くの港湾が整備され

また後白河は色革三〇枚を入れた蒔絵厨子《まきえずし》一脚と砂金一〇〇両を入れた手箱一合、清盛は剣一腰と物具（鎧か）を入れた手箱一合を遣している（『玉葉』承安三年三月一三日条）。

ただし、宋からの使者が福原で清盛と面会しようとしたとき、

去る十四日より廿日に至りて、入道相国、福原において護摩を修せらると云々。件の間日、宋朝の送る使者、入道合眼せずして、人を以て逢わしむるの間、唐人大いに怒りて帰り了《おわ》んぬと云々。凡《およ》そ異朝、我国と頻りに以て親昵するは、更々甘心されざる事なり。

と、清盛は護摩行《ごまぎょう》の最中であることを理由に、代理の者に応対させたので、宋人は大いに怒って帰ってしまったといい（三月二二日条）、ここには宋との通交を推進しようとする熱意は看取できない。

このとき、宋は沿海制置司津発綱首荘大椿《しょうだいちん》・張守中《ちょうしゅちゅう》、水軍使臣施閏《せじゅん》・李忠《りちゅう》らを派遣しており、彼らは明州の発遣であるが、日本からの返牒と貢進物を持ち帰ったことは皇帝に報告され、賞賜されているので（『宋会要輯稿』巻一九九冊蕃夷七之五二乾道九年〔一一七三〕五月二五日条）、宋側には正規の通交の意図があったと考えられる。

これには平氏による瀬戸内海の海賊取り締まりへの期待があったとする意見もあるが、清盛

の大輪田泊《おおわだのとまり》築造や畿内への交易船到来例はこれよりもあとの事象であるので、南宋の対金政策、北宋皇帝の陵墓（陵寝）を含む河南地方の奪回と金帝上位の受書礼（南宋皇帝が玉座を降りて北面して受け取る）の改正などの企図をふまえた、日本との提携を模索したとする見解を支持したいと思う。

しかしながら、日本側は僧侶による仏教的交流や阿育王山舎利殿建立の功徳を重視しており、清盛の応接ぶりも鋭敏な外交感覚とは程遠いものと評さねばならない。藤原兼実は清盛が武器を送ったことを問題視しているが、大量の武器を供託して軍事的関係を樹立するような目的は見出せない。その意味では後白河・清盛の「通交」は、特段に先進的なものとは言えず、平氏が大宰府をつうじて日宋貿易を独占するとか、一元的な貿易管理制度や専売制の実施・貿易統制権を行使するといった方策は看取できず、平氏一門は唐物の大口消費者ではあるものの、日宋貿易に新たな財政基盤を求めることはなかったのである。

公家外交と武家外交

以上を要するに、平氏政権と日宋貿易の関係は多くの点で見直し・再構築が必要であり、藤原道長執政期にはじまる日宋通交の枠組みのなかにとどまるもので、革新性や交易への着目を過度に評価することはできないと思われる。

清盛の大輪田泊修築については、宋船の畿内への迎え入れ、博多を越える貿易港創成の意図が喧伝されるが、交易船としての「唐船」が大輪田泊に来た例は清盛の最晩年の一例しかない（『山《さん》槐記《かいき》』治承四年〔一一八〇〕一〇月一〇日条）。また前太政大臣藤原忠雅《ただまさ》や高倉上皇の厳島参詣では、「唐船」が用いられた例があるが（『山槐記』治承三年六月二二日条、『高倉院厳島御幸記』）、この「唐船」は室《むろ》・高砂《たかさご》・児島など瀬戸内海の港に停泊しているようであり、外洋航行可能な宋船であったか否かには疑問が呈されている。

むしろ瀬戸内海航行に適した平底の日本製の「唐船」ではなかったかという指摘がなされており、宋船の畿内近くまでの到来にも不確実なところが残る。ただ、この点に関しては、「まことにおどろおどろしく、絵に描きたるに違はず」とあるので、やはり中国風のジャンク船であったとする見解もあり、さらなる検討が必要である。

平氏政権を打倒した源頼朝が開いた鎌倉幕府の出現は、朝廷との二元的支配など、国制上の大きな変化をもたらす。鎌倉時代の対外関係は本書の範囲を越えるものであるが、最後に公家外交と武家外交の特色の一端を示し、むすびに代えたい。

まず建久二年（一一九一）には、宋で狼藉を働き、日本に到来した宋人楊栄《ようえい》・陳七太《ちんしちた》の扱いが外交問題になる。このとき、大宰府は彼らを処断しないと今後の日宋貿易に支障が生じることを憂慮しており、藤原兼実は日本所生の楊栄は日本の法によって科断することができるが、宋所生の陳七太については勝手に処罰できないと述べ、綱首楊栄の罪科のみが陣定の議題になっている（『玉葉』同年二月一五・一九日、六月二六日条）。これは律令以来の通則に依拠した弁別で、国際関係に目配りした上での判断を模索しようとしたものと言えよう。

いっぽう、高麗との事案であるが、安貞元年（一二二七）に対馬の悪徒が高麗国全羅州で人・物の奪取、住民を侵陵する事件があった（『百錬抄』同年七月二一日条）。このとき、大宰府を統括していた御家人である武藤（少弐）資頼《すけより》は朝廷に上奏することなく、高麗国使の面前で悪徒九〇人を斬首し、勝手に高麗への返牒を発給したとある。これは一旦の武断を示す行為ではあるが、高麗が呈した牒状には無礼もあり、その検討なしに事を済ませたのは「我朝の耻《はじ》」であると評されている。

公家外交が弱腰で、果断な武家外交がよいとは一概には言えず、公家外交と武家外交の相克・調整をどのようにつけていくのか、蒙古襲来（元寇）に至る鎌倉時代の対外関係、また僧侶のさかんな往来や日宋・日元貿易の様相など、以後の展開にも多くの興味深い材料があることを指摘し、古代対外関係の行方の展望としたい。

おわりに

本書では、拙著『東アジアの動乱と倭国』（吉川弘文館、二〇〇六年）、『倭の五王』（山川出版社、二〇一〇年）、『「白村江」以後』（講談社、一九九八年）、『遣唐使の光芒』（角川学芸出版、二〇一〇年）などで書き綴ってきた古代日本の対外関係を通史的に把握すべく、遣唐使事業終了以後の平安中・後期、一〇〜一二世紀の日本の外交のあり方を整理した。

当該期をめぐっては長らく日宋貿易の理解を体系化した通説があり、現在でも中学・高校の歴史教科書叙述の基盤になっている。しかし、近年では遣唐使ともども、日宋貿易の諸相についてもさまざまな再検討がなされ、平氏政権期の位置づけに見られるように、再構築の論点が呈されているところである。

本書はそうした新しい研究を参照しつつ、私なりの視点で史料を考究し、新たな平安中・後期の対外関係像を示そうとしたもので、合わせて従前の遣唐使研究（拙見を含む）に関してもいくつかの訂正を試みた。この「遣唐使」以後の知見が新たな通説構築の一里塚となるかどうかは読者の判断に委ねたいが、最後に日宋関係についてのエピソードをもうひとつ紹介しておきたい。

後白河法皇・平清盛の宋との「通交」の端緒になった重源・栄西の入宋のころ、仁安二年（一一六七＝宋・乾道三）には、博多僑住の宋人が明州の某寺院の門前の礼拝路建設に際して、石敷の路一丈を寄進して功徳をなしたことが知られる。中華人民共和国寧波《ニンポー》市の天一閣（唐令復原の材料として注目される天聖令《てんせいれい》が見つかったことでも有名）には三石の大宰府博多津宋人刻石が現存しており、その第一石の文面を示せば、つぎのとおりである（高倉洋彰『大宰府と観世音寺』〔海鳥社、一九九六年〕の釈文による）。

日本国太宰府博多津居
住弟子丁淵捨銭十貫文
砌路一丈功徳奉献三界
諸天十方聖本□上
代本命星官見生□□
四惣法界衆生同生佛
界者乾道三年四月日

銭一〇貫（一万文）はそれほど莫大な金額ではないが、これらは博多綱首と称される僑住宋商人の信仰と故国への想いを反映するものである。こうした人びとの活動、またそれを受け入れ、国内の流通網などによって交易を支えた日本の人びととの協業があってこそ日宋関係が継続したのであり、対外関係の重要性に改めて注意を喚起しつつ、筆を擱きたい。

森　公　章

二〇一八年三月五日

終章

・飯田久雄「平氏と九州」『荘園制と武家社会』吉川弘文館、1969
・石井正敏「肥前国神崎荘と日宋貿易」『高麗・宋元と日本』勉誠出版、2017
・石井正敏『「武家外交」の誕生』ＮＨＫブックス、2013
・シャルロッテ・フォン・ヴェアシュア「平清盛と唐船」『日本歴史』779、2013
・榎本渉『東アジア海域と日中交流』吉川弘文館、2007
・榎本渉『僧侶と海商の東シナ海』講談社、2010
・榎本渉『南宋・元代日中渡航僧伝記集成』勉誠出版、2013
・大塚紀弘「重源の「入宋」と博多綱首」『日宋貿易と仏教文化』吉川弘文館、2017
・近藤剛「日本と高麗の交流」『古代日本と興亡の東アジア』竹林舎、2018
・髙橋昌明『平清盛 福原の夢』講談社、2007
・髙橋昌明『〔増補改訂〕清盛以前』平凡社、2011
・田中大喜「平頼盛小考」『中世武士団構造の研究』校倉書房、2011
・日野開三郎「日宋関係史料としての「阿育王山妙智禅師塔銘」」『岩井博士古稀記念 典籍論集』1963
・正木喜三郎「大宰府領と平氏政権—大宰府目代藤原能盛考—」『大宰府領の研究』文献出版、1991
・村井章介『日本中世の異文化接触』東京大学出版会、2013
・村井章介編『東アジアのなかの建長寺』勉誠出版、2014
・元木泰雄「平重盛論」『平安京とその時代』思文閣出版、2009
・森公章「在庁官人と中央出仕」『海南史学』52、2014
・森 公章「伊勢平氏と日宋貿易」『日本古代史の方法と意義』勉誠出版、2018
・山内晋次「平氏と日宋貿易」『神戸女子大学古典芸能研究センター紀要』６、2012
・横内裕人「自己認識としての顕密体制と「東アジア」」『日本中世の仏教と東アジア』塙書房、2008
・渡邊誠「後白河法皇の阿育王山舎利殿建立と重源・栄西」『日本史研究』579、2010
・渡邊誠「後白河・清盛政権期における日宋交渉の舞台裏」『芸備地方史研究』282・283、2012）
・渡邊誠「平安・鎌倉期「唐船」考」『九州史学』170、2015

第七章

・シャルロッテ・フォン・ヴェアシュア『モノが語る日本対外交易史』藤原書店、2011
・大塚紀弘「日本中世における北宋仏牙信仰の受容」『日宋貿易と仏教文化』吉川弘文館、2017
・大庭康時「博多遺跡群の発掘調査と持躰松遺跡」『古代文化』55の2、2003
・永山修一「キカイガシマ・イオウガシマ考」『日本律令制論集』下巻、吉川弘文館、1993
・納富常天「室生寺と称名寺釼阿」『金沢文庫資料の研究』法蔵館、1982
・野口実「鎮西における平氏系武士団の系譜的考察」『中世東国武士団の研究』高科書店、1994
・服部英雄「久安四年有明海にきた孔雀」『歴史を読み解く』青史出版、2003
・原美和子「成尋の入宋と宋商人」『古代文化』44の1、1992)
・皆川雅樹「動物の贈答」『日本古代王権と唐物交易』吉川弘文館、2014
・森克己『新訂日宋貿易の研究』国書刊行会、1975
・森公章「平安貴族の国際認識についての一考察」(『古代日本の対外認識と通交』吉川弘文館、1998
・森公章「刀伊の入寇と西国武者の展開」『東洋大学文学部紀要』史学科篇34、2009
・森公章「古代日麗関係の形成と展開」『成尋と参天台五臺山記の研究』吉川弘文館、2013
・森公章「平安中・後期の対外関係とその展開過程」『東洋大学文学部紀要』史学科篇41、2016
・柳原敏昭「平安末～鎌倉期の万之瀬川下流域」『古代文化』55の2、2003
・山内晋次『日宋貿易と「硫黄の道」』山川出版、2009
・山内晋次「硫黄からみた海域アジア」『九州史学』160、2011
・山崎覚士「書簡から見た宋代明州対日外交」『東アジア世界史研究センター年報』3、2009
・渡邊誠「平安貴族の対外意識と異国牒状問題」『歴史学研究』823、2007

第六章

・石井正敏「成尋」「成尋生没年考」『遣唐使から巡礼僧へ』勉誠出版、2018
・王麗萍校點『新校参天台五臺山記』上海古籍出版社、2009
・大庭康時「鴻臚館」『列島の古代史』4、岩波書店、2005
・大庭康時『中世日本最大の貿易都市 博多遺跡群』新泉社、2010
・河辺隆宏「『朝野群載』所収宋崇寧四年「公憑」について」『情報の歴史学』中央大学出版部、2011
・田島公「大宰府鴻臚館の終焉」『日本史研究』389、1995
・白化文・李鼎霞校點『参天台五臺山記』花山文藝出版社、2008
・服部英雄「宗像大宮司と日宋貿易」『境界からみた内と外』下巻、岩田書院、2008
・平林文雄『参天台五臺山記 校本並に研究』風間書房、1978
・藤善眞澄『参天台五臺山記』上・下、関西大学出版部、2007・11
・正木喜三郎「宗像妙忠」『古代・中世宗像の歴史と伝承』岩田書院、2004
・村井章介『東アジア往還』朝日新聞社、1995
・森公章「大唐通事張友信をめぐって」『古代日本の対外認識と通交』吉川弘文館、1998
・森公章「『参天台五臺山記』東福寺本の校訂本（案）」『遣唐使の特質と平安中・後期の日中関係に関する文献学的研究』平成十九年度～平成二十年度科学研究費補助金〈基盤研究（C）〉研究成果報告書〔研究代表者・森公章〕、2009
・森公章「劉琨と陳詠」「宋朝の海外渡航規定と日本僧成尋の入国」『成尋と参天台五臺山記の研究』吉川弘文館、2013
・森公章「交流史から見た沖ノ島祭祀」『「宗像・沖ノ島と関連遺産群」研究報告』Ⅲ、2013
・柳原敏昭「唐坊と唐人町」『日本の対外関係』4、吉川弘文館、2012
・山内晋次「『香要抄』の宋海商史料をめぐって」『アジア遊学』132、2010
・山内晋次「日宋貿易と「トウボウ」をめぐる覚書」『東アジア海域叢書』第11巻寧波と博多、汲古書院、2013
・渡邊誠「鴻臚館の盛衰」『日本の対外関係』3、吉川弘文館、2010
・渡邊誠「大宰府の「唐坊」と地名の「トウボウ」」『平安時代管理貿易制度史の研究』思文閣出版、2012

第五章

・稲川やよい「『渡海制』と『唐物使』の検討」『史論』44、1991
・榎本淳一「律令国家の対外方針と『渡海制』」、「広橋家本「養老衛禁律」の脱落条文の存否」『唐王朝と古代日本』吉川弘文館、2008
・榎本渉「宋代の「日本商人」の再検討」『東アジア海域と日中交流』吉川弘文館、2007
・河内春人「書評 渡邊誠著『平安時代貿易管理制度史の研究』」『史学研究』279、2013
・河辺隆宏「日宋貿易における年紀制管理と貿易形態の変化」『前近代の日本列島と朝鮮半島』山川出版社、2007
・河辺隆宏「年期制と渡海制」『日本の対外関係』３、吉川弘文館、2010
・上川通夫「日本中世仏教の成立」『日本中世仏教と東アジア世界』塙書房、2012
・篠崎敦史「十〜十一世紀の日宋交渉と入中僧」『ヒストリア』255、2016
・篠崎敦史「平安時代の渡海制と成尋の“密航”」『史学雑誌』126の8、2017
・末松剛『平安朝廷の儀礼文化』吉川弘文館、2010
・高松百香「院政期摂関家と上東門院故実」『日本史研究』513、2004
・橋本雄「再論、十年一貢制」『日本史研究』568、2009
・保立道久「院政期の国際関係と東アジア仏教史」『歴史学をみつめ直す』校倉書房、2004
・森克己『新訂日宋貿易の研究』、『続日宋貿易の研究』、『続々日宋貿易の研究』国書刊行会、1975
・森公章「日渤関係における年期制の成立とその意義」『遣唐使と古代日本の対外政策』吉川弘文館、2008
・森公章「日麗関係の形成と展開」『成尋と参天台五臺山記の研究』吉川弘文館、2013
・森　公章「平安中・後期の対外関係と対外政策」『白山史学』54、2018
・山内晋次「古代における渡海禁制の再検討」『待兼山論叢』史学篇22、1988
・和田律子『藤原頼通の文化世界と更級日記』新典社、2010
・渡邊誠「年紀制と中国海商」「年紀制の消長と唐人来着定」「十二世紀の日宋貿易と山門・八幡・院御厩」「大宰府の「唐坊」と地名の「トウボウ」」『平安時代貿易管理制度史の研究』思文閣出版、2012

日本と興亡の東アジア』竹林舎、2018
・桃木至郎編『海域アジア研究入門』岩波書店、2008

第四章

・榎本渉『僧侶と海商たちの東シナ海』講談社、2010
・小原仁『源信』ミネルヴァ書房、2006
・川添昭二「宗像氏の対外貿易と志賀島の海人」『海と列島文化』3 玄界灘の島々、小学館、1990
・倉本一宏『一条天皇』吉川弘文館、2003
・河内春人「宋商曾令文と唐物使」『古代史研究』17、2000
・小嶋芳孝「渤海と日本列島の交流経路」『歴史と地理』577、2004
・田島公「大陸・半島との往来」『列島の古代史』4、岩波書店、2005
・手島崇裕『平安時代の対外関係と仏教』校倉書房、2014
・手島崇裕「平安王権と中国仏教」『古代日本と興亡の東アジア』竹林舎、2018
・速水侑『源信』吉川弘文館、1988
・村井章介『境界史の構想』敬文舎、2014
・森公章「大宰府および到着地の外交機能」『古代日本の対外認識と通交』吉川弘文館、1998
・森公章「朱仁聰と周文裔・周良史」『東洋大学文学部紀要』史学科篇 40、2015
・森公章「源頼親と大和源氏の生成」『東洋大学文学部紀要』史学科篇 43、2018
・山崎覚士「海商とその妻」『仏教大学歴史学部論集』1、2011
・山崎覚士「呉越国・宋朝と古代日本との交渉・貿易」『古代日本と興亡の東アジア』竹林舎、2018
・渡邊誠「管理貿易下の取引形態と唐物使」「年紀制と中国海商」「十二世紀の日宋貿易と山門・八幡・院御厩」『平安時代管理貿易制度史の研究』思文閣出版、2012

第二章

・石井正敏「『日本紀略』」『国史大系書目解題』下巻、吉川弘文館、2001
・石井正敏「寛平六年の遣唐使計画について」「寛平六年の遣唐使計画と新羅の海賊」『遣唐使から巡礼僧へ』勉誠出版、2018
・鈴木靖民「遣唐使の停止に関する基礎的研究」『古代対外関係の研究』吉川弘文館、1985
・皆川雅樹「動物の贈答」『日本古代王権と唐物交易』吉川弘文館、2014
・森公章「菅原道真と寛平度の遣唐使」『遣唐使と古代日本の対外政策』吉川弘文館、2008
・森公章「寛平度遣唐使再説」『白山史学』50、2014
・森田悌「藤原忠平政権の動向」『解体期律令政治社会史の研究』国書刊行会、1982
・渡邊誠「寛平の遣唐使派遣計画の実像」『史人』5、2013

第三章

・池内宏「高麗朝の大蔵経」『満鮮史研究』中世第2冊、吉川弘文館、1979
・石井正敏「入宋巡礼僧」『遣唐使から巡礼僧へ』勉誠出版、2018
・石上英一「日本古代一〇世紀の外交」『東アジア世界における日本古代史講座』7、学生社、1982
・榎本渉『僧侶と海商たちの東シナ海』講談社、2010
・王勇「ブックロードとは何か」『奈良・平安時代の日中文化交流史』農山漁村文化協会、2001
・小原仁『文人貴族の系譜』吉川弘文館、1987
・上川通夫「奝然入宋の歴史的意義」『日本中世仏教形成史論』校倉書房、2007
・川口卯橘「大蔵経求請と日鮮の交渉」『青丘学叢』3、1931
・高田義人「暦家賀茂氏の形成」『国史学』147、1992
・竹内理三「「入呉越僧日延伝」釈」『日本歴史』82、1955
・西本昌弘「日本・呉越国交流史余論」『摂関期の国家と社会』山川出版社、2016
・廣瀬憲雄『古代日本外交史』講談社、2014
・細井浩志『日本史を学ぶための〈古代の暦〉入門』吉川弘文館、2014
・村井章介「朝鮮の大蔵経を求請した偽使について」『日本前近代の国家と対外関係』吉川弘文館、1987
・森公章「天皇と名字—天皇に姓はあるのか」歴史科学協議会編『天皇・天皇制をよむ』東京大学出版会、2008
・森公章「入宋僧成尋とその国際認識」「入宋僧成尋の系譜」「遣外使節と求法・巡礼僧の日記」「古代日麗関係の形成と展開」『成尋と参天台五臺山記の研究』吉川弘文館、2013
・森公章「僧侶たちの国際交流」『古代

第一章

・榎本淳一「遣唐使と通訳」『唐王朝と古代日本』吉川弘文館、2008
・榎本渉『僧侶と海商たちの東シナ海』講談社、2010
・小野勝年『入唐求法行歴の研究』上・下、法蔵館、1982・83
・川尻秋生「入唐僧宗叡と請来典籍の行方」『早稲田大学會津八一記念博物館研究紀要』13、2012
・黒板伸夫・森田悌編『訳註日本史料日本後紀』集英社、2003
・佐伯有清『最後の遣唐使』講談社、1978）
・佐伯有清「承和の遣唐使の人名の研究」『日本古代氏族の研究』吉川弘文館、1985
・佐伯有清『円仁』吉川弘文館、1989
・佐伯有清『智証大師伝の研究』吉川弘文館、1989
・佐伯有清『円珍』吉川弘文館、1990
・佐伯有清『悲運の遣唐僧』吉川弘文館、1999
・酒寄雅志「渤海通事の研究」『渤海と古代の日本』校倉書房、2001
・田中史生「九世紀の内政と国際交易」『国際交易と古代日本』吉川弘文館、2012
・田中史生編『入唐僧恵蕚と東アジア』勉誠出版、2014
・保立道久『黄金国家』青木書店、2004
・森公章「大唐通事張友信をめぐって」『古代日本の対外認識と通交』吉川弘文館、1998
・森公章『遣唐使の光芒』角川学芸出版、2010
・森公章「九世紀の入唐僧」『成尋と参天台五臺山記の研究』吉川弘文館、2013
・山尾幸久「遣唐使」『東アジア世界における日本古代史講座』６、学生社、1982
・渡邊誠「文室宮田麻呂の「謀反」」『平安時代貿易管理制度史の研究』思文閣出版、2012

参考文献

序章

・王勇「入唐僧誠明らによる上宮疏の中国への流布」『聖徳太子時空超越』大修館書店、1994
・蔵中しのぶ「長安西明寺と大安寺文化圏」『奈良朝漢詩文の比較文学的研究』翰林書房、2003
・蔵中しのぶ『『延暦僧録』注釈』大東文化大学東洋研究所、2008
・鈴木靖民「遣唐使研究と東アジア史論」『日本の古代国家形成と東アジア』吉川弘文館、2011
・東野治之「日唐間における渤海の中継貿易」『遣唐使と正倉院』岩波書店、1992
・濱田耕策『渤海国興亡史』吉川弘文館、2000
・濱田耕策「新羅の遣唐使」『史淵』145、2008
・藤善眞澄『隋唐時代の仏教と社会』白帝社、2004
・堀池春峰「弘法大師と南都仏教」『南都仏教史の研究』下巻、法蔵館、1982
・松本信道「『大仏頂経』の真偽論争と南都六宗の動向」『駒澤史学』33、1985
・松本信道「大安寺三論学の特質」『古代史論叢』続群書類従完成会、1994
・松本信道「『霊異記』下巻第十九縁の再検討」『駒澤大学文学部紀要』51、1995
・松本信道「徳清の入唐について」『駒澤大学文学部紀要』68、2010
・宮崎健司「天平勝宝七歳における『大宝積経』の勘経」『日本古代の写経と社会』塙書房、2006
・森公章「古代日本における対唐観の研究」「平安貴族の国際認識についての一考察」『古代日本の対外認識と通交』吉川弘文館、1998
・森公章「唐皇帝と日本の遣唐使」『東アジアの古代文化』129、2006
・森公章「遣唐使の時期区分と大宝度の遣唐使」『遣唐使と古代日本の対外政策』吉川弘文館、2008
・森公章「遣隋・遣唐留学者とその役割」『東アジア世界史センター年報』４、2010
・森公章『遣唐使の光芒』角川学芸出版、2010
・森公章「奈良時代後半の遣唐使とその史的意義」『東洋大学大学院紀要』52、2015
・山下有美「日本古代国家における一切経と対外意識」『歴史評論』586、1999

ま行

や行

ら行

な行

は行

た行

さ行

索引

000*—写真、図版のあるページを示す

あ行

か行

日本歴史 私の最新講義 21
古代日中関係の展開

2018年5月10日　第1版 第1刷発行

著　者　森 公章
発行者　柳町 敬直
発行所　株式会社 敬文舎
〒160-0023　東京都新宿区西新宿 3-3-23
ファミール西新宿 405 号
電話　03-6302-0699（編集・販売）
URL　http://k-bun.co.jp
印刷・製本　中央精版印刷株式会社

Printed in Japan ISBN978-4-906822-21-8